法学新思维文丛

物权相对论

黄俊辉 著

法学新思维

中国检察出版社

图书在版编目（CIP）数据

物权相对论/黄俊辉著.—北京：中国检察出版社，2009.8
ISBN 978-7-5102-0123-3

Ⅰ.物… Ⅱ.黄… Ⅲ.物权-相对论-研究 Ⅳ.D913.04

中国版本图书馆 CIP 数据核字（2009）第 117685 号

物 权 相 对 论

黄俊辉 著

出 版 人：袁其国
出版发行：中国检察出版社
社　　址：北京市石景山区鲁谷西路 5 号（100040）
网　　址：中国检察出版社（www.zgjccbs.com）
电子邮箱：zgjccbs@vip.sina.com
电　　话：(010)68682164(编辑) 68650015(发行) 68636518(门市)
经　　销：新华书店
印　　刷：保定市中画美凯印刷有限公司
开　　本：A5
印　　张：7.25 印张
字　　数：209 千字
版　　次：2009 年 9 月第一版　2009 年 9 月第一次印刷
书　　号：ISBN 978-7-5102-0123-3
定　　价：25.00 元

检察版图书，版权所有，侵权必究
如遇图书印装质量问题本社负责调换

序 一

近年来关于民法学博士论文的选题，大多数是关于民法具体制度的研究，研究民法基本理论的为数不多。这大概是因为研究民法基本理论的文章不好写，特别是由于基本的民法理论大多已经形成了"通说"。如果不对"通说"进行突破，是不具有创新性的，而创新性是博士论文的基本要求；如果要突破"通说"另有创新，这在理论研究上是有一定难度的，因为通说的东西是由学界经过研究已经形成的共识，它当然具有一定的合理性，这种合理性也许在一篇博士论文中是很难否定并作出更为合理的结论的。况且，对于"通说"的否定甚或是怀疑，也必然会遭到信奉"通说"者的反击，这也就增加了博士学位论文是否能够顺利通过的风险。因此，要以民法的基本理论问题写作博士论文，必须要有扎实的理论知识基础，同时要有突破传统理论束缚的胆识和敢于追求真理的精神和魄力。

本书的作者是我的学生，他选择了物权的性质这样一个物权法基本理论的问题作为博士论文的研究对象，实属难能可贵。作者在对"物权绝对性"这样传统的物权观念进行反思的基础上，提出了确立"物权相对性"观念，并以此作为物权立法的指导思想的立法主张，卓然而成一家之言。纵观全书，特点有三：

一、观点鲜明，言之成理。

通说认为物权绝对性是物权的基本属性，是物权的基本原则。但作者以权利相对性的基本属性为思维的逻辑前提，认为物权作为一类具体的权利，当然也是相对的。作者从权利相对性的基本属性这样的逻辑起点出发，以历史分析的方法，在考察了两大法系物权法的历史变迁的事实，与分析研究物权绝对性产生的条件的基础上，指出这一观念的产生是以个人主义、自由主义为哲学基础,以自然法学为法理学基础,并以罗马法为法理依托为条件的。物权绝对性观念,实际上是资产阶级为了反对封建社会森严的身份等级制度和封建专制制度,通过注释法学派对罗马法以符合资产阶级目的的解释的基础上所形成的。物权绝对性观念仅仅是一个特殊历史时期的产物,是一个历史范畴,它仅仅是资产阶级用以反对封建领主所有权,确立资产阶级私人所有权绝对,反对封建专制的政治工具。它的出现,仅仅是法学家对物权本质的有意歪曲而已。随着人类本身的发展与资源之间的矛盾的日益突出,以及人类社会生产社会化程度的不断提高,物权绝对性的历史局限性便显露无遗,当强加在物权身上的绝对性的条件退却之时,物权相对性的本来属性便显现出来。作者的这些观点与学界流行的关于物权绝对性的观点显然有根本不同。对这一观点,作者运用逻辑的分析方法做了缜密的论证,其观点鲜明,言之成理。

二、大胆突破,与时俱进。

物权观念是人们对于物权的一种主观的反映与认识,它对物权法律实践具有指导性的意义。物权法律实践是否与物权观念相适应也将会影响物权的法律效果。物权观念作为历史范畴,它当然就会随着社会的变迁而不断变迁。作者认为物权绝对性观念在自由资本主义时期是与其社会条件相适应的,但当人类社会进入到20世纪以后,由于社会生产条件发生了变化,资本主义社会从自由资本主义发展到垄断资本主义阶段。在社会化的进程中,人们的权利观念也伴随着社会从个人主义到社会本位的变化而发生从强调个人权利的权利本位到强调社会权利的义务本位再到强调社会和谐发展的新义务本位的变迁。随着权利观念的变迁,物权观念当然应该从守成的绝对性观念转化为相对性的观念。物权绝对性的观念是一定历史条件下的产物,属于历史范畴。这种观点,无疑是对民法学界一直认为绝对性是物权不可轻易动摇的基本观念的重大突破。树立物权相对性观念,是适应现实社会的需要,符合当代现实社会发展趋势的。作者不仅提出确立物权相对性观念,而且大胆提出以此作为修正物权法的立法思想,这也是与践行科学发展观、实现人类可持续发展的战略目标相一致的。

三、有的放矢，聚焦中心。

一篇学术论著，尤其是博士学位论文，应该有自己的中心命题。这篇论著的中心命题就是论证物权的相对性，围绕着各种新命题，作者根据需要研究及需要解决的具体问题，有的放矢地分别采用了历史分析的方法、比较分析的方法和逻辑分析的方法进行论证。首先作者采用历史分析的方法，在考察了物权观念的历史变迁的基础上，分析了物权绝对性存在的历史条件和历史作用，指出当物权绝对性存在的历史条件不再存在时，它便没有了存在的合理性和必要性。其次，作者利用比较分析的方法，具体分析比较了物权绝对性与物权相对性这两种物权观念的优点和缺点，指出物权相对性对于消减社会冲突和社会矛盾，促进社会公平正义，提高物的利用效率，构建和谐社会的重要作用与意义。再次，作者采用逻辑分析的方法，从一般权利与物权之间的关系，推断出物权具有相对性的判断。从"物权具有绝对性"与"物权属于绝对权"的哲学基础、内涵和外延以及地位和作用的不同，得出两者属于不同的两个命题的结论。也正是由于作者在探讨物权观念问题时，能够有的放矢地采用相应的研究方法，并从多视角观察研究问题，再经过缜密的逻辑分析和论证，才能发现物权绝对性是一个历史范畴、物权绝对性所具有的不足，以及物权相对性的必然性和现实意义。

的确，博士论文既要有所创新，又要言之成理是比较困难的，但我认为黄俊辉的《物权相对论》已经基本做到了这一点。它不失为是一本具有创新性的著作。当然，他还有些稚嫩，需要有人加倍地培育、关爱和扶植。现在，这篇论文将要作为专著出版，我感到很欣慰。

是此，而为之序。

余能斌[*]

2009 年 7 月 27 日于武汉珞珈山

---

[*] 武汉大学民商法学教授、博导。

序 二
证实博士的是博士论文
而不是学位证书

每年都要看二三十篇博士论文，坦率而言，这不是一件愉快的事。当看到论文的标题是某某法律制度研究或某某若干法律问题研究，我就知道将会被这篇论文折磨一段时间，因为其常常洋洋洒洒十几万言乃至更多，却没有思想、没有逻辑甚至没有目的，都是些我二十年前就熟悉得不能再熟悉的教材片段和没有任何论证的稀奇古怪的"笔者"认为。可我是一个人民教师，拿着一份人民给的薪水，我又不能不看完这样百家饭一样的论文。如果章节东拉西扯还连得起来，句子结巴一点也读得下去，我还得仔细找找让这篇论文过关的理由。因为现在要枪毙一篇论文也不是那么容易的。

所以，当我看到黄俊辉的《物权相对论》时，感觉像是在海滩上拾到一只被海浪冲到岸边的贝壳，有几分海味的清新和海水刷净的亮光。首先是这个标题显示论文有一个非常明确的中心命题，这就不同于地摊上堆放的博士论文。现在，没有多少博士论文的作者包括某些导师知道一个中心命题对于论文的重要犹如脑袋对人的重要。有了中心命题，论文才可能有目的地提出问题、分析问题、解决问题，才可能围绕着一条逻辑主线谋篇布局、鉴古观今、说理立论，才可能不堕落为伪论文。这个标题的吸引力还在于这篇博士论文明摆着是挑战现有的物权认识，这非常需要勇气。因为，博士论文的通讯评审实行的是一票否决，评审专家一生气，后果很严重。评审专家基本上是依靠现有的知识成名的，挑战现有的知识几乎就是挑战评审专家，不仅意味着评审专家需要重新学习，而且也在测量评审专家的胸怀，有几个评审专家能容忍这种挑战？

　　标题还不是这篇论文的全部价值。在物权的性质上很少有人肯花费时间去研究，即便是上百万字的长篇巨著，往往也不愿意在这个问题上花费过多的笔墨。因为物权"具有绝对性"已成定论，就像太阳从东边出来一样无须多说。用十几万字探讨物权性质，黄俊辉极有可能是第一个。看完全文，可以知道黄俊辉不是没事找事，而是在大家都觉得没事的地方找到了需要办的事。首先，物权其实是权利的一种，像任何权利一样，不仅其效力具有限制性，而且附带一定的义务，因此，物权具有相对性。其次，物权是绝对权的说法并不改变物权相对性，因为这样的说法只是表明物权约束的是不特定的义务人，以示其与只约束特定的相对义务人的债权有所不同。再次，所谓物权为绝对权和债权为相对权只是一个权利的分类，并不改变物权作为一般民事权利的共性，也并不说明物权本身具有绝对性，因此，从绝对权中引申出绝对性进而作为物权的性质，是一种想当然的认识。最后，物权的绝对性理论影响了人们对物权的基本认识，以至于立法和学理上只承认物权的限制，不承认物权本身就应负有相应的义务，妨碍了物尽其用。专家、教授们也许可以争辩物权绝对性仅仅限于物权与债权的区分意义上，并不否定物权在一般权利的意义上具有相对性，并以此指责黄俊辉是无事生非。但是专家、教授们无法解释为何他们眼中的物权总是没有义务的，即便是用益物权，也几乎只讲权利不讲义务。黄俊辉力图通过物权性质的再认识赋予物权以一定的义务，使物权成为权利和义务统一体的理念，进而以"没有无义务的物权"作为立法的指导思想，这对建立一个更为和谐的物权制度是十分有益的。因此，他的这个努力符合现实社会要求，值得尊重。

　　这篇论文的论证方法并不复杂。从权利的相对性中推导物权的相对性，从物权观念的历史变迁中勾画物权绝对性的轨迹，从物权的发展中证明物权相对性的现实理由，从现行的物权法中寻找物权相对性的证据。客观地说，这样的论证还是简单了一些，所用的资料离丰富也有距离，但其清晰的逻辑思维就像是在杂草丛生中收拾出了一片相当整洁的园地。与几乎所有的论文一样,这篇博士论文也谈不上文采,但看看那些名人名作或者大奖之作,就应该明白文采斐然早已过时。这篇论文基本上做到了表达清楚、文字通顺,比起很多论文包括一些著名教授的代表作,或者不知所云,或者百来字就敢设置十个八个语法错误以测试读者的纠错能力,算是有可读性了。

黄俊辉现在已经是黄俊辉博士了。黄俊辉博士好歹算是一位能以博士论文证实博士身份的博士。自从中国博士教育"大跃进"以来,博士如过江之鲫,弄得用人单位老是担心要来的是个水货博士。水货博士有精美的博士学位证书,但不会有货真价实的博士论文。对于那些只提交精美的博士学位证书的博士,人们不妨留个心眼。

是为序。

孟勤国*
2009 年 7 月 27 日于广西大瑶山

---

* 武汉大学民商事法律科学研究中心主任、教授、博导。

目 录

序一 /1

序二 证实博士的是博士论文而不是学位证书 /1

引 言 /1

第一章 物权相对性的理论基础——权利相对性理论的确立 /7
  第一节 权利的本质 /7
    一、权利观念的历史变迁 /7
    二、权利的本质 /11
  第二节 权利的基本特征 /17
    一、排他性是权利的内在要求 /18
    二、相对性是权利的基本特征 /19
  第三节 "物权属于绝对权"与"物权具有绝对性"
          的区别 /27
    一、绝对权与相对权 /28
    二、物权绝对性与物权相对性 /33
    三、"物权属于绝对权"与"物权具有绝对性"
        是不同的两个命题 /36
  小 结 /46

第二章 物权观念从绝对性到相对性的历史变迁 /48
  第一节 大陆法系物权观念从绝对性到相对性的历史变迁 /48
    一、欧洲古代社会物权绝对性观念从形成到绝迹的历程 /48
    二、近现代物权绝对性观念的确立 /59
    三、后现代时期物权相对性观念的勃兴 /63

第二节 英美法系财产权利的绝对性与相对性观念的
　　　　历史变迁　　　　　　　　　　　　　　　　/69
　一、英美法所有权观念的起源　　　　　　　　　　/69
　二、英美法系的物权相对性观念　　　　　　　　　/71
第三节 "身份优先"与"财产优先"的轮回
　　　　决定物权相对性与绝对性的轮变　　　　　　/74
　一、从血缘到"身份优先"　　　　　　　　　　　/74
　二、从"身份优先"到"财产优先"（从身份到契约）/78
　三、从"财产优先"回归到新"身份优先"（从契约
　　　到身份）　　　　　　　　　　　　　　　　　/79
小　结　　　　　　　　　　　　　　　　　　　　　/80

第三章　物权绝对性及其困境　　　　　　　　　　/83
第一节　物权绝对性概说　　　　　　　　　　　　　/83
　一、物权绝对性的内容　　　　　　　　　　　　　/83
　二、物权绝对性的来源　　　　　　　　　　　　　/86
　三、物权绝对性的价值与历史作用　　　　　　　　/89
第二节　物权绝对性的条件和原因　　　　　　　　　/93
　一、自由主义、个人主义是物权绝对性的哲学基础　/93
　二、古典经济学是物权绝对性的经济学基础　　　　/99
　三、自然法学是物权绝对性的法理学基础　　　　　/101
　四、物权绝对性是自由资本主义社会经济的基本要求 /102
　五、物权绝对性是资产阶级革命的政治需要　　　　/103
第三节　物权绝对性的困境　　　　　　　　　　　　/105
　一、物权绝对性陷入权利相对性的逻辑矛盾　　　　/105
　二、物权绝对性具有反社会倾向　　　　　　　　　/106
　三、物权绝对性增加了社会冲突的机会　　　　　　/109
　四、物权绝对性背离了历史发展趋势　　　　　　　/111
　五、各国立法例和法律实践对物权绝对性的实证否定 /113
小　结　　　　　　　　　　　　　　　　　　　　　/115

第四章　物权相对性及其表现　　　　　　　　　　/116
第一节　对物权的限制凸显了物权的相对性　　　/116
一、物权限制的含义　　　　　　　　　　　　　　/116
二、物权限制的目的　　　　　　　　　　　　　　/119
三、物权相对——物权限制的结果　　　　　　　　/121
第二节　物权相对性的原因和必然性　　　　　　/123
一、物权相对性是社会经济发展的必然要求　　　　/123
二、物权相对性是社会本位的客观要求　　　　　　/130
三、物权中心从归属到利用的转变是物权相对性的
有力证明　　　　　　　　　　　　　　　　　　/134
四、物权相对性是民法现代化的重要发展趋势之一　/136
第三节　物权相对性的表现　　　　　　　　　　/137
一、所有权的社会化　　　　　　　　　　　　　　/138
二、物权价值化　　　　　　　　　　　　　　　　/144
三、物权债权化　　　　　　　　　　　　　　　　/146
四、所有权公有化　　　　　　　　　　　　　　　/147
小　结　　　　　　　　　　　　　　　　　　　　/148

第五章　对我国物权相对性理论与实践的考察　　/149
第一节　对我国物权观念的评析　　　　　　　　/149
一、物权绝对性观念　　　　　　　　　　　　　　/149
二、物权限制性观念　　　　　　　　　　　　　　/155
三、物权相对性观念　　　　　　　　　　　　　　/158
第二节　对我国《物权法》中有关物权相对性规定的评析　/159
一、我国《物权法》中有关物权相对性的规定　　　/159
二、对我国《物权法》中物权相对性规定的评析　　/163
小　结　　　　　　　　　　　　　　　　　　　　/167

第六章　树立物权相对性观念的社会意义　　　　/169
第一节　物权相对性有利于维护社会公平正义　　/169
一、法律的目的是实现社会正义　　　　　　　　　/169

二、物权相对性能够实现社会正义　　　　　　　　　／171
　第二节　物权相对性有利于提高物的利用效率　　　　　　／172
　　一、物权绝对性降低了物的利用效率　　　　　　　　／172
　　二、物权相对性能够提高物的利用效率　　　　　　　／174
　第三节　物权相对性有利于规制物权的滥用　　　　　　　／175
　　一、权利滥用的法律规制　　　　　　　　　　　　　／175
　　二、物权滥用与规制　　　　　　　　　　　　　　　／185
　小　　结　　　　　　　　　　　　　　　　　　　　　／196
结　语　　　　　　　　　　　　　　　　　　　　　　　／197
参考文献　　　　　　　　　　　　　　　　　　　　　　／201
后　记　　　　　　　　　　　　　　　　　　　　　　　／219

引 言

在现代社会，权利成为了人们生活的必需品，社会主体如果没有了权利便不成其为主体。我国的大多数学者一直以来都坚持"权利本位"的原则和价值追求，又在西方个人主义思想的影响下，形成了对个人权利的追求与崇拜。笔者认为，追求个人权利是人的本性，享受权利也是个人存在于社会的条件与价值所在。但是，社会主体是多元的且对权利的要求也是多元的，而社会权利的总量是有限的。在这种情况下便出现了不同的社会主体为了满足各自的权利要求而产生冲突。社会冲突和社会矛盾实际上是权利冲突的表现，而权利冲突在法律领域则主要表现为民事主体在实现民事权利的过程中所产生的矛盾和冲突。

随着我国政治经济体制改革开放的不断深化，西方的文化和思想不断冲击着我们的传统法律观念和法律思维，特别是在西方自由主义和个人主义的影响下，人们从义务本位的思想意识转向权利本位的思想意识，对个人自身价值的肯定也导致了权利意识的扩张。人们宣扬抑或提出了各种各样的新的权利要求，由此拓展了个人自由的范围，但对它们的归途、彼此的关联以及它们与相应的责任或者总体社会福利的关系给予太少的考虑。① 人们对于权利问题产生了模糊的认识，认为权利是自己当然自动拥有的，不需他人的任何协助也不允许任何的限制，只要拥有了权利便能够为所欲为，甚或以自己的权利损害他人的权利。凡此种种，都反映了人们对权利的义务、社会责任和道德

---

① ［美］玛丽·安·格伦顿著：《权利话语——穷途末路的政治言辞》，周威译，北京大学出版社 2006 年版，第 18 页。

责任的漠视，这种漠视当然造成了社会矛盾和社会冲突的日益严重。目前由这种变化导致的权利矛盾和冲突日益突出，特别是人们对关系到自身的生存和发展的物质利益——物权的要求无论从数量上还是质量上都有超越社会实际供给总量的风险，这种情况已经严重地影响了我国体制转换中的社会和谐。因此，我们必须认识到社会对各个社会主体的权利要求的满足程度都是有限的、有条件的，社会主体的权利要求不可能无限地得到满足，同时每一个权利或每一种权利本身也都是有边界的，有所限制的。

笔者认为，首先，权利是社会主体特别是民事主体的必然要求，民事主体对于其享有的民事权利当然可以依此项民事权利设定的目的行使或加以处分，但由于社会权利总量的有限性和社会主体对权利要求的多元化和无限化之间存在矛盾，必须对民事权利本身的设定在内容上和权利的行使上进行限制；其次，随着社会经济的发展变化，人们对于权利的价值观念也产生了变化。伴随着人们的社会观从血缘家族本位到个人本位再到社会本位的变化，人们的权利观也从原来的"义务本位"到"权利本位"再到"新义务本位"，从个人本位转变为社会本位。社会本位背景下的"新义务本位"权利观要求人们对权利的享有和行使必须承担一定的社会责任和道德责任，即权利应该附加一定的义务，而不是把权利"绝对化"，单纯只考虑权利人个人的利益，甚至为实现权利而不顾及社会利益和他人的权利。和谐社会绝不是没有权利冲突的社会，它是一个有能力解决权利矛盾、化解权利冲突并由此实现权利关系趋于均衡的社会。我们应该充分认识到权利冲突的常规化是社会转型期的重要特征，要使权利冲突不至于瓦解整个社会秩序，就要求人们树立正确的权利观：既要重视对民事权利的保护，依法维护个人的合法权益；也要认识到民事权利的有限性，建立健全权利冲突的法律规范机制，对民事权利进行合理的限制，特别是必须对滥用民事权利的行为进行规制，从而把各种冲突置于理性的基础上，并控制在社会可承受的范围之内。

物权作为民事权利中的一项主要权利，也当然要有所限制，对物权的限制导致物权最终显现其相对性的本质特征。为此，我们必须将物权观念上的"物权绝对性"引向"物权相对性"的方向。物权绝对性是指物权主体对于其他的任何社会主体均无须承担任何的义务和责任，个人主体只要拥有了物权便可以不受任何的限制，确立"物权绝对性"的目的和意义在于保障物权主体对物权的绝对拥有。但是，无论是从理论逻辑上分析还是从法律实践中进行考察，"物权绝对性"不仅在权利体系中显示出其理论的缺陷，在实践中也阻滞了物权的发展，降低了物权的效用，忽略了物权的社会责任，增加了权利冲突的机会。因此，笔者认为，物权作为一项基本的民事权利应该是相对的，物权并不是只有绝对的权利内容而没有任何限制的一种权利。物权的确立和行使也应该受到相应的公法和私法的限制，物权也应当承担相应的义务和社会责任。只有这样，物权才能成为实在的受尊重的现实的权利。

我国民法学界对于物权相对性的研究，主要是从物权与债权区分上进行的。他们研究的是由于物权与债权的相互融合所导致的物权债权化的倾向，从而使得物权出现债权所具有的相对性的特征的问题。这种意义上的物权相对性是针对物权、债权的区分而言的。本书则是从物权观念上对物权相对性进行了研究。从历史上和现实进行考察，物权绝对性是指物权是不受任何限制的、绝对自由的一种民事权利，物权不承担任何的义务和责任，即通说所谓的"行使自己的权利，对任何人均不会构成不法"。与物权绝对性相对应的是物权相对性的观念。物权相对性是指物权是受到限制的、相对自由的权利，物权的行使需要对他人和社会承担一定的义务或者责任。这种意义上的物权相对性是针对物权绝对性而提出来的，属于物权的观念问题。

对于物权相对性的命题，外国的理论和法律实践都作出了自己的选择。大陆法系的民法学家，在社会化的要求下，对从《法国民法典》承继下来的物权绝对性观念进行必要的修正，认为物权也必须要受到社会的或者他人的权利或者义务的限制，这种限制改变了物权绝对性观念所认为的物权绝对属于物权人所有且不承担任何义务和责任的观点。大陆法系的民法学家将这种状况称为"物权的社会化"，但没有将其明确地定位为"物权相对性"，我国的民法学家则是将这种现象称为"受到（有）限制的物权"。这是大陆法系的民法学家圈囿于其民法传统所致。英美法系采用的是开放式的双重财产权的观念，他们没有封闭的物权观念，因而，现代英美法系的法学家采用的是财产权的概念，同时在财产权上采用的是具有多重财产权的相对性的财产观念。

我国目前的大多数民法学者，由于自身就处于大陆法系的国度，又由于所传承的是大陆法系的学说，受大陆法系的物权绝对性的教诲，信奉的是绝对性的物权观念，所以对物权相对性观念当然持反对甚至敌对的态度。他们认为物权绝对性是物权的最基本的特征，是物权的基本原则，物权如果没有了绝对性那就不成其为物权。他们认为任何反对物权绝对性的观点，任何对物权绝对性表示哪怕是一点点的怀疑，都是对物权理论的离经叛道，都是不可饶恕的异教徒。他们或将物权绝对性作为物权的基本原则，或将其作为物权的特征。又有学者把"物权属于绝对权"和"物权具有绝对性"这两个命题相互代替，相互混淆，并且还以"物权属于绝对权"的命题推断出"物权具有绝对性"的结论，所以导致他们在讨论"物权绝对性"与"物权相对性"时，往往也就与物权债权的区分相混淆，导致理论认识上的混乱。笔者认为，实际上从这两个命题的哲学基础、历史演进、内涵和外延以及两者的地位和作用的不同上可以得出这是两个不同的命题。

"物权属于绝对权"仅仅是民法学上对物权与债权进行划分的结果，"物权具有绝对性"则是学者对物权的性质的基本判断。他们还认为财产权是个人权利的基础，是实现其他权利的前提。如果财产权没有得到充分的保障，公民个人的其他权利也就丧失了实现的物质基础。当个人的财产权得不到保障时，个人不仅不可能对自己的行为承担责任，更不可能产生通过自己生产性的劳动来创造新的财富的动机，整个社会中人与人之间的关系就将处于混乱无序的状态。没有财产权作为依托的其他权利和自由只是空洞的权利和自由，不仅个人的生存失去了动力和条件，而且个人的自由也失去了保障。① 由于学者将物权的绝对性作为物权自由的先决条件，认为如果缺失了物权的绝对性，那么物权将会变成一种毫无自由的权利，甚至物权将不成其为一种权利，所以，学者也就将"物权绝对"与"物权自由"等同。笔者认为，世界上没有绝对的、无限制的、无边界的自由，所有的自由都是在一定限度内的自由。自由都是有条件的，物权相对性正是在一定条件下的物权自由，对物权加以一定的限制，要求物权负担一定的对他人的义务或者对社会的责任，并不会导致物权失去了自由，而是使所有的物权都获得真正的自由的条件和前提。

笔者认为，目前我国民法学界中的物权绝对性观念已经不符合世界各国的物权法发展趋势，也不适应我国的物权法律实践。而物权限制论的观点，认为物权不论受到多少的限制，物权都是绝对的，对物权的限制仅仅是物权的例外情形。这样的观点无论是在逻辑上还是实践中都是站不住脚的。我国民法学界占主导地位的物权绝对论或者物权限制论的观点，导致我国的物权法律制度出现了诸如公共利益的不确定性、物权取得时效制度的缺失等缺陷。如果我们将物权绝对性的观念和物权限制性的观念贯彻到实际的社会生活之中，就可能导致人们在追求自身的物质利益的时候，不再考虑对他人的权利的保护，对社会责任的承担，这就增加了物权冲突的机会与风险，影响了社会整体利益的有序实现。在我国表现为物权法律制度出现了诸如公共利益的不确定性、物权取得时效制度的缺失等缺陷。笔者认为，我们应该确立物权相对性的观念，并将其贯彻到我国的物权法律实践之中。我们应该在承认物权具有相对性的基础上，承认个人在一定的条件下必须为了他人的、社会的更大的利益限制甚至放弃自己的物权。只有这样，我们才能真正地拥有物权并最大限度地利用物权为人类社会创造财富；只有这样，我们才能更好地构建和谐社会。

笔者以"物权相对性"作为研究的课题，其主要的意义在于说

---

① 姚俊著：《论财产权的双重性——个人权利和社会责任并存》，载法易论坛，http://bbs.laweach.com/bbs_242.html。

明"物权绝对性"观念的历史变迁,揭示物权绝对性的困境,阐明物权相对性观念的现实必要性,论证树立物权相对性的社会意义。笔者认为,物权相对性的观念对于消减社会矛盾与社会冲突,构建和谐社会具有重要的实践意义。笔者相信,树立物权相对性的观念,对于我国的物权理论和物权法律实践都具有重大意义。

第一章 物权相对性的理论基础
——权利相对性理论的确立

相对与绝对是反映事物性质的两个不同方面的哲学范畴。相对，是指有条件的、暂时的、有限的；绝对，是指无条件的、永恒的、无限的。事物的相对性具有普遍性，是事物的一般状态；事物的绝对性具有特殊性，是事物的特殊状态。

第一节 权利的本质

一、权利观念的历史变迁

从历史上考察，人类关于"权利"的观念最早出现在古希腊时期，但古希腊的权利观念与现代的权利观念是不一样的。在古希腊的早期，能成为"权利"的东西，并不是指城邦公民作为独立的社会个体所能拥有的权利。就个人与城邦的关系而言，"权利"只是表现在参与城邦的政治生活和参加城邦的管理的"资格"。① 这种资格不是来源于个人作为"自由自觉活动"的主体而拥有的权利，而是个人作为城邦的一分子，即作为一个"政治动物"由城邦分配给他的一种机会，或授予的资格。"机会"或者"资格"并非根源于人的平等的自由意志和人的独立自主，而是由人的身份和地位所决定的。一

---

① 程燎原、王人博著：《权利及其救济》，山东人民出版社2004年版，第74页。

定身份和地位的拥有是获得某种"机会"或者"资格"的条件，因此，这种"权利"实际上是依据家族血缘关系所获得的，具有团体主义、血缘主义的色彩，而不是归结于某一个个人的拥有。现代意义上的权利主体是个人而不是作为个人集合的团体。城邦时代的希腊人没有形成个人与他人、个人与整体相区分的排他的权利意识，因而也就没有现代意义上的权利观念。在古希腊后期，随着城邦的衰落，人们不得不学会过个人的独立生活。从个人出发，作为一个独立的成员必然要求拥有平等的由个体所能独立支配的权利，为满足这一要求，古希腊社会便萌芽了个人权利的观念。① 如古希腊后期的西塞罗在《论法律》中认为：在这个意义上，法意味着正确（right）。在伦理学上，right 指正确；在法学上，它主要是指权利。正确的行为是指人们有权利去做的。② 法律上规定人们有权利去做的事都应该是正确的、正当的。至此，希腊人萌发了"权利"的观念，但并没有最后成形。

到了古罗马时期，繁荣发达的简单商品经济要求个人的独立自主、人与人之间的身份平等，以及自由的商业竞争，这为权利观念的形成提供了基础。公元前 4 世纪，罗马人创造性地用"jus"一词来表达对"权利"的认识，并赋予其丰富的理性内涵。这种"法"处于一种不同于城邦权利地位的层面上，这是显而易见的。③ 拉丁文"jus"一词，来源于"justitia"（正义）。"法"与"权利"用同一个词表达，其魅力在于它的理论内涵。从法学理论上分析，它意味着法律的目的是确定和保护权利。在欧洲大陆国家的法学作品中，将这种同一个词既表达为"法"，又表达为"权利"的现象，在理论上将其称为"客观上是法，主观上是权利"的现象。当"jus"被理解为

---

① ［美］罗斯科·庞德著：《通过法律的社会控制与法律的任务》，沈宗灵、董世忠译，商务印书馆1984年版，第44页。

② 张乃根著：《西方法哲学史纲》（增补本），中国政法大学出版社2002年版，第72页。

③ ［意］朱塞佩·格罗索著：《罗马法史》，黄风译，中国政法大学出版社1994年版，第98页。

"法"时，它体现着"法是善良和公正的艺术"，① 它"给每个人以应有权利的稳定而永恒的意志"。② 同时它告诉人们"法的准则是：诚实生活，不害他人，各得其所"。③ 当"jus"被理解为"权利"时，法律不仅确认人们享有一系列的权利，如所有权、债权等，而且针对客观存在的但是可能未被人们意识到的权利，同时也强调"哪里有权利，哪里就要给予救济"。罗马法中的权利观念更多关注的是正义这种具有浓重道德价值评判的概念，而不是具体地单纯地从法律制度的角度讨论权利，所以它还不是完全现代意义上的权利观念。

在17、18世纪反封建的启蒙运动和资产阶级革命斗争中，出现了一个代表新兴资产阶级利益的、以强调自然法为特征的法学派别——自然法学派。现代意义上的权利观念正是由自然法学派提出来的。以个人主义、自由主义为理论基础的自然法学派认为，人类在组成国家以前生活在自然状态中，受体现人的理性的自然法的支配，以后根据理性要求，订立契约，成立国家。由于国家以及国家的公共权力产生于个人以契约的形式所让渡出来的个人权利，因此，个人是社会生活的中心，国家必须为个人服务，国家必须确认和保障个人的权利，而不是限制、妨碍个人权利的享有与行使。在近现代西方社会中，自由主义学说或个人主义学说占据了统治地位，西方的社会科学基本上是以自由主义或个人主义为出发点的。在自由主义或个人主义基础上形成的权利观念当然是个人主义的权利观念。

自然法学说认为自然法是永恒不变、普遍适用的，自它说强调人的理性、人性、人的权利（包括私有财产权），认为每个人都是平等独立的，任何人不得侵害他人的生命、健康、自由和财产。并认为根据自然法，可以制定出详尽的、普遍适用的法典；自然法学派认为权

---

① ［法］雅克·盖斯坦等著：《法国民法总论》，陈鹏等译，法律出版社2004年版，第129页。

② ［古罗马］查士丁尼著：《法学总论——法学阶梯》，张企泰译，商务印书馆1989年版，第5页。

③ ［古罗马］查士丁尼著：《法学总论——法学阶梯》，张企泰译，商务印书馆1989年版，第6页。

利来源于自然法则或者人的理性、正义。至此,现代意义上的权利观念业已形成。他们奉行"天赋人权"的原则,认为人的生命权、自由权和财产权等权利,都是人们根据自然理性而获得的,强调社会主体之间的人格平等和权利平等。人们为了更好地保障生命、健康、自由、财产的天赋权利,防止受到侵犯,抵抗社会内或者社会外对自由的侵害和危害,在自愿的基础上放弃了自然权利,放弃单独执行自然法的权利,而是通过协议,让渡个人权利,建立国家。如果国家或者国王违反自然法,侵犯天赋权利特别是财产权利,人们有权利包括采用武力推翻他。自然法学说是美国《独立宣言》、法国《人权宣言》以及近代资产阶级民主法治的理论基础;它促进了法律的统一,提高了法律在社会生活中的地位,提出了诸如私有财产神圣不可侵犯、契约自由、法律面前人人平等等新的法律原则,为新兴的资产阶级反对专制的封建统治提供了有力的阶级斗争的武器,为资本主义制度的建立提供了理论依据。但无论哪一位自然法哲学家都是从自然法理论的角度论证资产阶级革命的必要性及其结果的形式。① 自然法学派有其明显的阶级局限性和历史局限性。自然主义法学派关于现代意义上的权利观念属于个人主义的权利观念,它以个人主义、自由主义为中心,认为人的权利是先验的、不证自明的,强调个人利益的享有与保护,忽视了对他人与社会的义务和责任的承担。

到了19世纪末20世纪初。在社会学的基础上产生了一种实证主义的法学思潮,形成了社会法学派。社会法学派的主要代表人物有狄骥、埃利希和庞德。狄骥提出了"社会连带主义"学说,认为个人仅仅是社会这部大机器中的某个构成部分而已,个人在社会中的存在目的是完成一定的社会义务。② 这种观点体现出社会本位的价值观,关注社会的整体利益,强调社会义务。埃利希则以提出"活的法律"

---

① 张乃根著:《西方法哲学史纲》(增补本),中国政法大学出版社2002年版,第126页。

② [法]莱昂·狄骥著:《〈拿破仑法典〉以来私法的普通变迁》,徐砥平译,中国政法大学出版社2003年版,第28页。

的观点而闻名于世。他认为,这种"支配社会本身的法律",尽管并不曾被制定成法律条文,但"即可预防纠纷的出现,在纠纷出现后,也可以借以解决而无须求助于国家的法律机构"。他让人们注意到国家制定法之外的其他行为准则(如习惯、职业道德、行业规定等)对于社会秩序的意义,摆脱了"纯粹"法律规范分析僵化的法学研究视角和方法,将法律分析的重点引向了更广阔的社会生活和社会环境。① 庞德的社会学法学理论则被认为是一种典型的功能主义和实用主义理论。他提出"法律是一种'社会功能'或'社会控制'",用法律的功能性概念来取代逻辑性概念,主张"有用即是真理"。他还提出了法律社会学的基本纲领,启示人们关注法律制度和法律学说的实际效果,强调以社会学的观点和方法来研究法律,关注法律的作用而不是抽象内容;并且注重法律与社会生活之间的联系。社会法学派认为权利不仅是个人的,权利也是社会的,有学者将其称之为"新义务本位"。"新义务本位"与一般意义上的"个人本位"不同,它认为法律不仅要保护个人的权利,同时法律也会赋予权利以相应的义务和责任,以达至个人与他人、个人与社会的权利义务的均衡,维护社会和谐发展。可以预见,在社会化、全球化以及将来宇宙化的条件下,社会本位的权利观念更有利于人类社会的发展。

二、权利的本质

权利是法学的基础概念,也是私法学的核心概念,更是民法学的基石。权利问题不仅是法理学所要研究的根本问题,而且是民法学所要研究的基本问题,民法学实际上就是权利法学。因此,对权利本质的不同认识势必会反映到民法的建构中,同时也会影响民法在社会生活中的法律实践。物权是权利的一项具体的权利内容,当然也具有权利的基本特征,研究物权相对性当然要从研究权利的本质特征开始。

---

① 张乃根著:《西方法哲学史纲》(增补本),中国政法大学出版社2002年版,第292页。

（一）西方法学家关于权利本质的观点

从权利的生成与演进过程上分析，权利的原初意义即意味着正当的事物。希腊哲学家不议论权利问题，但他们议论和考虑的是在人们相互冲突和重叠的要求之间什么是正当的或正义的，这实际上仅是道德上的评价，不是现代意义上的权利观念。柏拉图最先在《共和国》中阐述了系统的正义观，亚里士多德在《伦理学》中则提出了分配正义、纠正正义、法律正义以及自然正义的概念。亚里士多德认为："自然的正义在任何地方都具有相同的效力，并且不依赖于接受，法律的正义是指那种制定时可采取不同形式，一旦制定后便具有决定意义的正义。"① 西塞罗在《论共和国》中则认为正义是谋求所有人利益的美德，是最好的政府行使必须具备的要素。法律是国家生活的结合物，因此也需符合正义。正义的实质是正确的理性。符合正义，就是符合自然法。正义是隶属于理性的伦理学概念。② 自柏拉图之后，最杰出的思想家都广泛地研究过正义问题。希腊人虽没有明显的权利观念，但他们所讲的正义和用于特定场合的正当行为，即是他们心目中的权利观念。罗马人则用法律规则来确认凡是正当的或正义的事情，即是权利问题。将法律的概念与权利相联系是极为重要的变化。权利与义务是实在法要解决的根本问题。虽然罗马法学家没有形成权利本身的一般概念，但是，他们对罗马法具体内容的论述，已经包含了对"什么是权利"这个问题的回答。③ 在中世纪后期，托马斯·阿奎那提出了把权利理解为正当要求的明确概念。但直到16世纪，jus作为"一个权利"才明确地区别于jus作为正当的和jus作为法律的含义。到了17世纪，才发生了从自然法到自然权利的过渡，即从各

---

① 转引自张乃根著：《西方法哲学史纲》（增补本），中国政法大学出版社2002年版，第47页。

② 张乃根著：《西方法哲学史纲》（增补本），中国政法大学出版社2002年版，第76页。

③ 张乃根著：《西方法哲学史纲》（增补本），中国政法大学出版社2002年版，第97页。

种规定正当行为的理想法令这样一个理想体系，过渡为对拥有某些东西和做某些事情的要求，这些要求是在一个理想状态（自然状态）中由理想的人提出的，并且也会承认其他人的这些要求。由此而产生了保障人类自然权利的法律权利理论。① 西方法学家的上述分析，清晰地表明了他们关于权利本质的论述：第一，权利在最原始的意义上是指正当的或正义的事情，这种权利实际上仅仅是一种道德评价而不是法律上的权利观念；第二，权利概念的正式提出也是对正当的事情的概括，是以严格的法律方式对道德观念的强化；第三，自然权利或应有权利就是基于自然法这一规定正当行为的理想法令而拥有的对某些东西和做某事的权利；第四，法律权利不过是对自然权利这种正当的权利的一种法律上的认可与保证，法律权利的正当性并非来源于法律，而是源于权利自身。如果权利缺乏正当性，即使把这种权利用千百部法律去承认它，它也不是权利，至多不过是统治者所享有的特权。所以，法律的合法性源于权利的正当性，凡不承认和保障权利的法律，皆为恶法，与强盗的命令并无质的区别。②

权利来源于社会，权利的存在条件在于社会的承认和个人之间的互相尊重。权利的正当性来源于人们通过契约所达成的共同意愿，契约规则的产生原因在于人的群居性以及社会性。换言之，人是社会的动物，孤立于社会之外的个人是无所谓契约规则的，因而也就无所谓个人"权利"的存在。③ 法国现代著名法学家狄骥认为，"我们如果承认人是孤立而和人隔离的话，那他就不可能有主观的权利，也不可能生而就有权利了"。人不可能把他自己没有的和他进入社会以前不可能有的权利带进社会中来，他只能在进入社会之后才拥有权利，因

---

① ［美］罗斯科·庞德著：《通过法律的社会控制与法律的任务》，沈宗灵、董世忠译，商务印书馆1984年版，第180页。

② 范进学：《论权利的概念》，载法律博客网2006年5月4日，http://verahe.fyfz.cn/blog/verahe/index.aspx? blogid=62817。

③ ［美］罗斯科·庞德著：《通过法律的社会控制与法律的任务》，沈宗灵、董世忠译，商务印书馆1984年版，第13页。

为他进入社会就和其他的人们发生了关系。① 鲁滨逊在他的孤岛上就因为他是孤独的，所以没有权利，当他和其他的人接触到一起的时候才取得权利。人只有在他成为社会的一员之后，并且因为他是社会成员才有权利。显然，个人权利只有在社会关系之网中才能存在并被保有和保障。这里的关键是，权利存在正当性的理由是什么的问题。费希特认为：对于彼此把对方视为自由存在者，要给自己的意志规定界限，大家都有一个正确的共同认识；对于彼此生活在一个以合理方式相待的法治共同体里，大家都有一个用以约束自己的共同意志。你要这样限制你的自由，那就是除了你以外，他人也会是自由的。② 费希特所认为的"自由"如果进入到法权关系中便成为了人的权利，而这种自由必须是在个人对自己的自由进行限制的条件下才能实现的，换句话说，必须是通过相互的承认与克制才能获得自由。格林认为能够认识到共同利益也是自己的利益，并借助于别人认识到的利益来控制自己履行权利，使人意识到，权利应该得到履行；这也就意味着，应该有权利存在，而权利应该通过相互承认得到控制。③ 他进而指出："如果在社会成员方面没有对共同利益的意识，就不可能有权利，没有共同利益的意识就只可能存在个人的某些权力，但这种权力，别人不会承认它是他们所允许履行的权力，也不会对这种承认有任何要求，而没有这种承认或承认的要求，权利就不可能存在。"④ 权利是而且必须是不仅作为社会的产物，而且是有自我意识的社会的产物：人们已经察知其共同利益并共同具有这种意识，所以，人们愿意并且能够共同协调他们的行为。对共同利益的彼此共同意识与相互

---

① ［法］莱昂·狄骥著：《宪法论》，钱克清译，商务印书馆1959年版，第154—155页。

② ［德］费希特著：《自然法权基础》，谢地坤译，商务印书馆2004年版，第30页。

③ ［美］罗斯科·庞德著：《通过法律的社会控制与法律的任务》，沈宗灵、董世忠译，商务印书馆1984年版，第44—45页。

④ ［美］罗斯科·庞德著：《通过法律的社会控制与法律的任务》，沈宗灵、董世忠译，商务印书馆1984年版，第45页。

承认，构成了权利成立的理由。总之，不管是要求权利或者尊重权利，人们都得承认大家都是一样地拥有权利，而又有义务彼此尊重对权利的要求。① 当"我们的要求"不违反共同承认的规则时，"我的要求"即被认可为"正当"，并成为"我的权利"。② 法律规则包含了对权利的承认和限制，对权利的承认就是社会主体对权利的享有，对权利的限制即是对义务的承认，是社会主体对义务的承担，法律规则基于权利而设定了义务，基于义务而使权利获得了正当性。所以，权利和义务两个方面只能通过人的相互偿付才能得到实现，在社会整体关系中，权利与义务始终处于一种对应的相互性关系，这种相互性关系在道德评价上就是正当的，每个人的权利只有在每个人平等地信守规则、允诺履行规则的前提下才能获得正当性，才能保证每个人都能拥有他自己的权利并得到他人的尊重，才能得以私人的自力救济或者公力救济。

（二）马克思主义关于权利本质的观点

马克思主义法学对于权利问题的认识，与西方其他的法学流派相比较，它在强调个体与整体利益的一致性基础上，坚持权利义务并重的原则。马克思主义法学认为资产阶级权利观单纯地强调个人的自由和权利，认为社会只是个人实现权利的手段的权利观是错误的。这种权利与义务关系的理论实际上为极端个人主义的发展打开了方便之门，将会导致个人利益对他人的或者社会利益的忽视与侵害，从而最后妨碍了个人利益的实现。马克思主义主张权利与义务并重的原则，实际上包含两重含义。第一，马克思主义并非只注重个人奉献而忽视个人的权利。因为人的本质是特定的社会关系的总和，有什么样的社会经济结构，就有什么样的人。在社会主义阶段，个人对物质生活的追求是客观规律作用的必然结果，是这一阶段人的本质的主要表现，

---

① [美]贝思·J.辛格著：《实用主义、权利和民主》，王守昌等译，上海译文出版社2001年版，第62页。
② [英]鲍桑葵著：《关于国家的哲学理论》，汪淑钧译，商务印书馆1995年版，第63页。

它也构成了这一阶段人类社会发展的基本动力。所以，尊重个人的权利，实际上就是对个人的主体能动性的承认与激励。只有每个个体充分发挥自己的自由能力，社会整体自由的发展才能成为可能。第二，马克思主义在注重个人合理的权利要求的同时，更注重个人对社会的义务，这是马克思主义与资产阶级理论的根本区别之一。① 马克思主义认为个人永远都是社会中的人，社会整体的存在是个人存在及其权利实现的根本方式。只有在集体中，个人才能获得全面发展其才能的手段，也就是说，只有在集体中才可能有个人的自由。因此，马克思主义主张个人对社会尽义务的"集体主义"原则，这是社会得以存在并健康发展的基本前提。当然，强调个人奉献的结果，可能会造成某些个人利益得失的事实差别，但这与资产阶级在竞争中所必然造成的利益得失是有根本区别的。前者是以暂时的利益损失换来了社会整体利益的实现，并最终通过社会整体利益的提高而在更大的程度上促进个人利益；而后者对于这种利益损失没有根本的关照，它只是认同并放任这种事实不平等的发生。在"集体主义"原则下的这种得失仅仅是个人的非根本性的，并且，最重要的是，这种得失的目的在于使他人或者社会的根本利益或者最大利益的保障和实现。这也是马克思主义的权利内涵与资产阶级的功利主义权利内涵的本质区别。由此可见，马克思主义所倡导的权利观念追求的是社会整体自由的价值，是人类真正以"类"的形式平等地成为自然的主人的根本标志，也是人类在驾驭外在自然和自身自然的基础上，彻底实现自由本质的唯一完整形式。② 如果说，在人类自由发展的进程中，资本主义的权利观使个体完成了从混沌的整体主义向自我意识觉醒的个人主义的跨越的话，那么，马克思主义的权利观则使个体与整体的利益在集体主义的基础上统一起来。

---

① 参见韩冬雪著：《论马克思主义的权利观》，载《吉林大学社会科学学报》2001年第1期，第77—82页。

② 韩冬雪著：《论马克思主义的权利观》，载《吉林大学社会科学学报》2001年第1期，第82页。

(三) 权利具有社会性、相对性的本质特点

从以上的分析，我们可以看到，无论是西方的一般学者，还是马克思主义学者，对于权利本质的认识，虽然他们的观点有许多的差异，但是有两点却是相同的。

第一，权利存在于社会之中，是人们相互承认、相互尊重的结果。只有在人类社会整体之中，通过对他人的正当性的相互承认与相互尊重，才有可能存在权利观念和权利要求，才可能存在现实的权利，权利也才有实现的条件。这是因为作为权利主体的人是社会中的人，他或者她不可能脱离其他的人而单独存在，他或者她必然要与其他的人发生关系，人与人之间发生关系的媒介就是人与人之间的利害关系，这种利害关系通过一定的社会规则加以规制变形成了权利。从这个意义上来说，权利就是相对性的产物。

第二，权利与义务相对应，权利的享有以义务的承担为前提。而这种权利义务的相对应也是发生在社会之中的。在社会关系中，权利与义务是相对应的，有权利的享受就会有义务的承担，有义务的承担就会有权利的享受，没有只有义务而没有权利的义务，也没有只有权利而没有义务的权利。在社会的权利义务关系的整体中，某一项权利的享有，必然是以某一项相应义务的承担为前提。总之，权利与义务是相对应的，这种相互对应只有在社会中才能实现，如果只有单独的一个主体或者某一主体将自己的所有利益封闭在自己所能完全控制的范围之内，而不与他人产生任何的利益交换，则不可能有权利的界定与存在。

因此，权利是产生于社会之中，存在于社会之中的，没有人类社会的存在就没有权利产生的基础。如果不以社会作为依托，权利也没有存在的基础。社会性是权利的基本属性，具有社会性的权利实际上就是一种相对性的权利。

第二节 权利的基本特征

所有的权利都是存在于社会中的每一个社会主体的权利，个体的

社会主体如果脱离了一定的社会环境、社会条件,不可能有所谓权利的存在。从权利的整体结构上分析,权利是内在的个人自由和外在的义务限制的统一体。如果将权利与社会割裂开来,我们可以看到赤裸裸的自由的内容,也就是说,权利主体如果不考虑社会的或者其他个人的权利要求或者自身的义务承担的话,那么,权利主体的权利也许就是绝对的个人自由。但由于权利是社会中的权利,权利不仅与义务相对应,权利还必须与他人的权利相联系,权利还受到社会环境、社会条件的限制。从这个意义上来看,权利具有社会性的特征,如果没有社会的存在就没有权利的存在,这就是权利的相对性。总的来看,权利具有相对性的基本特征,这是由权利的社会性决定的。

一、排他性是权利的内在要求

我们确立权利的目的就是为了使社会主体恪守法纪而不作出危害他人利益的行为,达至实现社会公平正义,维护社会秩序的目的。法律正是以权利的确认和归属来调整社会关系的。如果某一个人的利益在法律上已经被确认为权利时,其他个人仍然还对此虎视眈眈随意践踏,并且社会公共权力对此也无能为力的话,这样的情况或者是因为法律缺乏权威,或者是该社会本身就是一个野蛮的社会,只需强权不需法律,也就不需要规定权利也不需要确认权利。作为社会生活中的人,既要谋求自己的利益(这使人自我保存自我实现),同时又要排除他人对自己的利益的侵害。但假如仅仅这样的话,人类社会就处于战争状态,因此就需要某种规则对利益进行界定、分配并保护其所认可的利益,这种规则就是法律。权利就是人的思维在对人的这种生存状况进行思考的基础上,对人的这个生存状况的一个表征。无论是卢梭所认为的人类社会的原初自然状态是和平相处的乐观主义,还是霍布斯所认为的人类社会的原初自然状态是敌对的悲观主义,最后都必须以规定个人的权利的方式来规制人的社会活动和社会关系。人们制定法律,并将法律所认可的利益以权利的形式在法律上确定下来并加以保护,由此我们可以得出这样一个结论:权利的排他性是人在这种生存状况而在法律上确立权利这一概念时,自然地加于权利之上的,也即权利的排他性是权利的自身所固有的内在要求。因此，权利的排他性在人的思维中是一个明证性的问题，在法律之中，是一个不容置疑的权利的属性。①假如我们假定权利不具有排他性，那么这必将消解掉权利本身。权利之所以独立自在，就是因为人的思维假定其为不可侵犯的，是排他性的。所以，在古代的或者是现代的具有法律制度的不同社会中，凡是被法律确认为权利的就应该都受到保护，他人就不得任意侵害，否则将其定位为权利是没有实际意义的。权利的排他性是权利的基本要求，是对权利的确定化。权利只有在排他的条件下才是自由的。权利也只有具有了排他性才能成其为权利。因此，所有的权利都是不可侵犯的，都具有排他的内在要求。不论是物权、债权、人身权、知识产权还是其他的任何权利都是不可侵犯的。从这个意义上分析，权利的排他性具有普遍性的特征，但是我们也必须要看到，权利排他性的基础是法律制度对权利的确认与保护，而不是先验的、天赋的、自然的。从这个意义上说，权利的排他性是有条件的、受到限制的，权利的排他性也具有相对的特点。

二、相对性是权利的基本特征

事物的相对性是指事物都是相对于其他事物而存在的，其他条件改变，该事物也就不存在了。相对是绝对的，而绝对是相对的。实际上，权利也具有它的两面性，从外部特征看，权利是现实社会中人们从事社会行为的自由，自由与权利基本同义，但从严格的意义上讲，二者有区别。权利的存在和实现都具有社会的属性。作为权利主体的人不是孤立的，而是社会共同体中的一员，正如马克思所言："在任何情况下，个人总是'从自己出发的'……由于他们的需要即他们的本性，以及他们求得满足的方式，把他们联系起来（两性关系、交换、分工），所以他们必须发生相互关系。"② 权利的相对性是普遍

---

① 王克金著：《权利冲突的概念、原因及解决——一个法律实证主义的分析》，载天下论文网，http://www.lunwentianxia.com/product.free.1296136.1/。
② 《马克思恩格斯全集》（第3卷），人民出版社1960年版，第56页。

的，相对性是权利的基本特征，属于权利的正常属性，在正常状态下权利都是相对的；权利的绝对性是相对的，只有在满足特定要求的条件下权利才有可能是绝对的、无条件的，绝对权利是权利的特殊形态，只有在特定的历史条件下，权利才可能是绝对的。

（一）权利相对性原因分析

1. 相对性是权利的内在规定性

（1）天赋人权观念的局限性

我们从权利产生的基础或者权利的来源可以看到，权利本身就是相对性的结果。对于权利的来源和依据的讨论影响较大的是自然法学派的观点，特别是古典自然法学派的观点。其"天赋人权"的权利观念对资本主义社会的政治制度和法律制度产生了深远的决定性的作用。"天赋人权"也可以译为"自然权利"，意指人具有天生的生存、自由、追求幸福和财产的权利。由荷兰的格老秀斯、斯宾诺莎，英国的霍布斯、洛克及法国的卢梭等于17、18世纪提出。古典自然法学派认为在国家形成之前的自然状态下，人是自由和平等的，生命、自由追求幸福与财产是人的固有品质，也是人固有的权利。这种权利受到自然法（人类理性）的指导与规定。格老秀斯认为，由于自然法使人得以占有某一特殊的东西或正当地去做某些事情，使人具有了自由、财产和偿还债务的权利。洛克认为，自然法规定了生命、自由和财产权利，并指导人们不侵犯他人的自然权利。这种权利亦是不可侵犯的。为了保护这种权利，格老秀斯、霍布斯、斯宾诺莎、卢梭主张放弃全部权利；洛克主张放弃部分权利，如惩罚他人的权利；杰佛逊则主张保存全部权利，缔结契约，成立国家，运用政治权力与法律的力量来保护个人的自由、平等、财产或追求幸福的权利。即使对个人权利做了某些限制，也只是使每个人的个人权利得到共同力量的保护；如果政府侵犯了这种权利，人民有权收回自己的天赋权利，推翻其统治，或个人有权反抗主权者。"天赋人权"的思想强调的是以人为本的人本主义精神。作为近代资产阶级革命的启蒙思想，人本主义具有鲜明的反神学、反封建特点。人本主义的实质是使人摆脱神学主义、封建主义的束缚，成为自由、平等的人。① "天赋人权"观作为资产阶级上升时期提出的人权理论，代表了新兴的生产关系和新兴阶级的利益。它在理论上倡导自由、平等和私有财产神圣不可侵犯，否定封建人身依附关系，是资产阶级反抗封建统治和压迫的理论武器，具有历史进步作用。"天赋人权"观在人类历史上第一次提出了具有普遍意义的"人权"概念，对资产阶级革命的胜利起过积极作用，也为全世界被压迫民族和人民利用这一概念并引申出符合自身要求的人权内容提供了基本前提。"天赋人权"观推动了资本主义生产方式的建立，使"人"拥有了自由平等的权利。在封建社会，广大农奴虽然被当做"人"，但却是"主人的人"，他们对封建地主存在着政治上和经济上的人身依附关系，仍然没有自由和平等可言。而作为统治阶级的封建地主阶级，因为他们所世袭的身份而享有所有的权利和权力，并且利用他们的财富和国家机器对广大被统治阶级进行肆无忌惮的封建专制统治。资产阶级"天赋人权"观的提出和确立，反映了资本主义商品经济的客观要求。它一方面使资产阶级摆脱了封建的政治束缚，建立了本阶级的自由平等；另一方面也使广大劳动群众摆脱了狭隘的封建经济关系和政治桎梏，在政治上和人身上获得了一定的自由和平等。虽然这是资产阶级为了发展其资本主义经济的必然的条件，为资产阶级剥削无产阶级奠定了基础，但这相对于奴隶制和封建制社会来说，无疑是生产方式的进步和"人"的地位的提高。

"天赋人权"的权利观念推动了社会生产力的长足发展，正如马克思所说："资产阶级在它的不到一百年的阶级统治中创造的生产力，比过去一切世代创造的全部生产力还要多，还要大。"② 但是，古典自然法学派有其历史局限性，它的全部学说是建立在资本主义私有制基础上的，因此，马克思认为："这个理性的王国不过是资产阶级的理想化的王国；永恒的正义在资产阶级的司法中得到实现；平等

---

① 张乃根著：《西方法哲学史纲》（增补本），中国政法大学出版社2002年版，第169页。

② 《马克思恩格斯选集》（第3卷），人民出版社1960年版，第57页。

归结为法律面前的资产阶级的平等;被宣布为最主要的人权之一的是资产阶级的所有权;而理性的国家、卢梭的社会契约在实践中表现为而且也只能表现为资产阶级的民主共和国。18世纪的伟大思想家们,也和他们的一切先驱者一样,没有能够超出他们自己的时代所给予他们的限制。"① "天赋人权"与古典自然法学派的其他理论一样,也有其历史局限性和阶级局限性。首先,"天赋人权"实质上是资产阶级特权。在资本主义社会里,最主要的人权之一是资产阶级所有权。私有财产神圣不可侵犯是"天赋人权"观的核心。自由和平等归根到底只是资本所有者之间的自由和平等,其实质无非是自由、平等地剥削劳动力;对于不拥有生产资料的广大劳动者来说,"天赋人权"只是意味着自由出卖劳动力和平等地受资本家剥削的"权利",并没有真正的人权。其次,"天赋人权"观是为资产阶级的政治统治服务的。在资产阶级已经取得政权的国家里,政治统治成为资产阶级对整个社会的统治,"天赋人权"实质上只是资本和金钱的政治特权,对广大劳动人民来说,不可能有普遍平等的政治权利。最后,"天赋人权"观把抽象的人性、理性作为权利的根源,把人权视为与生俱来的自然权利,抹杀了人权的历史性、社会性和阶级性,因而其在哲学上存在着很大的缺陷。② 更重要的是,"天赋人权"将权利先验地归结为是人的理性,但何为人的理性,是否只要有人的存在就有权利的存在?即使是仅有一个个人而没有形成人类社会的情况下,权利也是存在的吗?对此,笔者认为是不可能的,如果没有人类社会的形成,没有人与人之间的社会互动,权利不可能产生。另外,"天赋人权"如何保障权利初始的公平配置?究其原因,是因为"天赋人权"论者的所谓"人的理性"必须在人类社会中才能推演总结出来,"人的理性"是社会各成员互相妥协的结果而不是上天的安排。

(2) 权利是相对性的结果

---

① 《马克思恩格斯选集》(第3卷),人民出版社1960年版,第57页。
② 参见中国人权研究会:《天赋人权观实质上是资产阶级特权,是为资产阶级的政治统治服务的》,载《人民日报》2005年1月31日第9版。

相对于古典自然法学派的观点，笔者认为新自然法学派、分析法学派和社会法学派的法学家关于权利的来源和依据的观点更为科学合理，尤其是社会法学派的社会联系的观点更符合权利的本质要求和社会的实践需要。康德认为权利首先是设计一个人对另一个人的外在的和实践的关系，是人们通过行为间接或直接地彼此影响而形成的，表示的是一个人的自由行为与别人的自由行为之间的关系。因此，他在《法的形而上学原理——权利的科学》中写道："任何一个行为，如果它本身是正确的，或者它依据的准则是正确的，那么，这个行为根据一条普遍原则，能够在行为上和每一个人的意志自由同时并存。"[①]"严格的权利也可以表示为这样一种可能性：根据普遍法则，普遍的相互的强制，能够与所有人的自由相协调。"[②] 因此权利的存在只有在存在不同的主体的自由并且各种自由均相互协调的情况下，权利才可能产生和存在。在这个意义上讲，权利是不同主体相对自由意志的产物。

关于权利的相对性的命题，德国学者费希特在《自然法权基础》中论述得更加充分。费希特从"自我设定它自己"出发，认为作为主客体统一体的理性存在者，由于它自身具有一种把从客观到主观的直观活动和从主观到客观的意志活动统一起来的自由效用性，所以必定能设定它自己为有限理性存在者。同时，这种自由效用性的理性存在者必定会设定一个处于自身之外的感性世界，有限理性存在者要设定自身在感性世界中的自由效用性，就必须设定在自身之外存在其他发挥自由效用性的有限理性存在者。[③] 费希特认为无论在什么情况下，每个有限理性存在者都必须承认其他有限理性存在者也是同样自由的，以限制自己的自由。费希特认为："你要这样限制你的自由，

---

① [德]康德著：《法的形而上学原理——权利的科学》，沈叔平译，商务印书馆1991年版，第40页。

② [德]康德著：《法的形而上学原理——权利的科学》，沈叔平译，商务印书馆1991年版，第42页。

③ [法]费希特著：《自然法权基础》，谢地坤译，商务印书馆2004年版，第6页。

那就是除了你之外，他人也会是自由的。"① 因此，笔者认为如果从权利产生的基础或者产生的来源上来看，权利都是在人类社会中，由不同的社会主体相对应的有限的意志或者有限的社会活动的结果。如果在社会中仅仅存在单独的一个社会主体，则没有权利存在的可能，也没有存在权利的必要；但在众多的社会主体中，如果每个主体对自己的意志或者活动不加以限制，同样也不可能产生权利。权利实际上是社会主体相互妥协的结果。因此，权利的内在规定性是相对性。只有相对的权利，没有绝对的、完全自由的、无限制的权利。

2. 从权利的存在状态考察，权利也是相对的

从权利的存在状态考察，权利也是相对的。首先权利与义务作为一定社会利益的体现，共同担负着对个体行为的评价功能。对于权利主体来讲，它有一定的限度，行使权利不能无限制；对于义务主体来讲，应当作为或不应当作为的界限是确定的，不能无限制地为自己的行为承担责任。权利与义务的关系具体表现在其性质中。义务作为一种法律设定的行为模式与权利具有最大的相关性。即义务规则应是针对某一权利并为保证这种权利实现而设定的。换句话说，如果一种行为与权利没有相关性，法律就不能强行为之设定义务。其次，权利与义务是互补的、相应的。在一些情形下，所承担的义务，必然在另一些情况下享有相应的权利。权利与义务的互补、对应关系并不意味着两者的均等。② 权利与义务显然具有二重关系：一方面是一个人的权利与他人的义务的关系；另一方面则是一个人的权利与他自己的义务的关系。从"权利是权利主体必须且应该从义务主体那里得到的利益，义务是义务主体必须且应该给付给权利主体的利益"来看，权利与义务实为同一种利益，它对于获得者是权利，对于付出者则是义务。因此，一方有什么权利，他方便有什么义务；一方有什么义务，

---

① [法]费希特著：《自然法权基础》，谢地坤译，商务印书馆2004年版，第8页。

② 王人博、程燎原著：《法治论》，山东人民出版社1992年版，第174—175页。

他方便有什么权利。一个人的权利与他的义务具有双重关系：一方面是他所享有的权利与他所负有的义务的关系；另一方面是他所行使的权利与他所履行的义务的关系。一个人所享有的权利与他所负有的义务，显然不是他自己能够自由选择的，而是社会分配给他的。不言而喻，社会分配给一个人的权利与义务只有相等才是公平的、应该的；如果不相等，则不论权利多于义务还是义务多于权利，都是不公平的、不应该的。一个人所行使的权利与他所履行的义务，是他自己能够自由选择的：他能够放弃所享有的一些权利而使所行使的权利小于所享有的权利，也能够不履行所负的一些义务而使所履行的义务小于所负有的义务。不难看出，一个人所行使的权利应该至多等于所履行的义务。也就是说，一个人所行使的权利应该等于或小于而不应该多于他所履行的义务。① 赋予一个人的权利在逻辑上至少需要有一个对他负有义务的他人存在。权利拥有者自身必须承担义务在逻辑上绝不是一个必然命题。但至少可以想象的是，如果一个人对某物拥有权利，但他却没有提供和尊重任何别人对某物也有权利的相关义务；那么即使赋予这种特殊权益的法规在道德上可能是令人反感的，然而在概念上却是圆融的。② 权利和义务的逻辑相关学说并不断言，个人的权利必须以履行他本人的义务为条件，而只是说，他的权利必须与别人的应尽的义务相关联。这不仅是一种似乎很有道理的学说，而且，对某些权利和义务来说，它在逻辑上也是无懈可击的。因为正像我们所看到的，法定要求权是根据他人应尽的义务来加以界定的。这里笔者指的是这样一个论点：一切义务都需要以他人的权利为条件，同时，一切权利都需要以他人的义务为条件。权利是与义务相对应的，如果没有相应义务的存在，权利的实现和享有就缺少必要的条件。③

---

① 孙英：《权利义务新探》，载《中国人民大学学报》1996年第1期，第37—38页。

② ［美］J. 范伯格著：《自由、权利和社会正义》，王守昌等译，贵州人民出版社1998年版，第87—88页。

③ ［美］J. 范伯格著：《自由、权利和社会正义》，戴栩译，贵州人民出版社1998年版，第88—89页。

而且，一项权利对于这一个主体来说是权利，但对于另外的一个主体来说它却变成了义务。所以，权利的存在状态具有相对性。所以马克思说"没有无义务的权利，也没有无权利的义务"。①

3. 相对性是社会发展的必然要求

将权利放在整个社会中进行考察的话，权利的相对性实际上是指权利的社会性。19世纪末德国学者耶林在其名作《论法律的目的》一书中指出，所有权行使的目的，不应仅为个人的利益，同时也应当成为社会的利益。人们的所有权之所以受到他人的尊重，是因为它具有有益于社会的机能。狄骥认为，人在社会中生存，他永远并只能和其他同类一起在社会中生存；人类是一个原始的自然实体，绝不是人类意愿的产物，因而所有人无论过去、现在，或者将来都是人类群体的一部分。人们虽然各有所需，但此种需要绝非个人之力所能满足，而只能通过共同生活才能获得满足。由此可知，"人"，一方面是独立的个人，另一方面则是社会中的一分子。由于其是独立的个人，所以有其独立的特殊性；由于其为社会中的一分子，故又具有社会连带性。② 这是由于在一定社会中，相对于同样的社会历史背景和生存条件，不同的利益群体和权利主体之间必然也有着某些共同的需要、利益和要求。这不仅指保护环境、维护生态平衡等，就如发展经济和文化，维护社会稳定和安全方面等，也都关涉到人们若干需要普遍保护的利益和权利。正因为这样，权利主体不仅是指单个的自然人，社会组织、机构、团体，甚至一个国家，在某些情况下也都可以作为权利主体。在国际法和在外层空间法中，国家作为权利主体已是事实，在未来的星际交往中，整个人类作为权利主体亦将被引起重视。总之，随着法律调整社会关系以及人与自然的关系之领域的扩大，权利客体的总量和权利主体的总量虽然都会扩大，但人类社会总会有其共同的权利要求，在这种情况下，个人的每一个单独的似乎是不可侵犯的自

---

① 《马克思恩格斯全集》（第16卷），人民出版社1960年版，第16页。
② ［法］莱昂·狄骥著：《〈拿破仑法典〉以来私法的普通变迁》，徐砥平译，中国政法大学出版社2003年版，第17页。

由的、无限制的权利就必须加以限制，甚或在某种情况下还必须放弃。所以，从社会发展的要求来看，权利也是相对的。

(二) 物权相对性是权利相对性的逻辑结果

权利从总类上可以分为公权力和私权利。私权利也即民事权利。民事权利根据其内容又可以分为财产权和人身权。财产权指以通常可以以金钱衡量其价值的利益为内容的民事权利，主要是物权、债权、知识产权。人身权指与权利主体的人身不可分离的以人身利益为内容的民事权利。从从属关系上进行分析，我们可以明确地判断物权从属于权利，物权是权利的从概念，那么，作为从属于权利的物权也应该具有属概念的权利的属性。所以，从逻辑上推演，物权是具有相对性的，这种相对性具体表现为对物权效力的限制，也即物权的相对性是权利相对性的具体表现。所谓物权的绝对性仅仅是在以个人权利为中心的条件下才出现的，只有在割裂权利的社会属性与个人属性之间的关系，也即只有在把个人完全独立于社会群体之外，仅仅考虑一个个人而不考虑其他个人以及社会整体的情况下，物权才可能勉强地具有"绝对性"。但是从上面的分析我们知道无论是从权利的产生、权利的存在条件还是权利的实现来看，权利都必须以外界的他人或者其他的权利义务作为相对的条件。所以物权的绝对性从逻辑上来说是不能成立的，它仅仅是人们对物权的歪曲的认识而已，物权绝对性不是物权的基本特征。

第三节 "物权属于绝对权"与"物权具有绝对性"的区别

我们在讨论物权的绝对性和相对性的时候，有必要将这种讨论和绝对权与相对权的权利划分进行区分，因为人们经常错误地认为"物权的绝对性就是来源于物权是一种绝对权"的逻辑判断，并且往往将绝对性与绝对权，相对性与相对权相等同，将"物权属于绝对权"与"物权具有绝对性"相混淆，导致了逻辑上的混乱，造成了理论上的错误。

一、绝对权与相对权

在古罗马,并没有绝对权、相对权这样明确的概念。这两个概念是在后来中世纪学者用以解释罗马法时采用的。古罗马法上仅有"对物诉讼"(actio in rem)和"对人诉讼"(actio in personam)之分。通常认为"对人之诉"指诉讼上主张的仅得对抗特定人的诉讼,适用于债的关系所生之纠纷;"对物诉讼"指诉讼上主张对抗一般人的诉讼,适用于对物权、身份权、家庭权利所生之侵害。对人之诉、对物之诉在后来演变为传统民法的权利概念,即绝对权、相对权之分类。① 如果一项权利可以相对于每一个人产生效力,任何一个人都必须尊重此项权利,这种权利便是绝对权,所有权就是典型的绝对权。在另一方面,一项权利也有可能仅仅相对于某个特定的人产生效力,这种权利便是相对权,债权就是典型的相对权。②

关于绝对权和相对权的划分,在许多著名学者的论著中均不难见到,例如佟柔老先生认为:"依据权利人可以对抗的义务人的范围,民事权利可以分为绝对权和相对权。绝对权是指义务人不确定、权利人无须通过义务人实施一定行为即可实现的权利,如所有权、人身权。由于绝对权的权利人可以向一切人主张权利,可以对抗他以外的任何人,因此又称为对世权。相对权是指义务人为特定人,权利人必须通过义务人实施一定行为才能实现的权利,如债权。由于相对权的权利人只能向特定的义务人主张权利,他对抗的是特定的义务人,因此又称为对人权。"③

我国台湾地区有学者认为:"私权以其效力所及之范围为标准而分类,可分为绝对权及相对权。绝对权者,对于一般人请求其不作为

---

① 冉昊著:《对物权与对人权的区分及其实质》,载《法学研究》2005年第3期,第99页。
② 刘德良、许中缘著:《物权债权区分理论的质疑》,载《河北法学》2007年第1期,第101页。
③ 佟柔主编:《中国民法》,法律出版社1990年版,第39页。

之权利也。举凡人格权、身份权、物权、准物权及无体财产权皆属之。有此权利者,得请求一般人不得侵害其权利,而其特色,则在义务人之不一定,与权利本质在于不行为。相对权者,对于特定人请求其为一定行为之权利也。例如债权是。有此权利者,不仅得请求特定人不侵害其权利,并得请求其为该权利内容之行为,而其特色,则在义务人为一定,与权利本质在请求为一定行为。虽然,在从来区别绝对权及相对权者,多谓绝对权乃一般人负有不得侵害其权利之义务之权利,故称前者为对世权,后者为对人权。不知纵属相对权,一般人亦负有不得侵害其权利之义务,此种区别,殊欠充实。"① "但应注意者,在相对权,一般人虽负有不得侵害其权利之义务,然此种义务之存在,乃相对权之结果,而非相对之本质;反之在绝对权,其一般的义务之存在,则为绝对权之本质,而非绝对权之结果耳。"②

有学者认为:"民事权利依权利人对抗义务人的范围,可分为绝对权和相对权。绝对权是指义务人为不确定的一般人的权利,权利人可以向一切人主张权利,因而又称对世权。绝对权的权利人无须通过义务人实施一定行为即可实现其权利,如所有权、人身权均属绝对权;相对权是指义务人为特定人的权利,权利人只能请求特定人为一定行为,因而又称为对世权。相对人的权利只有通过义务人实施一定行为才能实现其权利,债权是典型的相对权。"③

有学者认为:"依权利的效力范围为标准,可分为绝对权与相对权。绝对权,是指无须通过义务人实施一定的行为即可实现,并可以对抗不特定人的权利。人身权、物权、知识产权、继承权等属于绝对权。绝对权有两个特征:一是权利人无须通过义务人的行为,自己可以直接实现其权利;二是义务主体是不特定的,因此又称对世权。相

---

① 王利明主编:《民法》,中国人民大学出版社2000年版,第46页。
② 胡长清著:《中国民法总论》,中国政法大学出版社1997年版,第41页。
③ 马俊驹、余延满著:《民法原论》(上册),法律出版社1998年版,第83页。

对权,是指必须通过义务人实施一定的行为才能实现,只能对抗特定的人的权利。债权属于相对权。相对权有两个特征:一是权利人自己不能直接实现其权利,必须通过义务人的行为其权利才能实现;二是只能请求特定的人为一定行为,该权利只能对抗特定的人,因此,又称对人权。传统学说认为对债权人的权利也不得侵害,但在债权遭受第三人侵害时,债权人不能直接对抗侵害人,只能在事后请求侵害人承担责任。后来学说上有所改变,即在一定情况下(需法律上有明文规定)债权受到第三人侵害时,债权人可以直接请求第三人承担民事责任。"①

也有学者认为:"权利效力所及之范围,谓为权利内容之法律上之力所得对抗之人范围也。基于此范围,普遍分为绝对权与相对权。绝对权有谓之为对抗一般人之权利,而相对权为对抗特定人之权利。有谓相对权为要求特定人之行为或不行为之权利,绝对权为要求一般人不行为之权利。亦有称之为对世权与对人权。通说谓人格权、物权、继承权为绝对权,债权为相对权。然此类分类不甚彻底。要之,绝对权相对权之分类,可归纳如下:或以义务人为标准,而分为有直接义务人之权利,有间接义务人之权利,有直接义务人与间接义务人之权利,有全无义务人之权利。或以性质为标准,而分为有不可侵犯性与排他性之权利,有只有排他性之权利。"②

有学者认为:"以效力所及的范围为标准,可分为绝对权与相对权。所谓绝对权,指得对一切人主张的权利。又称对世权。所谓相对权,指仅得对特定人主张的权利。又称对人权。但新近学说有否认绝对权与相对权区别之趋势,主张债权于受第三人侵害时,亦可向之主张损害赔偿。因此认为债权亦有对世性。"③

有学者认为:"权利以其效力所及的范围为标准,可分为绝对权

---

① 魏振瀛主编:《民法》,北京大学出版社、高等教育出版社2000年版,第39页。
② 史尚宽著:《民法总论》,中国政法大学出版社2000年版,第23页。
③ 梁慧星著:《民法总论》,法律出版社2001年版,第83页。

与相对权。绝对权指对于一般人请求不作为的权利，如人格权、身份权、物权等。有此权利者，得请求一般人不得侵害其权利，故又称对世权。相对权指对于特定人请求其为一定行为的权利，如债权。有此权利者，不仅得请求特定人不得侵害其权利，并得请求其为该权利内容的行为，故又称为对世权。"①

有学者认为："依权利效力所及之范围，可分为绝对权与相对权：绝对权系指，在不违反法律及不侵犯第三人权利的情形下，权利人可要求每个人均尊重其权利，并得向任何人主张。支配权皆是绝对权，如物之所有权。故物之所有权人在其所有物遭无权占有或侵夺时，得索回其物，并可对任何影响其享用所有权者（台湾地区民法第767条）。相对权系指，权利人只能向特定义务人请求给付，权利之效力也仅及于特定人者。典型的例子是债权。物权化的债权——混合形态之权利：在前述两种典型的形态之外，尚有所谓混合形态的权利 misch - formen，例如由于对土地之预告登记，而使债权取得对抗第三人的效力。此种买卖不破租赁原则 Kauf bricht nicht Miete，使行动物权在一定条件下，有对抗第三人（买受人）之效果。不过此种混合形态的权利系属例外，对于绝对权与相对权分类的原则性意义并无变更，而（台湾）民法第二编债编与第三编物权编的区分，仍以此区别为基础。"②

德国学者迪特尔·梅迪库斯认为："我们可以根据不同的标准对权利作区分。绝对权和相对权就是其中的一种。一项权利可以相对于每一个人产生效力，即任何一个人都必须尊重此项权利。这种权利就是绝对权（absolutes recht）。在另一方面，一项权利也有可能仅仅相对于某个特定的人产生效力。"③

---

① 王泽鉴著：《民法总则》（增订版），中国政法大学出版社2001年版，第85页。
② 黄立著：《民法总则》，中国政法大学出版社2002年版，第62页。
③ ［德］迪特尔·梅迪库斯著：《德国民法总论》，邵建东译，法律出版社2001年版，第58页。

由上述可见，绝对权和相对权的划分几乎成为法学界的定论。但是，对于这种区分方法，理论界一直以来都有争议，史尚宽认为，传统民法将权利二分为绝对权、相对权，是从权利的效力所涉及的范围这个角度做出的划分。所以，绝对权就是对抗一般人的权利，其效力范围涉及一切人，又称对世权。相对权即要求特定人的行为或不行为的权利，其效力范围仅涉及特定之人，又称对人权。但同时他对这种分类提出了质疑，他认为，绝对权和相对权并不能概括一切权利，如撤销权两者都不属于。另一位学者李肇伟认为："绝对权与相对权之分，亦只能就权利之主要内容是否重在对抗一般人为目的之不同而言。于是，绝对权因一般人须履行不侵害之义务，而得对抗一般人，可谓对世权。而相对权，即须特定义务人履行义务，因得对抗特定义务人，而一般人须要负不侵害之义务，是仍得对抗一般人，自不得谓为对人权，故以绝对权为对世权虽可，以相对权为对人权则不可。"① 古罗马法中的"对物诉讼"和"对人诉讼"演变为传统民法上的绝对权和相对权是西方中世纪学者解释罗马法时的误导和局限所致，更确切地说是中世纪西方学者为了满足当时的社会需要而作出的刻意的曲解。从物权支配性的作用和对世性的效力这两点，学者引申出，既然对物权对一切人有效力，又由权利人直接支配而不需请求，那么物就被置于主体的意思范围笼罩之下，导致了一种完全由权利人控制的绝对的权利，这就是"对物"——绝对权；对应的概念则是相对权，仅对相对人有约束力并且必须以请求他人履行的方式才能实现。可见，这在实际内涵上并没有更新的内容，只不过包含了对世和支配两重意思，所谓"绝对权"不过是一种名称的转变，许多相关争论的产生也只是因为争论人赋予了它不同的内涵而已。② 从现代民法的理论与实践上分析，绝对权与相对权的区分的最大价值与作用，在于为物权与债权的区分提供了标准而已。

---

① 李肇伟著：《法理学》，台北东亚照相制版厂印行1979年版，第281页。
② 冉昊著：《对物权与对人权的区分及其实质》，载《法学研究》2005年第3期，第105页。

二、物权绝对性与物权相对性

(一) 物权绝对性

物权绝对性的观念在民法学界可以说是深入人心的,物权绝对性也是民法学家的话语核心,特别是研究物权法的学者更是如此,并且有的学者将物权绝对性作为物权的基本原则加以论述,由此看来物权绝对似乎已经是学界的共识,但实际上民法学界对于物权绝对都没有一个统一的科学的概念。

有学者认为:"物权是绝对权,并不意味着物权的内容是绝对不受限制的,而是指物权的权利主体是特定的,其他任何人都负有不得非法干涉和侵害权利人所享有的完全的义务。这就是说,一切不特定的人都是义务主体;所谓绝对性,也就是指对世性。"[1] 有学者认为物权绝对性是物权的特征之一,"物权的绝对性意味着权利主体之外的任何人都是义务人,都负有承认和尊重物权的义务。物权的对世性是物权绝对性的典型表现,而排他性又是物权绝对性的必然属性,所以物权的绝对性、排他性、对世性共同反映了物权绝对主义精神"[2]。有学者认为:"物权人依自己的意思行使物权具有绝对性,即物权人对标的物有绝对的支配权,除遵守法律之外物权人可以完全基于自己的意思行使其权利,而不必借助于任何他人;物权具有排他的绝对性,即确定某人对某物享有某种物权,也就排除了其他任何人对该物享有同样的物权,权利人并可以根据其权利排除任何第三人的干涉。"[3] 有学者认为:"所谓绝对权,即权利人行使权利时只是按照自己的意思就可以实现其目的的权利。""物权拥有人实现其权利完全依照自己的意思,而不必向任何人请示或请求,所以物权人具有单方面独断性权利,即'意思强力'。""在物权法律关系中,只有物权人

---

[1] 王利明著:《物权法论》,中国政法大学出版社2003年版,第8页。
[2] 周林彬著:《物权法新论》,北京大学出版社2002年版,第134页。
[3] 梁慧星著:《中国民法典草案建议稿附理由》(物权编),法律出版社2004年版,第6—8页。

单方面的权利人,而没有相对的权利人或者义务人。物权的这一特点,也被称为物权的绝对性特征。"① 还有学者认为:"物权人于其标的物之支配领域内,非经其同意,任何人均不得侵入或干涉,无论任何人擅行侵入或干涉均属违法,法律即给予物权人绝对保护之特性,此即为保护的绝对性。② 因此,物权乃是得要求世界上所有之人,就其标的物之支配状态应予尊重之权利。易言之,任何人均负有不得侵害该直接支配状态之义务,物权人即得对任何人主张之。故世人以绝对权或对世权称之。"③ 德国学者沃尔夫从所有权的归属上给绝对权下定义,他认为:"所有权是绝对的归属权,即他的效力及于每个人。所有权的绝对保护是通过规定他人的义务来实现的。"④ 德国学者鲍尔认为:"绝对性这个术语,首先揭示了物权的这一特性,即在权利人所享有的绝对支配权利之作用上,物权可以针对任何人而主张。"⑤ 日本学者三潴信三认为:"物权为绝对的财产权,换言之,得对抗一般人之权利也,即所谓对世的权利也。"⑥ 日本学者田山辉明认为所有权绝对性是指"所有权具有对于所有的人的关系中它只归属于某人的性质"。还有学者主张"统合论"。⑦ 如有学者认为"物权的绝对性在物权内容上为对特定的物的绝对支配权、物权在行使上与实现上具有任意性与绝对权性、物权在效力上具有对世性与排他

---

① 孙宪忠著:《中国物权法原理》,法律出版社2004年版,第30页。
② 谢在全著:《民法物权论》,中国政法大学出版社2001年版,第27页。
③ 刘志敏著:《民法物权编》,中国政法大学出版社2006年版,第7页。
④ [德] M.沃尔夫著:《物权法》,吴越等译,法律出版社2004年版,第5页。
⑤ [德] 鲍尔著:《德国物权法》,张双根译,法律出版社2004年版,第58页。
⑥ [日] 三潴信三著:《物权法提要》,孙芳译,中国政法大学出版社2005年版,第8页。
⑦ [日] 田山辉明著:《物权法》(增订本),陆庆胜译,法律出版社2001年版,第155页。

性、物权在保护上也具有绝对性"。①

笔者认为，以上各种观点不仅没有对物权绝对性做出统一的定义，反而在逻辑上存在缺陷，最主要的缺陷便是将物权的权利划分与物权本身的特点混淆在一起，实际上"物权是绝对权"的命题并不能等同于"物权具有绝对性"的命题。认为"所谓的绝对性，也就是对世性"的观点简单地把对世权幻化为对世性之后，将其与绝对性等同来说明物权的绝对性是没有说服力的，以上的诸多观点或者仅是说明了物权保护的特殊性，或者仅仅说明物权主体的普遍性问题，但都并没有能够说明其为何是绝对的。所谓"统合论"的观点，从物权的效力出发从物权的拥有、物权的行使到物权的保护都进行概括，因而，"统合论"的观点对于物权的绝对性的论述应该更为全面。但该说同样没能够将物权的绝对性与物权的对世权加以区别。

在综合考察各种学说的基础上，笔者认为，物权的绝对性不仅仅指的是物权的对世性。所谓物权绝对性应该包括物权的绝对不可侵性、绝对自由性和绝对无限制性三个方面。所谓物权的绝对不可侵性，是指物权是绝对不可侵夺的权利，即该项权利具有排他的、唯我独尊的基本属性。所谓物权的绝对自由性，是指物权人对自己的物权可依凭自己的意志自由使用、收益和处分。所谓物权的绝对无限制性，是指物权的行使是无条件的，物权人无须他人以及其他条件就能够行使物权。物权绝对性就是指物权是一种任何人不得侵犯的、绝对自由、没有任何限制的、无条件的权利。这就是历史上以及现代语境中所谓的物权绝对性。

（二）物权相对性

关于物权相对性问题，由于绝大多数的民法学家信奉的是物权绝对性的观念，反对物权相对性的观念，因此，在我国的法学著作以及法学论文中极少提到物权相对性的问题。绝大多数的学者都坚持物权绝对性的观点，认为虽然物权绝对性自19世纪末20世纪初开始受到

---

① 刘保玉著：《物权体系论——中国物权法上的物权类型设计》，人民法院出版社2004年版，第56页。

公法与私法的诸多的限制,但那只是对物权绝对性的一种修正而已,物权绝对始终是物权的基本原则。但是,法律作为一种社会的上层建筑,是随着社会的变迁,特别是社会经济的发展变化而变化的。另外,对于物权绝对性来说,它的产生与存在还具有特殊的社会环境和特殊的工具性的目的,具有阶级斗争的政治工具作用。当社会发展变化了,当物权绝对性所赖以存在的社会经济条件和社会政治条件变化的时候,物权绝对性必然要除去附在其上的一时之用的政治外衣,恢复其本来的面目,这就是物权的相对性。实际上,物权相对是与物权绝对相对应的一个概念,物权相对性是与物权绝对性相对应的一种观念。因此,所谓的物权相对性是指物权的存在是有条件的,物权的拥有与行使负有一定的义务和责任,物权是一种受限制的、相对自由的权利。

三、"物权属于绝对权"与"物权具有绝对性"是不同的两个命题

(一)从历史上进行考察,物权属于绝对权与物权具有绝对性是不同的两个概念

对于"物权属于绝对权"与"物权具有绝对性"的关系问题,有些人认为所指的是同样的概念,只是由于历史的变迁,其内涵产生了变化而已,也即是"物权的绝对性"指的就是"物权属于绝对权"。这种观点显然是错误的。

首先,物权绝对性,从历史上考察,指的是人们对于物权的拥有和行使是绝对的、完全自由的、没有任何限制的,任何人无论出于任何的目的、任何的理由都不得干涉、侵害物权人的物权。在物权绝对性的原则之下,不仅没有权利人之外其他个人的权利,也没有社会的权利。所有权人对拥有的财产有依其意愿自由支配的最高权利,所有

权人被认为赋予了对客体物最大限度或最完全的权能。① 所有权的绝对性，一方面是针对公权，另一方面是针对私权。针对公权的意思是除了基于公共利益之外不得对所有权进行限制；针对于私权上，所有权人被赋予行使其权利的绝对权利，即使权利人行使权利给他人造成某种损害，也不承担任何责任。这种物权绝对的观念，从其产生到现在，其内涵与外延从来都没有变化过，即物权的绝对还是相对，其主要的内涵在于强调物权是否是完全自由的、不受限制的，物权是否承担义务或者责任的问题。古罗马人对所有权的绝对性的描述是"对物最一般的实际主宰或潜在的主宰"，到了1789年的《人权宣言》第17条则表述为"私有财产是神圣不可侵犯的权利，任何人对这种权利都不得剥夺"。1804年的《法国民法典》第544条则规定为"所有权是对于物有绝对无限制的使用、收益及处分的权利，但法令所禁止的使用不在此限"。到了此时，所有权绝对或者说物权绝对的观念在人们的心目中被进一步强化。② 布莱克斯通认为，财产的所有权是"一个人对外在之物声称并实践的独有的、专横的统治，世间任何其他的个人对此物的权利皆在排除之列"。③ 这个观点后来被奥斯丁表述为："取它的严格意义，它（财产权）表示对某一确定之物的权利……这种权利从使用者角度看是不确定的，从处置角度看是不受约束的，从持续时间角度看是无限的。"实际上到了这个时候，所谓的物权绝对的观念已经形成并且指导着自由资本主义时期的社会发展。谢在全先生认为："法国之《人权宣言》第17条更明定所有权为神圣不可侵犯之权利，此即为所有权绝对性，并相继为欧陆各民法所采

---

① 程萍著：《财产所有权的保护与限制》，中国公安大学出版社2006年版，第83页。

② 何勤华、魏琼主编：《西方民法史》，北京大学出版社2006年版，第256页。

③ ［美］克里斯特曼著：《财产的神话——走向平等主义的所有权理论》，张绍宗译，广西师范大学出版社2004年版，第28页。

用,形成为民法立法最高指导原则之一。"① 在所有权绝对性原则下,所有权本质上为不可限制之权利,不仅个人之所有权不得被侵犯或剥夺,而且个人对其所有权之使用收益与处分亦有绝对之自由,不受任何人的干涉,否则即赋予物上请求权,以为保障及抵抗。盖认为基于个人利己心的原动力对其所有权自会作最有效的发挥。这种所有权绝对的观念适应了自由资本主义时期自由竞争的需要,激发了生产者的生产积极性,促进了资本的迅速积累,极大地增加了社会财富。但是随着社会的发展,自由资本主义逐渐过渡到垄断资本主义,基于整个社会利益的考虑,所有权也开始受到一定的限制。因此到了19世纪末20世纪初,所有权产生了社会化的变化,从而逐步走向相对所有权或者说相对物权的发展阶段。总之,物权的绝对性与相对性强调的是物权的自由性的问题,因而西方学者也有将物权绝对性称之为"自由所有权"的。②

其次,物权属于绝对权的命题,仅仅是从权利主体与义务主体上对物权所做的分类,这种分类在民法学上的内涵与外延也没有发生变化。关于绝对权与相对权的划分的最早起源是古罗马的"对人诉讼"与"对物诉讼"的划分,1811年的《奥地利民法典》第307条规定"物权是属于个人财产上的权利,可以对抗任何人",③ 1896年的《德国民法典》中,物权开始独立设编,此时物权被理解为支配权,可对抗一切人,因此是绝对权。与此相对应,对人权就被理解为请求权,仅得对抗特定人,属相对权,债权是其典型。至此,民法理论形成了绝对权与相对权的鲜明划分。绝对权为得对抗一切人的权利,又称对世权。相对权为仅得对抗特定人的权利,故又称对人权。

纵观绝对权与相对权的历史源流,我们发现,法学家们用权利的

---

① 谢在全著:《民法物权论》(上),中国政法大学出版社1999年版,第116页。

② 参见 [美] 克里斯特曼著:《财产的神话——走向平等主义的所有权理论》,张绍宗译,广西师范大学出版社2004年版,目录部分。

③ 梅夏英、邹启钊著:《论债权的相对性与不可侵性的关系》,载《烟台大学学报》(哲学社会科学版)2005年第1期,第18—25页。

眼光对罗马法进行解读时,做了两点重要的改造:一是从权利的角度将人与物的关系进一步抽象为人与人的关系,从而由人对物的支配就自然衍生出人对其他人的对抗,因此就产生了对世权(即绝对权)的概念。二是基于自然法的思想,人不再是权利的客体,因此罗马法中对人的关系就有了质的改变。债权人不可能再支配债务人的人身,只能向债务人请求为一定行为,而不能对其人身进行拘押,更不要说将其变为奴隶了,因此这种请求本身与第三人就没有任何关系,也即对第三人已无任何对抗力,相对权的概念应运而生。[①] 绝对权与相对权的划分,自萨维尼提出后至1896年的《德国民法典》颁布将它们固定之后,其内涵与外延也没有发生改变。

(二)我们不能由"物权属于绝对权"而推断出"物权具有绝对性"

1. 前提错误——绝对权与相对权的划分本身存在逻辑矛盾

大陆法系把权利按照义务主体的特定与否把权利划分为绝对权和相对权。但是,对于这种区分方法,在逻辑上是矛盾的,不周延的。

同一律有三条逻辑要求。第一,在同一思维过程中,概念必须保持同一。违反这一要求的逻辑错误,称为"混淆概念"或"偷换概念"。第二,在同一思维过程中,论题必须保持同一。违反这一要求的逻辑错误,称为"转移论题"或"偷换论题"。第三,同一思维过程中,保持语境自身的同一。违反这一要求的逻辑错误,称为"混淆"或"偷换语境"。

(1)以义务主体的特定与否作为区分绝对权与相对权的标准在逻辑上违反了同一律的要求,是不能成立的。

传统的观点认为,在权利体系中,如果一项权利的权利主体是特定的,而义务主体不特定,那么该项权利便属于绝对权;如果一项权利的权利主体是特定的,而义务主体也是特定的,那么该项权利便属于相对权。这实际上是从权利的对抗力或者说权利的拘束力上对权利

[①] 冉昊著:《对物权与对人权的区分及其实质》,载《法学研究》2005年第3期,第103页。

的区分。因为他们认为在义务主体不特定的条件下，能够推演出权利人的权利可以对抗世上的其他人，权利绝对属于权利主体所有，因而是绝对权。而与绝对权相对应的便是相对权，因为相对权的义务主体是特定的，那么权利主体的权利要求只能向相对的特定的人，而不能对抗世上的其他人，所以它属于相对权。笔者认为这样的论述在逻辑上属于混淆概念的逻辑错误，是在不同的层面上对绝对权与相对权所做的比较，这种比较是没有可比性的，得不出合理的结论。

"相对权只能对抗特定人"属于相对权的积极的权利内容，而"绝对权可以对抗世上不特定的任何人"属于消极的权利内容，仅仅是要求世上的一切人承担不侵害权利主体的权利的义务而已，而不是对权利人的权利的积极的响应。实际上，无论是绝对权还是相对权都有其消极的效力，也都具有对抗不特定第三人的效力，这种效力实际上就是权利本身所具有的排他的效力。我们假定权利不具有排他性，那么这必将消解掉权利本身。权利之所以独立自在，就是因为人的思维假定其为不可侵犯的，是排他性的。所以，在古代的或者是现代的具有法律制度的社会中，凡是被法律确认为权利的就应该都受到保护，他人就不得任意侵害，否则将其定位为权利是没有实际意义的。权利的排他性是权利的基本要求，是对权利的确定化。权利只有在排他的条件下才是自由的。权利也只有具有了排他性才能成其为权利。因此，从消极的效力上分析，绝对权与相对权的排他效力实际上是一样的，都具有对抗不特定的任何人的效力。

从积极效力上分析，也即是从权利主体对义务主体的拘束力上进行考察，我们可以发现，相对权的积极效力是明显的，也就是其对抗相对的特定人的效力，相对权的实现正是通过对特定义务主体的拘束力来加以实现的。同样，绝对权也具有它的积极效力，但这种积极效力却是隐性的，只有当其权利受到干涉时才会表现出来，但在此时，显现出来的积极效力，也即是对非法干涉人的拘束力就具有了明确的特定的相对人，这与相对权的积极效力实际上是一样的。就消极效力与积极效力分别进行同一比较，所谓的绝对权与相对权的效力并没有不同，两者并没有差异性效果，不能以此作为区分两者的合理标准。

以物权为例，传统的观点认为物权具有排他的效力，物权的排他效力是物权属于绝对权的最好的表现。但物权的排他效力须在有人干涉或者意图干涉物权时才能显现出来。如果没有人对你所有的物权，比如说对你所拥有的一个苹果进行干涉——抢夺或者主张他对该苹果的所有权，那么你是没有办法让物权的排他性显现效力的。当有人抢夺你的苹果或者对苹果主张所有权时，你必须反抗，在这个时候，物权的排他效力或者说物权对抗他人的效力才能显现出来，但在这个时候，侵害物权并应承担义务的义务主体在事实上已经是明确了的，这个明定的义务主体对于物权人来说实际上已经具有了与债权人的相对人一样的法律地位。此时，物权人只能且只得对该确定的义务人主张权利，不干涉物权的义务主体便是特定的了，而不再是世上不特定的任何人。由此，物权也具有相对权的特征。另外，物权的排他效力在某些情况下，因为某些条件的满足而导致其义务主体的特定。例如地役权、用益物权，对于其权利主体而言，其义务主体就是特定的相对人。地役权的权利义务关系只能产生于相邻的不动产所有人之间，彼此相邻的不动产人之间互为权利主体与义务主体，他们之间的权利义务关系是相对的。用益物权的义务主体也是特定的，因为用益物权是产生于所有权之上的一种权利，在用益物权产生之后，作为所有权人便负有使用益物权能够正常存在并行使的义务，这义务主体也是特定的而不是不特定的任何人。所以，以义务主体的消极义务作为推定物权具有绝对性的前提在逻辑上是不能成立的。

在某种条件下，物权义务主体是否对物权权利主体负有积极作为的义务？传统观点认为，物权的实现无须他人的积极行为而是仅需权利人自己的行为即可完成，因而是绝对权，绝对权具有对世性，所以它具有绝对性；债权则是如果没有义务人的积极行为就无法实现，因而债权是相对权。笔者认为这种认识是错误的，因为物权的行使并非任何时候均不需义务人为积极行为才能实现。如物被他人占有时，物权人行使物权要求返还时，需要义务人为给付行为才能实现；又如，抵押权人享有的保全抵押物的权利，就是一个请求抵押人积极作为的权利。债权的行使也并非必须通过特定义务人为特定积极行为，如债权的让与，通知债务人即可，不需其为积极的履行行为。所以有学者认为："盖无论如何权利，他人俱不得而侵害之，若仅以此作为绝对权之本质，则世间一切权利，无一非绝对权矣。虽以特定人之债权，全体之人，亦不得为侵害之行为，与物权无异。由是观之，对于相对权而言绝对权，必言其对于全体之人之权利，即无特定义务者之权利也。故从某种类，以积极以示其特质，则必于对人关系之外，更由权利者之方，注目于为其目的之利益内容。但暗示权利，悉为对人之关系，在理论上，不可谓区别之无价值也。"①

中世纪的西方学者认为在中代罗马私权神圣的观念已基本形成，因而当时的学者不可避免地认为所有权、物权是绝对的、不受任何限制的，任何人都负有不得侵害之义务，在这种情况下，绝对权的概念便应运而生。笔者认为在罗马法中虽然有关于物的分类以及物的归属和保护的规定，但实际上罗马法所主张的"财产的不可侵犯"不是"物权绝对主义"而是"财产权利的绝对不可侵犯"，并且它是一种家长权力而不是权利。因为在罗马时期，财产在古罗马家父制度下不是作为一项权利而是作为一项权力而存在的，为了维护权力的权威和强大的约束力，当然必须赋予财产以"绝对不可侵犯"的地位和效力。"对人诉讼"在中古代罗马通常只用于债关系所生之纠纷，这种债都是基于当事人自由约定的契约之债，其效力在中古代罗马法学者只涉及合意的双方当事人，与契约外的第三人无涉，因而在效力范围上具有相对性，从而形成了相对权的概念。然而，学者忽视了这样一个问题，这种契约之债作为一个整体与物权一样同样使第三人负有不侵害之义务。同时，债权的实现若危害第三人，同样须对第三人承担责任。

笔者认为，按照权利主体和义务主体的特定性程度对权利所做的分类，在民法学上能够帮助人们认识各种权利的不同特点，但不是完全科学的分类。绝对权与相对权的划分标准是一个法律关系中义务主

---

① [日]富井政章著：《民法原论》（第一卷），陈海超等译，中国政法大学出版社2003年版，第83页。

体的特定化与否——义务主体特定便是相对权,义务主体不特定便是绝对权。将物权确认为绝对权是对物权的外在表现所做的考察或者简单的描述而已,而不是对物权本质特征的认识。更重要的是,从物权是绝对权只能得出物权的义务主体是不特定的任何人而已,也即是物权是一种对世权而已,对世权所强调的除权利主体以外的所有的人均是义务主体的论断,仅仅是强调了义务主体不作为的消极义务而已。但义务主体相对于权利主体而言,是否存在积极的义务?尤其是当权利主体的权利陷于困境不能得以实现时,权利主体是否需要他人——义务主体的协助与救赎?显然,答案是肯定的。因为权利的实现除了义务主体的不作为以外,还必须具备有其他的条件才能完成。另外,权利是社会中的权利,如果对于陷入困境的权利不加以救赎,必然会导致社会的权利总量的减损,在此时权利人以外的社会主体的救赎行为对权利人的权利来说显得非常必要。2008年所发生的世界性的金融危机以及各国应对金融危机所做的通过国有化的救市行为就是最生动的说明。如上文所说,学者将对世权又称之为绝对权本身就没有合理性。同样的,我们如果从物权是对世权或者绝对权就得出物权具有绝对性的特点并把其作为物权的一项基本原则也是不具有合理性的。因为照此推论,则所有的绝对权,如人身权、知识产权等也当然具有了绝对性,这就使得物权的绝对性失去了作为物权基本特征或者将其作为基本原则的基础,这在理论上也是不能成立的。

所以,以义务主体是否特定作为区分绝对权与相对权的标准违反了逻辑上同一律的要求,在逻辑上存在矛盾,在理论上也是不能成立的。

(2)绝对权忽略了其本身所负的义务,违反同一律的要求,是不能成立的。

权利与义务是互补的、相应的。在一些情形下,所承担的义务,必然在另一些情况下享有相应的权利。权利与义务的互补、对应关系并不意味着两者的均等。① 权利与义务显然具有二重关系：一方面是一个人的权利与他人的义务的关系；另一方面则是一个人的权利与他自己的义务的关系。从"权利是权利主体必须且应该从义务主体那里得到的利益，义务是义务主体必须且应该给付给权利主体的利益"来看，权利与义务实为同一种利益，它对于获得者是权利，对于付出者则是义务。因此，一方有什么权利，他方便有什么义务；一方有什么义务，他方便有什么权利。传统的观点认为，由于绝对权的义务主体是不特定的，这时，如果认为绝对权也要对他人承担义务，会因为权利主体的不特定而导致对应关系上的混乱。传统的观点在此时偷换了概念，把绝对权的义务所指向的"不特定的主体"换成了"没有主体"，没有了主体，绝对权便没有了义务的承担对象，绝对权便成了仅有权利而没有义务的一种权利。实际上，与绝对权的义务相对应的不特定的主体就是公共主体，也就是说，人们在享有绝对权的权利内容时，必须对社会公共主体承担相应的义务或者责任。这也就是普拉尼奥的人格主义理论所强调的"普遍消极义务"。②

所以，绝对权在定义的时候，偷换了概念，违反了同一律的逻辑要求，是不能成立的。古罗马法中的"对物诉讼"和"对人诉讼"演变为传统民法上的绝对权和相对权是西方中世纪学者解释罗马法时的误导和局限所致，更确切地说是中世纪西方学者为了满足当时的社会需要而作出的刻意的曲解。③ 从物权支配性的作用和对世性的效力这两点，学者引申出，既然对物权对一切人有效力，又由权利人直接支配而不需请求，那么物就被置于主体的意思范围笼罩之下，导致了一种完全由权利人控制的绝对的权利，这就是"对物"——绝对权；对应的概念则是相对权，仅对相对人有约束力并且必须以请求他人履

---

① 参见王人博、程燎原著：《法治论》，山东人民出版社1992年版，第174—175页。

② ［法］雅克·盖斯坦等著：《法国民法总论》，陈鹏等译，法律出版社2004年版，第173页。

③ 冉昊著：《对物权与对人权的区分及其实质》，载《法学研究》2005年第3期，第105页。

行的方式才能实现。

2. 推理过程错误

（1）我们不能将"对世上一切的人"理解为"对世上的一切"。

"绝对"的意思是指没有任何的限制，权利人可以完全自由地行使权利。从绝对权的定义，我们可以看到，绝对权所针对的自由和无限制仅仅是指人与人之间的关系，即指义务人只要负有不作为的义务就可以了。但问题是，权利的享有与实现并不是只要其他人负有义务就能够完全解决的，其他的因素也是权利享有与行使的条件，也就是说，绝对权的享有和实现除了义务人的因素之外还受到其他因素的限制和影响。实际上，绝对权或者说对世权所讲的除了权利人以外的所有的不确定的"一切人"都是义务主体说的"人"而已，但我们却把这"一切人"理解为"世上的一切"，最后将绝对权变成绝对性的权利，这是误解加歪曲造成的结果。

我们从法律事实的构成方面更能够理解这个问题。法律事实以是否以人的意志为转移为标准可以分为事件和行为。事件与人的意志没有关系，行为与人的意志紧密相连，这两者都能引起法律关系的产生、变更和消灭，即能够引起权利的产生、变更和消灭，或者说事件和行为都能够对权利的享有和实现产生影响或者决定的作用。绝对权的设定仅仅考虑作为人的因素，也就是义务人的不作为的因素，在没有考虑事件因素的情况下就认为绝对权的享有和实现是自由自在的、任意的、没有限制的，这种观点是不正确的。既是如此，把对世权又简单地定义为绝对权并不一定正确。另外，如果因为物权是绝对权就具有绝对性的话，那么其他的绝对权，例如人身权、知识产权也是具有绝对性的，但实际上我们知道，人身权中有关于诸如个人隐私权受到公众知情权的限制，而知识产权中则有合理利用制度的制约。而且与物权相比较而言，人身权的绝对性比物权的绝对性应该是更"绝对"的，因为如果没有了人身权的绝对，物权的绝对便没有了对象和依托的主体，在这种情况下物权绝对也就没有了意义。也就是说，属于绝对权的人身权与知识产权并不是绝对性的权利。

对罗马法的内容进行考察，其对个人所有权是限制的相对保护的立法态度，但对公权的保护却是绝对的，例如对神法物就规定不能由任何人拥有并且任何人不得侵犯。在这种历史条件下，根本不可能产生"物权绝对性"的观念。绝对权与相对权的划分仅是学理上的一种逻辑分类，不是法律的现实存在状态，我们不能将"对世上一切的人"理解为"对世上的一切"。

（2）从权利主体的"对抗力"总量上确定绝对性也是不能成立的。

传统学说在分析物权的绝对性时，把权利主体可以对抗他人的强度作为衡量绝对性的指标，认为物权权利主体的权利具有对抗世上任何人的效力，可以排除任何第三人的干涉与侵害，因此，物权具有绝对性。但是如此分析，则债权对抗他人的效力其实比物权还要强大得多。因为，债权也具有排他的效力，即对抗任何第三人的效力，这部分的效力实际上与物权的对抗效力在数量上和效力上是相等的。除此之外，债权还对某一特定的第三人享有另外的对抗力。因此在对抗力总量上，债权的对抗力刚好比物权的对抗力多一个人，这样一来，以所谓"可以对抗第三人的干涉和侵害"来确认物权的绝对性，在逻辑推理上也是不能成立的。

从上面的分析我们可以初步认识到：物权属于绝对权是一种权利分类，它仅仅是民法学上的逻辑划分而不是一种实际生活中的存在；物权绝对性是人们对于物权的一种观念，这种观念对人们的物权活动起到了指导的作用，所以，才有民法学者或者将其作为物权法的基本原则或者作为物权的基本特征。我们不能以"物权属于绝对权"的学理分类推演出"物权具有绝对性"的逻辑结果并在法律实践中加以贯彻。"物权属于绝对权"与"物权具有绝对性"是不同的概念，其内涵与外延是各不相同的，两者不能互换，更不能混淆。

小　　结

从权利的本质、权利产生的依据、权利存在的状态以及权利的实现条件来看，权利是相对性的结果，相对性是权利的基本特征。权利是人们在人类社会中相互妥协的结果，权利的拥有和实现必须以义务的相对承担作为条件，社会的发展也要求权利必然是变化的、相对的。绝对权与相对权的划分仅仅是词语上的形式化，实际上划分为对世权与对人权更加符合其本质特征。将物权划分归类为绝对权与物权的绝对性是不同的两个问题，我们不能由物权是绝对权而推断出物权具有绝对性的结论。权利是相对的，作为权利的一种的民事权利是相对的，作为民事权利的一种的物权当然也是相对的。

第二章 物权观念从绝对性到相对性的历史变迁

第一节 大陆法系物权观念从绝对性到相对性的历史变迁

大陆法系的物权观念,笔者认为可以分为五个历史发展阶段,包括古希腊的物权权利萌芽阶段、古罗马的所有权产生阶段、欧洲封建社会物权绝对性没落的阶段、自由资本主义物权绝对性阶段和现代物权相对性阶段。

一、欧洲古代社会物权绝对性观念从形成到绝迹的历程

(一)古罗马物权绝对性观念是法学家演绎出来的历史图景

关于物权观念的历史变迁,大多数的学者基本上都以罗马法作为肇始,但实际上由于法律这种上层建筑必然是根植于一定的经济基础的,而物是人类社会最根本的经济根源,所以,可以这么说,只要人类存在,只要有物存在的地方,人类就必须对物表明一种态度,这种态度在一定意义上便是物权的观念问题。因此,实际上人类关于物权的观念最早应该可以上溯到人类的远古时期,但有史可考的则应该从古希腊时期开始。希腊人关于土地是私有财产的观念,比其他的民族早产生很多,这加速了希腊财产的交易和流转,以及以土地为代表的

他物权形态的发展。① 但是，由于古希腊时期刚刚从原始社会进入到奴隶社会，关于人的身份区别还不是非常的明显，特别是人的阶级划分仍然不是很明确，人们生存所依托的是城邦而不是阶级，社会财富属于城邦的所有成员公有或者共有，人与人之间的关系处于一种相对平等的状态，拥有公民身份的人可以享受国家"配给"的土地、奴隶、福利等。在古希腊早期，物或者物权对于古希腊人来说并没有很大或者很明显的意义或作用。所以，虽然在雅典时期人们就已经把物分为有体物与无体物、公有物和神有物、土地与动产，在物权上又分为所有权、地役权和担保物权等。但是古希腊并没有物权的概念，更没有所有权的概念，也没有关于物权绝对或是相对的观念或者制度安排。

希腊城邦国家的瓦解导致了个人与共同体之间的亲密关系的解体，个人的存在不再是以共同的城邦为依托而是以不同的阶层或是不同的阶级作为基础，个人利益的重要性在古罗马时期凸显出来，一个人是否拥有一定的财产不仅关系到他的公民等级的划分，而且还关系到他是否能够作为公民或者作为奴隶的人格问题。但反过来身份等级的划分又决定了其对财产的占有。虽然在古罗马的市民法中规定所有的自由民不论其是贫穷的还是富裕的都享有自由权，都平等地享有权利，但那只是对自由民这种"人"来说的，对于不属于"人"的奴隶以及非罗马人并不享有这种平等权。况且如果一个自由民因为负债而成为他人的债务人时，他就有可能变成债务奴隶，他不再是"人"而是"物"。罗马法就是以自由人、城邦、家族三种身份把城邦组织起来，自由人身份把生物学意义上的人区分为自由人和奴隶；城邦的身份把自然意义上的人区分为市民、拉丁人、外邦人；家族的身份把人区分为家父和家子。被这三种身份带来利益的自由人、市民和家父，我们称他们为正身份的拥有者；被这三种身份带来不利益的奴隶、外邦人和家子，我们称他们为负身份的拥有者。正身份与负身份

---

① 何勤华、魏琼主编：《西方民法史》，北京大学出版社2006年版，第43页。

的区分,意味着其拥有者在可供罗马城邦利用的资源(政治资源和自然资源)分配中的不同地位。正身份的拥有者居优;负身份的拥有者居劣。由此我们可以看到承担这种身份分派的人法何以在罗马法中居于优先地位,我们可以从罗马的所有制与社会阶层的关系探讨作为物也即是财产对于古罗马"人"的重要性。①

正是由于罗马时期"物"对于"人"的重要性如上所述,因此在罗马法中产生了"人"对"物"最直接、最可靠地进行控制的物权观念——所有权观念。在罗马法中,所有权的早期称谓是mancipium。而proprietas作为对物的最高权利的技术性术语,则是在帝国晚期主要相对于ususfructus(用益权)而被加以使用的,它是指对物的最完全的支配权,英文中的property一词即源于它。有学者认为罗马法所有权的产生是因应用益物权而产生的。② 因为只有发生他人利用自己占有的物时,才会使其感到不安,才有确定自己权利地位的必要,所有权可以对个人占有财产这一形态固定和强化,是法律对私人所有的确认。而所有权的另一个称谓dominium则更古老,但不那么具有技术性,而且它也被用来指"家父"的一般权利或对任何权利的拥有。③ 公元11世纪时,注释法学派进一步把所有权解释为所有者对财产的占有权、使用权、收益权和处分权。即使其中有一些权利内容作为他人的地役权、用益权被从所有主那里暂时剥夺,但是,一旦这些权利终止,所有主又将恢复他对物的完全与绝对的支配权。传统的观点认为罗马法之所以将所有权确认为人对物的完全的、绝对的支配的权利,也即是赋予所有权以绝对性的目的在于保证物的归属并有利于罗马社会简单商品经济的发展。笔者认为这也许是其中一个原因但不是最根本的原因。最根本的原因在于统治阶级将所有权确定

---

① 徐国栋著:《"人身关系"流变考》,载法学时评网,2005年10月14日,http://www.law-times.net。

② [意]彼德罗·彭梵得著:《罗马法教科书》,黄风译,中国政法大学出版社1996年版,第196页。

③ 程萍著:《财产所有权的保护与限制》,中国人民公安大学出版社2006年版,第8页。

为不容随意侵犯的权利之后，社会各阶层对财产的拥有就能相对地固定，统治阶级的既得利益能够得到保障，社会各阶层的划分也因为拥有的财产的稳定而相对地稳定。

在古罗马时期，中世纪欧洲法学家所注释的罗马法物权绝对的观念实际上是古希腊梭伦改革时按财产的多寡对雅典公民划分为四个等级的延续和发展，其目的和意义仍然还是以"物"的占有来确定人在社会中的身份和地位。dominium，即历史时代的所有权，是一种历史沉淀物，它包含着家父的那种具有主权特点的古老权力，即对要式物的所有权，还包含着对其他物的经济形式。① 古罗马时期，社会对于个人的身份认同从古希腊初期的贵族世袭的血缘确认转化为以占有财产的多寡来加以确认，在这样的社会条件下，人们对于物的拥有变得非常的强烈。但是我们也应该认识到，在罗马所谓的"自由民"内部，罗马人对财产的分配仍然与身份有直接的联系，以占有财产的多寡来加以确认个人的身份的最终目的仍然是身份本身，而不是为了获得财产。归根结底，在古罗马社会，身份的拥有优先于财产的拥有。

关于罗马法的物权绝对性观念问题，笔者认为我们必须认识到：实际上所谓罗马法上存在"物权绝对性观念"的论述仅仅是中世纪欧洲的注释法学派的法学家对罗马法的注释而总结抽象出来的，在罗马法中并没有关于物权绝对性的理论认识，也没有反映物权绝对性的明确立法。注释法学派认为：法被完全地包容在成文法律之中，法被完全混同于成文法律，尤其是民法，它被认为完全包含在民法典之中，事实一经确定之后，只要用三段论就可以适用法律。② 但是，注释法学派要想使法律的适用简化为一个简单的三段论，需要法律在一切场合和情形都能清楚地提供应适用的规则及其适用条件，而这不是

---

① ［意］朱塞佩·格罗索著：《罗马法史》，黄风译，中国政法大学出版社1994年版，第111页。

② ［法］雅克·盖斯坦著：《法国民法总论》，陈鹏等译，法律出版社2004年版，第103页。

能完全实现的,因为法律可能是晦涩不明或者模棱两可的,法律中还可能会出现矛盾或者二律背反的情况,这是注释法学家所不能解决的。① 注释法学派的另一个观点认为:法学家的任务只需通过寻求立法者的意图将法提取出来,只要认定一项规则是立法者所希望的,那么这项规则严苛也罢,不公平也罢,不合时宜也罢,都无关紧要。②但是何谓立法者的意图?在事隔几百年之后如何理解探求前人的立法意图?其实说到底所谓的探求实际上就是将注释法学派的意思强加到罗马人的法律条文里面而已。注释法学派对于罗马法的绝对物权观念的认定,仅仅是欧洲中世纪的罗马法学者从罗马法上的所有权概念"对物的一般的实际主宰或潜在主宰"的论断推断出"所有权实质上就是对物的完全的、绝对的支配的权利"。但实际上从"对物的一般的实际的主宰或潜在的主宰"③ 是不能必然推断出绝对物权观念的,这句话中最关键的"主宰"一词,并不能机械地或者歪曲地理解为是"完全的、绝对的"的意思,它最多只能理解为是个人对于物的一种拥有关系而已。况且我们知道罗马法仅仅是产生了所有权的观念,但并没有形成明确的现代意义的所有权的概念,更没有形成明确的物权的概念。在这种状况下,当然就不可能产生明确的所有权绝对性或者物权绝对性的观念。所以,有学者不得不承认古罗马绝对所有权概念的形成实则是人类历史的突变。"在西方漫长的财产法历史中,单纯没有附加义务的所有权几乎只在罗马时代的末期存在过。"④这种突变实际上是中世纪注释法学家所一手造成的。⑤ 罗马时期的财

---

① [法]雅克·盖斯坦著:《法国民法总论》,陈鹏等译,法律出版社2004年版,第104页。

② [法]雅克·盖斯坦著:《法国民法总论》,陈鹏等译,法律出版社2004年版,第104—105页。

③ P. Birks, The Roman Concept of Dominium and the Idea of Absolute Ownership, (1986) Acta Juridica.

④ 梅夏英著:《民法上"所有权"概念的两个隐喻及其解读——兼论当代财产权法律体系的构建》,载《中国人民大学学报》2002年第1期,第94页。

⑤ 《国外法学知识译丛·民法》,知识出版社1999年版,第49页。

产所有人除了处分权之外，对自己的财产所拥有的权利也不像现代的人们所认为的那样不受限制。我们将会发现，罗马法使财产所有人限制在善意的相互关系范围之内，而所谓的罗马时期财产权的"绝对性"特征，基本上是后世那些受到非罗马法观念蒙骗的法学家们在罗马法教科书中杜撰的。① 事实上，所谓近代民法的个人主义和自由主义的指导思想和绝对所有权、契约自由、过错责任三大原则，存在对罗马法文化精神的某种曲解和偏离。

总而言之，近代民法对罗马法精神乃至整个民法精神的曲解，一言以蔽之，就是极端的私权本位主义。② 罗马法中存在"绝对物权"的观点实际上仅仅是大陆法系的法学家编造出来的历史图片，它对民法造成的最大的困惑就是导致权利滥用和权利冲突的普遍化。

（二）罗马法对物权的诸多限制

从文献中我们可以看到，无论是对于物权的主体、物权的客体，还是物权的内容，罗马法都做了全方位的严格的限制，而不是强调物权权利人对物权的绝对的权利。

1. 对物权主体的限制

罗马法中对物权主体的限制，主要体现在两个方面：一是将奴隶作为权利客体，将奴隶排除在物权主体之外；二是将外国人排除在物权主体之外。在古罗马，奴隶仅仅是法律关系的客体，奴隶与牲畜一样是物权法律关系的客体物，也即仅仅是财产而已。所以亚里士多德说：奴隶是会说话的动物。在罗马早期，所有权与所有权的标的物是混合的，并没有明显的区分，所有权也仅为贵族享有。古罗马法分为市民法和万民法两大部分，市民法是规范古罗马贵族和自由民的法，

---

① [英]彼得·斯坦、约翰·香德著：《西方社会的法律价值》，王献平译，中国法制出版社2004年版，第164—165页。

② 刘勇著：《对几种民法"社会化"现象的评述》，载学说连线，2004年11月3日，http://www.xslx.com。

万民法则是规范外国人的法。① 古罗马法的所有权是根据市民法而拥有的，只有具有了古罗马的贵族身份或者自由民的身份才能享有市民法上的所有权。而作为"万民"的外国人是不能享有所有权的，《十二铜表法》规定：市民和贵族享有平等的所有权，但外国人一般不能享有市民法上的所有权。② 这种将奴隶和外国人排除在物权主体的范围之外的物权制度，体现的是人在身份上的不平等。古罗马法以身份划分而对所有权主体的限制与近现代以"天赋人权"的身份平等为基础的绝对物权观念，实在是格格不入的。

2. 对物权客体的限制

罗马法中将物分为可有物和不可有物。可有物是指可以被罗马私人个人所有的物。乌尔比安认为，财产根据自然法被说成是使人幸福（即使人变得幸福）的东西，使人幸福即有用。③ 雅沃伦认为不利益多于利益的东西不能被说成财产。④ 不可有物是指不能被私人个人所有的物，主要包括神法规定的不可物和人法规定的不可物。神法规定的不可有物包括神用物、安魂物、神护物；人法规定的不可物包括共用物、公有物，如空气、流水、大海、海滨、沙滩、河流、港口等。对于不可有物，罗马法规定是不能被个人私人所有的，也即私人个人不能对不可有物享有所有权。

3. 对物权内容的限制

关于罗马法的物权绝对观念问题，笔者认为我们还必须认识到在罗马法中明确地规定了对所有权行使的诸多限制。罗马法无论是在早期的《十二铜表法》还是在帝政之后，都明确规定了对所有权行使

---

① 何勤华、魏琼主编：《西方民法史》，北京大学出版社 2006 年版，第 101 页。

② 何勤华、魏琼主编：《西方民法史》，北京大学出版社 2006 年版，第 102 页。

③ [意] 桑德罗·斯奇巴尼选编：《物与物权》，范怀俊译，中国政法大学出版社 1993 年版，第 23 页。

④ [意] 桑德罗·斯奇巴尼选编：《物与物权》，范怀俊译，中国政法大学出版社 1993 年版，第 23 页。

的限制,这些限制主要包括:(1)因相邻利益的限制。如《十二铜表法》第7条规定,相邻田地之间应留空地五尺,以便通行和犁地。(2)因公共或社会利益的限制。如罗马法规定,河流两岸土地的所有人,应在必要的范围内使其土地供公众使用。(3)为宗教方面的限制。罗马法规定,某人未经同意将尸体或骨灰埋在别人的土地上,虽然侵犯了土地所有人的权利,但因为死者属于低级的神,所以不经大祭司或皇帝发布挖掘令,土地所有人不得擅自将尸体或骨灰掘走。(4)因人道和道德方面的限制。罗马法规定,所有人不得专以损害他人为目的而行使其权利。(5)其他原因的限制。① 罗马法对所有权人行使所有权的诸多限制已经表明罗马法实际上普遍认为所有权是一种受限制的权利,有学者认为在罗马法学家看来,作为在他人物上行使之权利的他物权,也是对所有权的一种限制和修正,体现了所有权的"不可滥用"性。②

4. 对物权转让的限制

罗马法对于物权的转让规定了严格的条件,主要包括转让的对象和转让的方式两个方面的限制。在转让对象上,由于罗马法长期存在罗马自由民和非罗马自由民的区分,这种区分又是以对非罗马自由民的歧视为出发点的,所以,在物权转让上,罗马法规定,有些物权只能在罗马自由民内部转让,不能将罗马人的财产转让给非罗马自由民以外的人。如在早期,只有罗马人才能对土地拥有完全所有权,非罗马公民不得享有,也不得受让获得罗马土地。公元468年安特米皇帝执政时的罗马法规定:外人无权以任何方式占有都市的土地。如果一个自由民想转让其享有权利的土地,那么除非他将之转让给此地的在册居民,否则通过任何一种契约转让其土地所有权和占有都是非法的。外人应该知道,如果他故意违反这一禁令而完成上述交易或占有该土地,那缔结的契约是无效的,契约要被解除,且只返还其交付的

---

① 周枏著:《罗马法原论》(上册),商务印书馆1994年版,第301页。
② 何勤华、魏琼主编:《西方法学史》,北京大学出版社2006年版,第119页。

价金。① 在物权转让方式上，罗马人创设了曼兮帕蓄（mancipatio）和拟诉弃权（cessio in jure）两种转让的方式，这种烦琐的转让方式，实际上也是对物权转让的限制。罗马人根据其目的选择不同的转让方式，如对于用于农业生产的土地，罗马人就规定必须以曼兮帕蓄的方式进行转让，以图用复杂的程序和方式限制其自由转让。

笔者认为，罗马法对于所有权的限制，无论从理论上还是从法律实践上都要比规定所有权绝对的内容多得多，并且也更加充分完备，这实际上可以表明在罗马法中所有权应该是一种相对性的权利而不是绝对性的权利。此外，学者伊利在《财产和合同与财富分配的关系》中指出，所谓"物权的绝对性"是蹩脚的翻译造成的。伊利认为：财产在本质上是排他的但不是绝对的。在罗马法里有一句话，它作为财产的定义，是容易令人误解的。这句话是"财产就是处置和利用财产的权利"（Dominium est jus utendi et abtendi re.）。有些人认为它的意思是财产权包括使用或者滥用一件物品的权利，因此有人主张财产权是使用或者滥用一件物品的权利，财产权包括以有害的方式使用一件物品的权利。但是这样的想法是因为蹩脚的翻译引起的。Abtendi的意思是用尽或者消费一件物品，而不是滥用，尼斯在他对这个问题的讨论中已经决定性地指出了这一点。虽然它意味着用尽或者消费一件物品的权利，但罗马法从来没有打算给予任何人滥用一件物品的权利。虽然这种权利尽管法律没有这种意图，可能存在过，但是它从来没有得到过认可。② 现代人们之所以认为罗马法产生了绝对物权的观念，实际上是受到中世纪欧洲注释法学家为了满足当时反对以身份等级的拥有而占有大量土地的专制的封建地主阶级的社会需要，而对罗马法所进行的符合其目的的解释而导致的误解而已。

---

① ［意］桑德罗·斯奇巴尼选编：《罗马法教科书》，范怀俊译，中国政法大学出版社 1993 年版，第 68—69 页。

② 转引自 ［美］E. 史密斯等著：《财产法：案例与材料》，陈刚等译，中国政法大学出版社 2003 年版，第 35 页。

(三) 欧洲封建社会绝对物权主义绝迹的阶段

在讨论物权绝对性的历史发展时，大多数人都会将物权甚至其他的各种法律制度在欧洲大陆封建社会的存在状况略过，而是直接论述法律在文艺复兴时期的发展。笔者认为在对物权绝对性的讨论中，这种做法往往割裂了法律制度或者这种法律观念所存在的社会基础和历史进程，断章取义，或者各取所需简单进行法律注释，其结果是造成对原来的法律制度或者法律观念的误解，所以我们有必要考察物权制度以及物权绝对性在欧洲封建社会的存在状况。

中世纪（约公元 395—1500 年），是欧洲历史上的一个时代（主要是西欧）。在时间段上由西罗马帝国灭亡开始计算，直到文艺复兴之后，极权主义抬头的时期为止，前后大约经历了 1100 年的历史时间。"中世纪"一词是从 15 世纪后期的人文主义者开始使用的。这个时期的欧洲没有一个强有力的政权来统治，封建割据带来频繁的战争，造成科技和生产力发展停滞，人们生活在毫无希望的痛苦中，所以中世纪或者中世纪的早期在欧美普遍被称做"黑暗时代"，传统上认为这是欧洲文明史上发展比较缓慢的时期。在欧洲的封建社会里，国王、贵族和骑士等大大小小的封建主构成了金字塔般的等级制度，但是他们的权利和义务都是有限的，"我的附庸的附庸不是我的附庸"，这种复杂的等级关系使得欧洲封建国家长期处在割据状态，和东方"普天之下，莫非王土；率土之滨，莫非王臣"的中央集权的封建君主专制大不一样。各国统治者不断进行战争，相互抢掠吞并，许多国家一直没有出现统一的稳固政权。封建地主凭借土地所有权和政权对农民进行剥削。在欧洲，基督教会也成为封建统治工具，他们和世俗封建主共同维护封建制度。农民和农奴的劳动被封建主以劳役、实物地租、名目繁多的捐税和教会"什一税"等形式侵吞。总之，封建社会的所有权是不完整的所有权，人们行使财产权利的自由受到较大的限制，即私人虽然在法律上或者在习惯上享有某种或者某些财产权利，但这种或者这些权利的实际行使，却受到政治的或者社会的或者宗教制度的众多的限制。并且其财产权利是残缺不全的，私人没有对一些重要财产的所有权；封臣封土下的封建主和自由农民对土地，农奴制下的农奴对土地以及自身劳动力的财产权利没有所有权。另外，封建国家对私有财产的保护方面也不重视，主要表现为以王权为主的一些政治权力对财产权利的侵犯。在这样的社会环境下，中世纪的民法是一个发展缓慢，基本上为封建制度所控制的非独立的领域。中世纪的物权是围绕着土地而展开的，对土地的占有状态影响了一个人的身份等级和社会地位，欧洲封建社会中个人身份与土地权利高度地统一起来，整个封建制度的构架将土地关系和人身关系紧密地联系在一起，土地的归属问题为物权制度以外的政治制度所包揽。而欧洲封建社会的政治制度主要是具有严格世袭身份等级制度和近乎残酷的宗教制度，这是一种高度集权的封建专制统治。实际上，更确切地说是身份等级决定了个人对土地的拥有。

罗马帝国灭亡后，日耳曼人在其废墟上建立了许多"蛮族国家"，日耳曼法也取代罗马法在欧陆的统治地位。日耳曼人以农立国，土地所有权成为其整个所有权制度的核心，而团体主义本位观亦体现在其土地所有权制度中。在部族法至法兰克王国早期，日耳曼人实行土地马克公社所有制。在该制度下，公社定期按家庭分配土地，自己保有管理权和处分权，各家庭只有使用权和收益权。至法兰克王国中后期，始形成教俗大贵族土地所有制。在该制度下，教俗大贵族享有土地的管理权和处分权，而农奴则享有土地的使用权和收益权。当然，农奴须以实物和货币交纳各种捐税及负服劳役等义务。①

上述两种土地所有制，都体现了日耳曼的所有权团体主义本位观：（1）所有权人的团体性。马克公社是全体社会成员的一个结合体，固为一"团体"。基督教会亦然。而世俗贵族，其拥有的土地包括国王的封地和自由农民的投靠地两部分。对这些土地，他并无罗马法上个人主义本位观上的所有权，并不是单一的纯粹的具体的"地主"，而只是国王和自由农民让渡自己部分的"地主"身份给予领主，构成抽象的"领主"身份。因而这些领主作为"地主"也具有"团体性"。（2）所有权权能配置的团体性。日耳曼法在配置土地所

---

① 何勤华著：《德国法律发达史》，法律出版社2001年版，第45页。

有权权能时,不是从"个人"和"个体"的角度,把它整体配置给马克公社首领、教长或某一具体的领主,而是把它配置给马克公社、教会、抽象的"领主"这些"团体"。然后将之进行分割,马克公社、教会、具体的领主,享有管理、处分权能,公社成员或农奴则享有使用土地及收益权能。而农奴的持有地是从领主庄园的主地产中分得的。这正是梅因在古代法时所提出的"高级所有权"和"低级财产权或地权"。① 由于中世纪的欧洲封建社会没有出现统一的稳固政权,基督教会又成为封建统治工具,在当时的社会条件下,人们对物的占有主要是以非法律手段加以获得,非法律的手段代替了法律的手段对封建社会的土地制度等物权制度作出更好的安排,这就导致法律基本上处于消亡状态,民法不再发达,物权观念也没有存在的条件,当然也就没有物权绝对的观念。同时,又由于日耳曼法"团体主义"的影响,导致中世纪的物权制度实际上盛行的是"相对物权"的观念。笔者以为可以这样认为:在欧洲封建社会时期根本没有存在物权绝对观念。

二、近现代物权绝对性观念的确立

物权绝对性的观念是在近现代资本主义社会时期才得以确立的,物权绝对性观念是资产阶级为了反对封建地主阶级的专制统治,巩固和发展自由资本主义的需要而出现并存在而已。如果从历史上进行考察,我们可以发现物权绝对性观念只是存在于资产阶级革命时期和自由资本主义时期。

公元476年,当西罗马帝国灭亡后,欧洲的历史开始进入封建时期,以拜占庭为中心的东罗马帝国承继了西罗马帝国的民族文化,并继续影响着整个世界,其中,法律制度上以一般的人类思维所形成的市民制度,对日后世界法律格局的形成具有决定性的意义。大约从公元528年开始至公元565年,查士丁尼完成了《市民法大全》的汇

---

① [英]梅因著:《古代法》,沈景一译,商务印书馆1959年版,第167页。

编,标志着罗马法完成了它的最终的发展里程。此后欧洲进入动荡不已、战事连绵的时期。在公元603年至公元1069年间,《市民法大全》佚失。

西欧11世纪末到15世纪,随着资本主义经济的萌芽和发展而产生了一支与神学法学相对抗的新的法律思想派别——注释法学派。该派以研究罗马法为中心,并以意大利博洛尼亚为发源地,因而又称意大利法学派或博洛尼亚法学派。中世纪初期,拜占庭帝国皇帝查士丁尼(公元527—公元565年在位)编纂的法律文献,已很少为人所知,特别是其中最重要的《学说汇纂》曾湮没达几个世纪之久。公元1069年《学说汇纂》被重新找到后,各国学者纷纷研读它、注释它、说明它。从11世纪末开始,西欧各国以意大利为中心,开始对罗马法广泛研究,因为罗马法的使用不仅有利于以王权为代表的中央集权制的建立和加强,而且也为商品生产的各种法律关系提供了极为详尽的规定。当时的这种广泛研究,意味着法学正从神学中分离出来。与此相适应,一个独立的、世俗的法学家阶层逐步形成。他们主要代表新兴市民等级的利益,与代表封建制度的神学或教会法学家相对立。这种立场和利益的对立导致了思想学说上的对立。

至19世纪,也就是欧洲的近代时期,为了彻底荡涤封建制度,保障个人的自由,需要排除笼罩在财产上的人格关系、身份关系。19世纪的学者大都把财产权视为个人人格的延长,主张将个人意志自由和人格尊严通过财产权来表现,对人格的尊重通过对他人财产的尊重得到体现。康德认为原始的财产权产生于占有的主观行为,是人格的延伸。康德在《法的形而上学原理》中认为:"我们先天地拥有这一权利,当我们从自然状态过渡到文明状态之后,这一自然权利依然保存着。我们进入文明状态是为了使那些尊重我们作为独立主体的天赋权利和尊严的道德法则生效。"① 同时,为了能够使个人可以自由支配自己的财产,增进财产的利用价值,需要建立一种不受公法限制、

---

① [德]康德著:《法的形而上学原理》,沈叔平译,商务印书馆1991年版,第69页。

约束的物权制度，尤其是具有绝对性的所有权制度。为了实现这一使命，罗马法的物权观念最为适合。

借助罗马法的成就，1789年法国《人权宣言》第17条规定："财产权是不可侵犯的、神圣的权利，因此，除非由于合法证明的公共需要明显地要求的时候，并且在公正的、预付赔偿的条件下，任何人的财产权都不受剥夺。"1804年的《法国民法典》第554条规定，所有权是"最绝对无限制地"对所有物予以使用、收益和处分的权利。1896年的《日本民法典》和1900年的《德国民法典》也都是基本上以绝对所有权理念为基础。其中最能体现"物权绝对"观念的是《法国民法典》第544条的规定。之所以如此，是因为绝对所有权制度在于民事法律制度方面能稳定社会经济秩序，使财产关系特定化，达到定分止争、优化资源配置、发挥财产效用的目的。而在社会政治方面，则能够达到否定封建专制统治，保障新兴资产阶级的革命胜利成果，确立资本主义社会的基本经济制度。用科斯定律来解释，就是"一项财产越专有，最大限度地利用财产的刺激就越大，如果财产允许交换，财产就具有最高利用价值"。因此，所有权具有不可侵犯性、自由性、绝对性之特点。"所谓所有权之优越性或强大性，系指所有权因透过契约关系（即设定用益物权契约或缔结租赁契约）而与物的利用权形成对立时，所有权人处于绝对优越之地位。"[1]

近代所有权绝对原则包括：所有权的绝对排他性、绝对自由性和绝对优越性三个方面。所谓所有权的绝对排他性，是指土地所有权是绝对不可侵夺的权利，即该项权利具有排他的、唯我独尊的基本属性。它是对长期侵夺私有财产、从而阻碍商品经济发展的封建专制王权的根本否定。所谓所有权的绝对自由性，是指所有权人对自己所有的土地可依凭自己的意志自由使用、收益和处分。在中世纪欧洲曾长时期存在着较强的制约私人财产权及其行使自由的政治、经济制度和

---

[1] 转引自《外国法制史资料选编》（下册），北京大学出版社1982年版，第527—600页。

意识形态。所有权的自由，要求彻底排除封建王权对私人财产权利和经济自由的粗暴干涉。所谓所有权的绝对优越性，是指由于契约关系，土地所有权与土地利用权发生冲突时，所有权应处于绝对优越地位。[①] 这种土地所有权优越于使用权的规定是以反对中世纪欧洲盛行的公地制度为目的的。在物权绝对性的大旗之下，人们摆脱了身份和地位对个人活动的以及对财产的限制和束缚，人们受到的是"物"或者说"财产"对人身的束缚，但这种束缚相对于人对人之间的束缚来说更加的自由和宽松，况且这种束缚往往是人们自愿的自由的选择的结果，这对保障资本主义社会自由竞争的要求具有非常重大的意义。[②]

在近代资产阶级革命前后的自由主义或个人主义盛行时期，所有权理论在此时的一个代表性的特征是绝对所有权原则。由于时代的要求，这一时期的政治理论和法学理论的主流方向都带有反封建压迫、摆脱宗教束缚、强调个人本位和权利本位的倾向，这就使得"私有财产神圣不可侵犯"成为所有权理论的核心原则，所有权本身的天赋性和绝对性获得了宪法性地位。欧洲资本主义国家确立物权绝对性原则的直接原因实际上是缘于圈地运动，是为了保护统治阶级在野蛮、残暴的圈地运动中获得的成果。近代西欧各国都发生过程度不同的圈地运动，英国的圈地运动最为典型。封建制度时期，英国就已存在圈地运动。资产阶级革命胜利后，资本主义英国的统治阶级为加快圈地运动以获得巨额财产，但又不想付出代价，就通过法律对"神圣的财产权"进行最无耻的凌辱。所以，日本著名学者我妻荣认为"个人所有即活动的自由"，也即是物权绝对性原则只有理论的外衣，其内容则完全空虚。实际上，这个原则因社会形态不同而起不同的作

---

① 转引自秦前红等著：《通向二十一世纪中国法制之路》，中国青年出版社1999年版，第303页。

② [德] 卡尔·马克思：《资本论》（第3卷），北京经济出版社1987年版，第697页。

用。① 在美国，是把英国人从古老习惯中认许的权利，变为殖民地人民的永久不变的权利而起保障作用。在法国，所起作用是打破封建社会的桎梏，赋予个人以未曾有过的权利。反抗、否定现存的权威，则是两者的共同点。但因此而变革的制度趋于安定时，自然法不仅要维护这一制度，而且要起将这种制度中产生的事实上的支配关系永久神圣化的作用，也即自然法必须保护既得利益者的既得利益，不管这种既得利益先前是如何获得的。莫里斯·R.科恩在《财产与主权》中写道："权利的传统理论，以及现在仍然在这个国家盛行的理论，是在17和18世纪针对于个人事业的限制所做的斗争中形成的。这些为了特权阶级的利益而作出的限制通过国王的神圣（因而是绝对的）权力获得巩固。就像所有的反叛中一样，一方面的绝对主张自然会被另外一方给予绝对的否认。因此，个人的自然权利理论采取了一种不仅是绝对的而且是负面的形式。"② 就此分析，资本主义社会初期的绝对物权观念产生的表面的原因是为了巩固资本主义革命胜利的成果，促进资本主义经济的发展，但更根本的原因还是因为传统的财产与身份之间的密切关系的观念仍然没有破除，也即是没有财产就没有社会地位，没有财产就没有身份等级的社会观念导致自由资本主义时期的人们必须通过对物的绝对拥有，来确立其个人的社会地位和身份认同。

三、后现代时期物权相对性观念的勃兴

我国学者一般把历史大致分为古代（1840年以前）、近代（1840—1919年）和现代（1919年以来）等三个阶段。西方学者关于历史阶段的划分和中国是不同的，西方学者一般把历史大致分为古代（公元600年以前）、中世纪（公元600—1500年）和现代（1500年以

---

① ［日］我妻荣著：《债权在近代法中的优越地位》，张雷等译，中国大百科全书出版社1999年版，第174页。

② 转引自［美］E.史密斯等著：《财产法：案例与材料》，陈刚等译，中国政法大学出版社2003年版，第65页。

来)等三个阶段。在20世纪中叶,西方兴起所谓的"后现代"思潮,有些学者把20世纪中后期称为"后现代时代"。"现代社会"是学者们较为全面地概括现代欧洲的社会属性后确定的一个社会类型概念,现代欧洲所呈现出来的"现代社会",大致是市场经济的、资本主义的、民主化的、福利主义的、城市化的、有机团结的、工商业的、科学思维流行的、多元化的一种社会形态。笔者所指的"后现代"在时间分段上便是指中后期的时间段,在社会形态上指的是垄断资本主义时期以及其后至今的时期。

19世纪及之前的宪法理论和民法理论,都把所有权的神圣性和绝对性作为所有权不可更易的特性。这是近现代大陆法系民法中关于所有权的通行观念。他们认为物权绝对性是物权的根本特征,也是物权的基本属性,物权绝对性是物权的其他特征或者原则的基础,如"物权排他"的特征、"一物一权"原则都是以物权绝对性为基础的。同时,物权绝对性还是区分物权与债权的标准,没有了物权绝对性,大陆法系的财产法体系将会陷入混乱。总之,他们把物权绝对性抬高到无以复加的至尊高度,全然无视其他形态的权利的存在,也无视个人物权以外的其他权利的存在,甚而忽视了物权作为一种权利本身所承担的对他人的义务和对社会的责任。在17、18世纪的自然法观念的影响下,也为了确立、保障资本主义的所有权制度,1789年的法国《人权宣言》第17条规定:"所有权为神圣不可侵犯之权利,非显然基于法律,为公共之必需,非在给付正当补偿之前提下,任何人均不得侵夺之。"是为那一个历史时期的关于所有权制度的最为经典的表述。《法国民法典》第544条给所有权的定义是"对于物有绝对无限制地使用、收益及处分的权利",这是法律制度上对物权绝对性最明确的界定与宣示。在其后的100年里,各国的民事立法无不亦步亦趋,纷纷效仿,绝对性便成了物权的基本属性。但到了19世纪末20世纪初,人们发现绝对所有权的行使出现了一些不容忽视的消极后果。首先,所有权人不仅对于所有物享有直接任意的支配权,而且可能滥用其所有人的地位,间接对他人产生压迫,这种压迫不仅会导致社会矛盾的激化,更重要的是,将会造成社会的不公平,这与西方资本主义社会所秉承的公正平等的原则是相违背的。财产私有制导致贫富分化,而财富的积累与所有权的绝对支配性必然导致经济上的强者仗势欺凌经济上的弱者。如工人往往在极苛刻的情况下受雇用,房客往往在不利的情况下租屋,佃农也在被压迫中耕田。其次,所有权既然是绝对的权利,且不含有任何义务,则所有权人行使权利固有自由,其不行使权利尤有自由。但这种自由,却是以他人的相关利益的减损和社会财富的无端浪费为代价的。这就可能导致一方面是富而田连叶陌者任意使田地荒芜,坐拥广厦万间者任意使房屋空废;另一方面是广大劳苦之劳动者无田可耕,无房屋可住。这些消极的后果,或者是因为物权本身所强调的绝对性与社会公平之间的根本性的矛盾,或者是在社会发展的过程中,物权的个人绝对独占性与社会大生产之间的资源匮乏性之间的矛盾所导致。

  在进入 20 世纪之后,昔日的以个人主义、自由主义为基础的所有权观念逐渐退出了历史舞台,社会本位的法学在西方国家兴起。他们认为所有权与其他自由权利不同,国家不是建立在所有权的基础上,而是反之,所有权只有在得到国家的基本法律秩序承认的前提下,才能存在。① 德国的《魏玛宪法》就很明显地接受了这种观念,所以在第 153 条中明确规定:"所有权乃依宪法被保障。其界限与内容应由法律明定。所有权伴有义务。对其行使应同时顾及公共的福利。"这是所有权向社会性迈出的第一步,这种现象就是所有权的社会化。所有权社会化是指所有权从传统的排他的不受干预、不受限制、完全由个人支配的、以所有为中心的权利转变为负有社会义务、受到社会公共利益限制、强调社会利用并兼顾个人利益与社会利益的权利。所有权神圣原则在宪法领域里的变迁,自然也会影响到其在民事领域里的变迁。20 世纪以来,所有权神圣原则在民事领域里经历了从所有权的绝对自由到所有权行使的权利滥用的禁止、所有权行使的诚实信用原则的确立;从以物的所有权的归属权能为中心转变为以物的利用为中心,也即从注重物的静态安全转变为对物的动态利用的

---

① 梁慧星著:《物权法》,法律出版社 1997 年版,第 68 页。

关注；从关注个人的利益到关注社会的利益的转变。另外，自20世纪开始，在社会经济中起主要作用的已经不再是财力薄弱的个人主体，而是财力雄厚的公司、企业法人，对于这些对社会经济活动影响巨大的社会主体而言，如果仍然过分地强调物权的绝对性，那么他们无须进行市场垄断，而只要某一个大公司肆意地行使它的绝对自由的物权，将会对社会造成巨大的伤害。今天，美国华尔街上的金融次贷危机所造成的金融海啸不能不说是物权绝对性观念所酿就的恶果。

对于物权在现代社会的相对性的性质，目前学者大多数认为是因为物权的绝对性在现代社会受到限制的表现。余能斌教授认为是物权的现代化的表现。他认为现代经济、科技的发展促使了物权法的现代化。物权法的现代化发展趋势可以概括为：其一，法律本位社会化，体现为所有权受限制、他物权优位化、物权的间接社会化；其二，法律性质公法化，体现为涉及物权的公法规范增加、物权法与环境保护法的交叉等；其三，法律关系扩张化，体现为物权关系构成的扩大化以及物权形态的新型化；其四，法律界区模糊化，体现为债权物权化、物权债权化等；其五，法律内容国际化；其六，法律形式复杂化。① 也有学者认为物权绝对性在现代社会受到诸多的限制是因为社会法学思潮对民法产生了重要影响，其主要表现是对私人所有权的绝对性进行限制。② 在自由资本主义时期，由于坚持实行所有权绝对原则，赋予所有权以绝对效力，结果造成社会财富日益集中于少数人手中，贫富悬殊、劳资对立、财富浪费等社会问题纷至沓来，并有愈演愈烈之势。在这种背景下，唯有对个人主义的所有权制度进行检讨和修正，方能缓解上述社会问题日趋剧烈之程度。于是社会主义的或团体主义的所有权思想应运而生。他们主张，个人行使所有权时，必须合乎国家和社会的公共利益，即所有权必须为增进人类的共同需要和

---

① 余能斌著：《论物权法的现代化发展趋势》，载《中国法学》1998年第1期。

② 马俊驹著：《论私人所有权自由与所有权社会化》，载《法学》2004年第5期。

幸福而存在。首倡社会所有权思想的是德国著名的学者耶林，他在《法律的目的》一书中指出，所有权行使之目的，不独应为个人的利益，同时也应为社会的利益，因此现今应以"社会的所有权"制度取代"个人的所有权"制度。其后，学者基尔克继承耶林的思想，主张以日耳曼法之传统精神为立法基石，更加力倡社会所有权思想。他在《德意志私法论》（第2卷）一书中指出，所有权绝不是一种与外界对立的丝毫不受限制的绝对性的权利，相反，所有权人应"依法律程序"并"顾及各个财产的性质与目的行使其权利"。有学者认为，物权（所有权）在20世纪之后到今天一个世纪中，产生了以下变化：第一，所有权的价值已由过去只重视个人的价值变为兼顾个人与社会。在新的所有权观念下，所有权不再被视为单纯为个人自由、个人利益实现的手段，而是被看做在实现个人利益、保障个人自由的同时，实现社会整体利益的手段。第二，个人所有权不再是绝对只服从个人意志的主观权利，而是一种受法律规范约束的、服从社会公共利益限制的先执行的法律权利；所有权不再是"神圣不可侵犯"的个人权利，而是一种社会性权利。第三，个人所有权不再被视为所有权的唯一形式。第四，永久性不再被视为所有权的必备要素或特征。①

所有权社会化运动，对世界各国的所有权制度产生了巨大的影响。德国1919年的《魏玛宪法》第153条第4项规定："所有权负有义务，于其行使应同时有益于社会公益。""二战"后的《联邦德国基本法》（即《波恩宪法》）也在第14条第2款秉承了这一规定。《德国民法典》第226条和第903条也都对所有权给予了明确的限制性规定。1947年日本修改民法典时，在第1条第1款明确宣布："私权必须遵守公共福祉。"

关于物权绝对性在后现代社会的弱化，民法学界的基本态度是认为物权绝对性是物权的基本属性，不论在何种状况下只要是物权就必

---

① 高富平著：《物权法原论》，中国法制出版社2001年版，第171—172页。

然具有绝对性的特征,现代社会对物权的种种限制仅仅是在物权绝对性的基础上所作的限制而已,无论物权受到何种限制,也无论物权受到多少的限制,物权都是绝对的。谢在全先生认为:"近代民法以所有权绝对原则为其指导原理之一,所有人对其所有物,自积极而言,有为或不为使用、收益、处分之绝对自由。就消极而言,所有权神圣不可侵犯,不仅他人不得任意侵害,亦非政府所得任意剥夺,是为物权典型之所有权绝对性。"① 德国民法学家鲍尔将物权绝对性认为是与"类型化原则"(物权种类法定原则)、"公示原则"、"一物一权原则"、"抽象原则"等具有物权法的基本原则具有同等地位的一项基本原则。② 对于这种观点,笔者不敢苟同。笔者认为物权作为一种基本权利,其本身就是相对性的结果,当然具有相对性。在资产阶级反对封建地主阶级的革命斗争阶段以及在资本主义制度刚刚建立的自由资本主义社会阶段,由于人权平等的观念和法律制度还没能得到健全,人们对于个人社会地位的确定以及个人身份等级的划分仍然必须要以财产作为依据,在这种情况下,强调物权的绝对性当然是最直接、最简单的观念选择和制度安排。但是,随着社会的发展,人权平等的观念和立法在全世界都得到了贯彻和尊重,人的社会地位和身份等级的划分不再依靠个人所占有的财产的多寡来确定而是众生平等。在这种情况下,物权绝对性的观念便必然会被弱化。此时,物权的相对性的本质便显现出来。就我国目前的社会经济条件来说,由于强大的国家所有权的存在,特别是国家本位、义务本位的法律传统,非常不利于私人所有权的生成和发展,所以,我们的经济体制和经济制度的改革、法律制度的安排在价值取向上是必须要保护私有财产的合法权益的。但我们也不能不考虑"物权绝对性"所存在的社会背景条件以及产生"物权绝对性"的资产阶级目的;我们也不能不正视"物权绝对性"所存在的弊端,特别是物权绝对性对社会公平正义的

---

① 谢在全著:《民法物权论》,中国政法大学出版社1999年版,第24页。
② [德]鲍尔著:《德国物权法》,张双根译,法律出版社2004年版,第58页。

破坏。这正如美国学者肯尼斯·万德·威尔德所说的:"在十九世纪,财产被理想化地定义为对物的绝对的支配,但是与这个概念不相符的'例外'却充斥了整个财产法。在许多的案例中法律所宣称的财产并不包含着'物',或者所有者对'物'的支配并不是绝对的。每一种的例外,都会被设法解释过去。当不存在一个'物'时,就虚拟一个;当支配不是绝对时,就通过虚构把所受的限制隐瞒起来,或者用物或所有者固有的一些性质来解释。结果是使人们产生一种直觉,即财产的概念必须要取决于物的性质,并且既然把一些物看做财产权的对象,就可以确定地推导出所有者对物的控制权。"① 相对性才是物权的真正属性。

第二节 英美法系财产权利的绝对性与相对性观念的历史变迁

一、英美法所有权观念的起源

英美法系在形成的历史年代上要晚于前面讲到的罗马法,也就是随着在欧洲大陆上罗马国家的渐渐分裂(如罗马帝国后来分裂成了东西两个国家),以后又被北方的日耳曼民族所征服。到了这个时期,在欧洲大陆以外的英伦三岛上产生了一个新的法律系统,这就是我们所说的普通法最早的渊源,也就是英美法中的英国法。

我们讲到英美法或者是普通法都要强调一个重要的年代,也就是1066年诺曼征服英国。诺曼征服后,威廉一世开始推行一系列的政治法律制度变革。所以,人们认为,1066年的诺曼征服开启了普通法形成的进程。英美法虽然产生于罗马法之后,但由于此时罗马法已经衰落,因此日耳曼法便成为了英美法学习的对象。

日耳曼法主要有两个特征:一是权利的团体主义,单个的个人被

---

① [美] 肯尼斯·万德·威尔德著:《十九世纪的新财产:现代财产概念的发展》,王战强译,载《产权理论研究》2008 年第 1 期。

认为是全体的一部分,个人的权利仅是整体权利的一部分;二是权利与个人身份的统一性,个人依赖部族或者家族的团体而生存。日耳曼物权法的一个典型的特征是团体主义。日耳曼法的物权观念主要以团体主义为立法原则,以物的利用关系为中心,其主要内容包括:所有权不是对物的抽象的支配权,而是具体的利用权,所有权是相对的权利;各种具体的利用权,都是独立的物权,不存在所有权派生他物权的概念;物权中包含身份权性质;所有权具有浓厚的团体主义色彩;物权的变动,以占有的变动为要素;多人对一物可有不同内容的物权。团体主义的主要表现在两个方面,即双重所有权和所有权转让的地域性。双重所有权是指对同一土地的所有分为两种:领主(或地主)对土地的管领权、处分权(又称"上级所有权")和耕作人对土地的使用权、收益权(又称"下级所有权"或"利用所有权")。同时又规定,对物的支配权归家庭、氏族、公社、村落所有,而个人的权利的行使受到约束,在团体中,个人所有的土地的转让只能在同一公社内部进行。在日耳曼法中,没有物的抽象概念,只有财产的笼统概念,所有权的概念是相对的,而不是绝对的,没有所谓所有权和其他物权的区分,各种物权都具有同等的效力,不同的仅是在物的利用的量上的差异。日耳曼法不区分"所有"和"占有",凡对不动产行使使用权或者收益权的,都作为"占有",都具有物权的效力,"占有"是整个日耳曼物权法的基础。日耳曼法的另外一个特征是权利与个人身份的统一性。在日耳曼法中,个人之间的关系完全由身份所决定,即个人的社会等级决定了其能享有的权利和负担的义务。凯撒对于宗族或血缘团体内部关于土地持有之划分,之所以未提及一字者,大概由于当时每一亲属团体所分之土地,由其中所有成员共同耕种,不再以团体之地复细分于个人,各个成员所分得者非土地,不过为土地上所收获之事物而已。[①] 国王是社会等级的最高层,法律对国王的人身和财产给予特殊的保护。但对于其下的身份等级,诸如自由

---

① [美]孟罗·斯密著:《欧陆法律发达史》,姚梅镇译,中国政法大学出版社 2003 年版,第 98—99 页。

民、半自由民和奴隶则按照不同的等级给予不同的权利。土地是不动产物权制度的核心,是最具经济利益的财产。在日耳曼法中,整个封建制度的构架将土地关系与人身关系紧密地联系在一起,土地的归属问题为物权制度以外的政治制度所包揽,形成了以土地所有制为基础的土地所有权。从国王到封建领主乃至底层的农奴,每个人都仅是土地的占有者而不是所有者。

在17、18世纪的资产阶级革命过程中,英国并没有采取像欧洲大陆国家,特别是法国那种对封建制度实行残酷镇压的彻底革命方式,而是采取君主立宪制的改良式的社会变革方式,它仍然还保留着君主作为国家最高权威的象征,英王仍然是国家所有的土地的拥有者,当时的理论是国王拥有全部土地所有权。当然,这种全部土地由国王拥有的情况,实际上也仅仅是一种象征性的拥有,现实情况则是各人实际拥有自己的一块土地的保有权,保有权在事实上相当于所有权。但为了刻意区分于所有权表明对国王的尊重,或者说是为了对国王给予些许的安慰,它又被称为保有权。那么,在这种矛盾下,既能保持这两个概念的区别又能实现其各自制度功能的唯一办法就是:一方面认同所有权的概念,另一方面却不认同绝对所有权的权利内容,从而留给国王一个内容空泛的虚缈的所有权,而赋予土地人一个不是所有权的现实的所有权。① 可见,无论是在概念上还是功能上,英美法都不需要一种绝对所有权的观念。而双重所有权的机制,在历史形成的它们的制度背景下,则是完全合乎逻辑的。

二、英美法系的物权相对性观念

在英美法系中,并没有大陆法系的物权的概念,它们采用的是财产权(property rights)或者产权(title)的概念。这主要是因为英美法系近现代的财产法不是在继受罗马法的基础上形成的,而是在中世纪日耳曼法的封建土地制度上产生和发展起来的,与大陆法系的财产

---

① 冉昊著:《相对的所有权——双重所有权的英美法系视角与大陆法系绝对所有权的解构》,载《环球法律评论》2001年冬季号,第455页。

法具有不同的历史渊源。这一点可以从我们在对"物权"进行英语的翻译时总不能得到很恰当的词语就可以看出。owner 一词最早出现在 1340 年,而 ownership 一词最早出现在 1583 年,但英美法上的 owner 和 ownership 的概念并不等同于大陆法系中的所有权人和所有权的概念。① 虽然,在英美法的诉讼制度中可以发现所有权理念的萌芽,但是,可以说,英国土地法在其发展历史中并没有形成如同罗马法上的绝对所有权的概念。

英美法以经验哲学为基础,以判例作为法律的主要表现形式,所谓的判例法是由法官在审理具体的案件中总结抽象出来的原则,因此,英美法中的财产权制度或者"物权"制度实际上是在司法实践中不断演进与形成的。英美法上所有权理念萌芽的一个重要体现是保有(seisin)概念的扩大。保有指土地上的特定利益,是对土地的实际占用,它被视为不同于土地本身的一个独立的"物"(thing)。这种被视为"物"的在土地上的特定利益就被称做地产(estate),对它的享有,就是对它的所有权(ownership)。保有制度的存在实际上是为了表明英皇对全国土地的形式"所有"而妥协的一种制度,但后来却变成了一种产权制度。之后,土地上的种种法律利益陆续地被视为"物",也陆续地成为所谓的地产,这样,对于地产的所有权的概念就发展起来了。

由于法律传统的差异,英美法系普遍采用"财产"的概念,而较少使用"物"的概念。如同大陆法系,英美财产法也有具体物和抽象物的划分,地产权、债权、股份、信托基金以及权利证书等均被视为抽象物。作为交易对象的任何有价值的资产均被恰当地当做物,就像公司股票之类的抽象物当做轮船和汽车之类的有体物一样。"财产"一词也常常被不加区别地用来表示有货币价值的所有权客体,同时也指人们对物的权利。土地、动产以及所有权、终身财产权、地役权等均可称为财产。英美法同时承认财产权在一定条件下在受益人和受托人之间分割的可能性,受益人享有衡平法上的所有权,而受托

---

① Pollock & Maitland, History of English Law, II, p. 153.

人则享有法定所有权。因而,英美法系"财产"一词具有宽泛的意义,甚至连某种奇特的"想法"都可以称之为财产。

英美法系财产权利的取得方式及其分类,也远不如大陆法系严格。在任何权利或利益之间发生冲突时,英美法律人都会使用"产权"这个概念来进行相互比较,也就是说,不管当事人主张的是所有权、用益权、抵押权还是债权或者法定权利以外的其他某种利益,人们都说其享有一个产权,要求得到这个产权的保护。与此相适应,英美法就转向了与大陆法系预先设定权利普遍效力的办法相对的情境思维办法——在具体案情背景下比较各方产权的具体内容,不是比较权利的一般类型,而是比较权利或利益的具体内容,然后断其高下,对其中相对较优的产权给予保护。① 由此,产权概念也就具备了它最重要的特征——相对性。

英美法并不承认一种绝对的权利根据,而是承认一系列相对有效的权利,对这些相对有效的具体权利,个案审判时适用比较的方法来确定其中谁是更好的产权,由此给予保护。英美法系的法学家认为财产概念存在于一种确定的期待中,存在于根据事物本质可以从所占有的物中取得一种好处的信念。这种期待、这种信念,只能是法律的产物。② 也就是说,没有国家强制为后盾的法律制度的认同和保障,就没有所谓的财产权的存在,这与大陆法系绝对物权的"天赋人权"的基础是相反的。从这个意义上讲,英美法系的财产权是相对性的产物。同样,所有权作为一种权利出现时也是相对的,既然是相对的,我们就没有理由反对另一种权利,无论是衡平所有权还是保有权抑或占有权伴生于它。一个人对其财产的权利当然不是绝对的。普通法的格言说,一个人使用自己的财产时,不得损害他人的权利。虽然这对实际问题不是一个准确的解决方法,但是这句格言确实表达了权利是

---

① 冉昊著:《论英美财产法中的产权(title)概念及其制度功能》,载《法律科学——西北政法学院学报》2006年第5期。

② [美] E. 史密斯等著:《财产法:案例与材料》,齐东祥、陈刚译,中国政法大学出版社2003年版,第5页。

相对的，而且当权利之间冲突时必须相互适应这样的一个概念。①

第三节 "身份优先"与"财产优先"的轮回 决定物权相对性与绝对性的轮变

在考察了两大法系物权观念的历史变迁之后，如果从身份与财产之间的关系进行分析的话，我们可以发现"物权相对"实际上是"身份决定财产"，而"物权绝对"是"财产决定身份"的关系。也就是在身份与财产之间哪个重要的问题，或者更确切地说，是以人为本还是以物为本的问题。

一、从血缘到"身份优先"

脱胎于原始社会的古代希腊罗马的奴隶制社会和国家，有过漫长的历史发展过程，明显地表现为城邦时代和帝国时代两个大的阶段。无论在哪一个发展阶段，它们内部都存在着明显的等级阶级划分。无论在哪一个发展阶段，它们内部都是最高等级中的奴隶主执掌国家的权柄，利用国家机器首先维护本等级的特权。无论在哪一个发展阶段，等级划分都随时随地完全等同于阶级划分。身份是古代罗马社会权力的基础，是进行社会组织的重要工具。罗马法以身份为基础对人进行了分类，不同身份的人适用不同的法律，享有不同的权力和权利。首先，人有自由人和奴隶之分，自由人有"做自己想做的事情"的权利以及对奴隶的支配权力，奴隶没有人身自由，完全受主人的支配。但是，奴隶虽没有权利能力，却也有一定的行为能力，享有有限的权利。同时，法律把市民和外邦人区分开，市民适用市民法，享有市民法上的市民权，外邦人则适用万民法，不能完全享有市民法上的私权，也不享有公法上的表决权和选举与被选举权。这样，各人根据自己的身份活动处于被设定好的权力与权利范围内，"就在公法层

---

① [美] E. 史密斯等著：《财产法：案例与材料》，齐东祥、陈刚译，中国政法大学出版社2003年版，第16页。

面上勾勒出本社会与他社会、本社会各成员间分层化配置资源的完整模式"。① 其次，罗马的家庭是以家父为核心的人的集合体，在这个集合体中各人有其身份，这些身份决定了他们在家庭中的权力和权利范围。其中，家父拥有最高最完全的权力，家父对于家属的人身和财产有着广泛的权力，家庭中每一个人的行为准则是其家庭的法律，立法者就是家父。从一定意义上讲，罗马的家庭是个政治组织，在国家还没有力量干预各个家庭内部的事务时，要由家父负责维持全家的秩序。家父是一家当然的法官，他可以审判家庭成员，对他们有惩罚权，可以对家属进行体罚，把他们卖往外国为奴，或者予以解放，可以把他们逐出家门，甚至杀戮。家庭就像是组织严密有序的王国，家父是这个王国的主宰者，对成员有生杀予夺的大权。罗马法规定："在我们合法婚姻关系中出生的子女，都处于我们权力之下。"② 国家议会的立法和法院的审判只能及于家父，而不是家庭的成员。国家正是通过对各个家庭的治理完成了对个人的治理。公元 533 年由查士丁尼颁行的《法学阶梯》，对延续 1000 多年的罗马国家的等级划分作了总结。其中指出："一切人不是自由人就是奴隶。"是自由人抑或是奴隶，这是古希腊罗马最基本的等级划分。查士丁尼的《法学阶梯》还指出："一切奴隶的地位没有任何差别；至于自由人则有许多差别，他们或是生来自由的，或是被释放而获得自由的。"又说，"从前，被释自由人分为三级"，③ 即罗马公民、拉丁人和降服者。把自由人分成生来自由者与被释放而获自由者两大类，这是古代希腊罗马奴隶占有制社会的重大特点。不同类型自由人之间的关系，因时因地而异，对不同社会的发展有着极为重大的影响。在自由民内部，从经济角度看，有奴隶主和自由民的区别。而从政治方面考察，则存在

---

① 孙艳、王瑞霞著：《身份概念解析》，载《安徽警官职业学院学报》2003 年第 5A 期。

② [古罗马] 查士丁尼著：《法学总论——法学阶梯》，张企泰译，商务印书馆 1989 年版，第 19 页。

③ [古罗马] 查士丁尼著：《法学总论——法学阶梯》，张企泰译，商务印书馆 1989 年版，第 12 页。

有公民权者与无公民权者的严格划分。至于城邦时代的斯巴达,有公民权的自由民完全等同于奴隶主。在不同类型的自由民内部关系中,财富占有量的多少固然重要,但是在城邦阶段,与源于原始社会的氏族部落的血缘关系密切相关的公民权的重要性,胜过财富的作用。特别是在罗马社会中特有的家长权制度,更显示出身份与财产的关系。城邦分配财产的对象是给作为一家之主的家父而不是给家长个人,更不是具体地分配给家庭中的每一个成员。而能否成为家父是因为血缘身份,而不是因为由财产而决定的经济地位。公元前451年雅典公民大会根据伯里克利的提议通过的公民权法,规定只有父母均为雅典人的人,才有取得公民权的资格。个人的身份和社会地位主要是通过血缘获得而不是通过财产的多寡来确定的。个人对财产的分配和拥有对个人的身份和地位没有直接的决定意义,因此人们并不太看重每个人的身份和社会地位的差异,没有形成对物的绝对占有的观念,因而也就没有"物权绝对"的观念。可以这样说:在古希腊古罗马时期,身份和财产的关系是身份决定财产,古希腊古罗马是"身份优先"的社会。

　　欧洲大陆中世纪社会的主要特征为分级分封。按照这一规律,封建社会关系就是下级对上级的经济臣服和军事效忠,这种状况的形成与当时社会保护和被保护关系有着紧密的联系:在外族初入时期,辉煌的罗马帝国所建立起的公共系统也随之而亡,新制度也还没有构成,人们无法保障自己的人身权利和财产权利,比如农民,他们会自主寻求保护,就此形成了依附委托制,以牺牲自由为代价,形成一种自愿的人身依附关系。封君封臣制度中,最为关键的是封土。在欧洲封建社会中,所有的财产与政治上的封建特权紧密地联系在一起。国王是全国最高的封臣。国王把土地分封给下级的臣属,下级的臣属据此占有和使用土地,但他不是土地的所有者。国王将土地分封给每一个分侯后,他对土地的权利仍然存在,国王以下的每一个人虽然对土地有一定的支配权,但谁都没有绝对的支配权。这一制度的不平等性是十分明显的。但当时,从下至上,这一不平等是共通的。因为出于个人的生存和安全的需要,而且当时法律系统的缺乏,都使得中世纪注定只能以此种方式来维持社会的安定性。而且,中世纪的经济关系,也注定只有进行人身依附才能得到土地,所以人们都愿意加入这一制度,成为社会"链条"中的一环。形成这种观念的不平等、不自由与命运无关,和人们的生活质量也无关,因为大多数人都认同这种关系;相反地,自由、平等反而使人们在中世纪无法生存。欧洲中世纪的封建社会在人与物的关系上是身份决定财产。在这种社会条件下,身份的拥有比财产的拥有更为重要,因而仍然是"身份优先"的社会。

罗马法对世界法的影响虽然非常普遍且深远,但处在英伦三岛的英国却独善其身。究其原因是罗马法真正对世界各国法律产生影响的时间是在欧洲社会的文艺复兴时期,特别是在欧洲资产阶级革命时期,而在这个时候,英美法系的发源国——英国却早已经受到诺曼公爵从法国所带来的日耳曼法的培育并已经基本形成自己的体系特征。特别是由于英国的资产阶级革命是不彻底的革命,所以在资产阶级大革命之后,英国不仅在政治上保留了国王作为国家的象征,同时在法律制度上也更多地保留了原来的法律传统。英美法系的历史渊源是日耳曼法,日耳曼法具有"团体主义"和"属人主义",这种"团体主义"和"属人主义"实际上便是身份决定财产。① 因为一个人只有在团体之中他才能体现他的存在,才能成其为人,凡属日耳曼人都必须受团体的约束,个人权利义务的取得以其所属的团体为前提,个人不仅为自己而生活,更兼为团体和他人而生活。人在团体中的存在实际上也就是必须在团体中确定其地位和身份。同时,属人主义实际上是以血缘确定个人的地位和身份以及其所应遵循的法律制度,这又在团体主义的身份印记上再烙上更深的身份印记。当然,罗马法也对英国法产生了一定的影响,但英国则只吸收其基本原则和思想,而没有采纳它的结构和术语。英国接受罗马法重在实质而不追求形式,正如

---

① 叶秋华著:《西欧中世纪法制发展特点论析》,载免费论文网,http://www.lunwentang.com,2006年9月28日访问。

有的学者所说:"无形而继受其思想,非有形而输入其制度。"① 与欧陆国家比较,英国法在很大程度上是以自己固有的日耳曼习惯法为基础,在实践中不断吸收罗马法原理而发展起来的。② 这样,就在西欧法制史上,逐渐形成一支别具风格的、与大陆法系并列的英国法系。所以,总体上来说,由于英国法以日耳曼法为基础,所以在财产和身份的关系上面存留着身份决定财产的思想,虽然英国法同时又吸收了罗马法的基本原则,特别是公平正义的基本原则,但这并没有影响其在处理财产时带有日耳曼法的历史传统,这就使得英国在物权观念上承受的是"相对物权主义"而不是"绝对物权主义",从而导致英国法在财产制度上采用"双重所有权"的制度选择。更重要的是,在罗马法基本原则的影响下,英国法的"相对物权主义"不仅没有导致在法律制度上对私人所有权保护的缺失,而且还在保护私人所有权的同时兼顾了公平正义以及对社会资源的合理利用。英国法的"相对物权主义"的观念是"身份优先"的异化,这种异化从理论上和事实上证明了"身份优先"和"相对物权主义"也是一种正确的、合理的观念和制度选择。

二、从"身份优先"到"财产优先"(从身份到契约)

在财产与身份的关系中,与"身份优先"对应的便是"财产优先"。大多数的学者往往从大陆法系"物权绝对主义"的特点为逻辑起点,认定在大陆法系的整个发展时期均是采取"物权绝对"的观念,这否定了大陆法系在不同历史阶段的不同特点。实际上我们知道,大陆法系只有在《法国民法典》制定并被欧洲大陆各国以及各国的殖民地国家承继之后才最后形成自己的体系的,在时间上界定在17、18世纪的资产阶级革命时期。在罗马法时期,实际上还是"身

---

① 叶秋华著:《西欧中世纪法制发展特点论析》,载免费论文网,www.lunwentang.com,2006年9月28日访问。

② [日]宫本正雄著:《英吉利法》,骆通译,商务印书馆1934年版,第111页。

份优先"的时期,这在上文已经讨论过。

在"身份优先"的社会中,名分已定,恒常不变,这种社会阻塞了人们自动升降的社会变迁机制,剥夺了人们获得财产的正常渠道,人们要改变不合理的身份地位,只能通过最极端的解决办法——革命。罗马法的"身份优先"观念在文艺复兴时期,受到自由主义和个人主义观念的冲击。在自然法学派"天赋人权"、"公平正义"、"契约自由"的思想的引导下,资产阶级反对以身份等级为基础的封建专制国家,夺取封建地主阶级的财产作为新兴资产阶级的财产。为了保障他们通过革命手段所获得的财产的正当性,他们以"人人生而平等"的口号作为获得财产合法性的依据,又通过"契约自由"原则来保障对所获得财产的自由使用。正是为了从封建地主阶级手中获得财产并保有财产,资产阶级用"天赋人权"、"契约自由"的观念冲破了封建专制社会身份等级的束缚,强调财产对个人的重要性。在这种情况下才形成了"财产优先"的观念。而在自由竞争的自由资本主义社会,财产的自由与优先是用契约来加以保护的,因此,"财产优先"便以"契约自由"的法律形式加以确认,最后形成"物权绝对主义"观念。

三、从"财产优先"回归到新"身份优先"
（从契约到身份）

在经历了近代民法的"从身份到契约"之后,现代民法又掀起了"从契约到身份"运动,人类开始了对自由的更高追求。实现人格的实质平等、实现民法的公平正义是"从契约到身份"运动的目标。我们所说的"从契约到身份"不是对"从身份到契约"简单的反向运动,更不是对原来的不平等的身份关系的重复,它是更高层次上的回归,或者说是一种具有新的内容的对身份的重视。这种身份的回归与原来旧的身份认同刚好是相反的,它对身份的强调是为了实现真正的公平正义。从身份到契约,是从家族身份、人身依附关系来分配权利义务到依靠个人契约来决定相互之间的权责关系;而"从契约到身份"是从依靠个人契约分配权利义务到主要依靠各自所处的实际地位,即以强弱主体地位来决定权利和义务的承载对象。

　　市场经济的不断发展必然带来社会经济地位的不平等,这种不平等导致"契约自由"原则在市场经济中陷入实践的困境。"契约自由"原则所提倡的"人格平等"仅仅是法律上的、观念上的、抽象的平等。这种在"契约自由"原则下的平等一旦面对市场经济实践时所出现的因为经济地位的不平等而造成的具体的人格不平等时,便会显得苍白无力。在市场经济条件下,平等主体因为经济地位的不平等而构成的具体身份人格的不平等,形成了新的身份关系——强者与弱者的关系。在这种出现强者与弱者明显分化的社会条件下,"契约自由"原则已经不能维护社会的公平正义,贯彻"物权绝对主义"的"财产优先"的观念不仅不能促进社会经济的发展,还造成了对社会公平正义的破坏。因此,民法必须要考虑对市场经济条件下各个不平等的具体的人格平等问题,这就需要回归到对市场主体的身份差别保护问题,通过对弱者的保护,使得各个市场主体的市场行为结果趋于平等。这实际上就导致人们对财产与身份的关系,从原来的不分身份只重财产的"财产优先"的观念,逐渐演变为强调身份弱化财产的新的"身份优先"的观念。当然,这种产生于"契约自由"之后的新的"身份优先"与"契约自由"之前的"身份优先"是不一样的。旧的"身份优先"是以强者的优势身份和地位获得强得更多的财产权利,这只能导致社会的更进一步的不公平;新的"身份优先"则是充分考虑弱者的劣势身份和地位,通过区别对待使得弱者尽可能地获得较多的财产权利,这就使得社会的公平正义得到更好的实现和维护。在"身份优先"的条件下,人们弱化了对物的期望值,"物权绝对主义"也相应地演化为"物权相对主义"。

小　　结

　　从上述物权观念的历史演进过程,我们可以得出以下两点认识:
　　第一,物质决定意识,所有权本位观作为意识形态的范畴,是对社会经济关系和物质生活的反映。

日耳曼法所有权团体主义本位观，是其落后的社会生产力和农本经济的社会样态的法律反映。罗马法所有权的个人主义本位观则是当时罗马国家繁荣的简单商品经济的法律反映。这里要注意的是，笔者讲的是"罗马法所有权的个人主义本位观"，而没有将其定位为是"罗马法的绝对物权观念"。因为笔者认为罗马法仅仅从"城邦公有"和"家族共有"中产生了"个人所有"，个人所有权的观念也才刚刚萌芽，哪里有物权绝对的观念呢？纵观历史上出现的各种所有权本位观，按照其内涵的基本理念，无非三种状态。第一种为个人主义，它着重市民个体利益的保护。第二种为团体主义，它着重社会公益的保护而忽视市民个体的利益，在近现代多称为"社会（主义）本位"。第三种为个人主义和团体主义的调和，它以个人主义为基础、以团体主义为补充，在保障市民个人个体利益的同时，兼顾社会公共利益，但以前者为主，后者为辅。这三种所有权的本位观在社会结构中属于上层建筑的部分，随着人类社会的发展，随着社会经济基础的变化，也在不断地变化，以适应社会发展的需要。而发展了的所有权观念，反过来影响着各个社会阶段的物权法律制度。

源于所有权个人主义和团体主义各自的功能缺陷，唯有调和主义本位观为最优。以个人主义为基础的大陆法系和以团体主义为基础的英美法系，各自都有它们的优缺点，但比较而言，笔者认为英美法系的物权制度应该更适应现代社会的需要。

第二，物权绝对与物权相对体现了人与物之间的关系。

物权绝对与物权相对实际上是人们对待物的两种态度、两种观念。物权绝对在处理物与人的关系时，重视对于物的控制与拥有，有了物便有了一切，所谓"有恒产者有恒心"。这种态度，似乎克服了身份等级的缺陷，但这种态度，由于对于物的过分重视，导致人们唯利是图，形成拜物教的心态，忽视了人的重要性，最后导致实际上的社会不公。徐国栋教授将这种态度称为"物文主义"。[①] 物权相对在

---

① 徐国栋著：《两种民法典起草思路：新人文主义对物文主义》，载《民商法论丛》（第21卷），中国法制出版社2001年版。

处理人与物的关系时,重视的是人本身,物仅仅是"身外之物",物的存在仅仅是为了满足人的生存或者生活的需要,物仅仅是工具、手段而已,利用所拥有的物促进人类社会的进步才是物的最终目的。为此,他们重视人的作用,重视人对物的有效的充分的利用。

第三章 物权绝对性及其困境

第一节 物权绝对性概说

一、物权绝对性的内容

"绝对"一词通常作为对某一特定对象予以特别强调时所使用的概念,诸如"绝对的正确","绝对的真理"等。物权绝对性的含义主要包括了对物权与其他权利的比较,以及物权人与其他非物权人之间的比较问题,或者说比较结果。

(一)物权绝对是私人物权的绝对

在现实社会中,物权因为主体的不同可以区分为社会主体(国家)的物权、集体组织的物权和个体个人的物权。之所以会形成不同主体形式的物权,在于人是社会中的人,人既具有自然属性的个体生物性,也具有社会属性的群体社会性,同时社会又是由不同的组织和层次所构成的。因此,对于客观存在的物质财富的利用,人类必须要保证每一个个体的个人可以生存和发展,同时也必须保证社会整体的正常运作,并且这两者是必须同等的,必须同时得以满足的。不同的物权都有其不同的存在目的,执行着不同的功能,共同保障人类社会的正常发展。否则,不仅个人的物权得不到实现,社会的物权也得不到实现,整个社会将陷入混乱的状态。从这个意义上讲,不管是社会(国家)的物权、集体组织的物权还是个体、个人的物权都是应该平等的,都是不能随意侵害的。

传统意义上的物权绝对所强调的是"个体个人"的物权绝对,也即私人物权的绝对,而不是所有社会主体的物权都是绝对的。在

"物权绝对"的情况下,不仅没有权利人之外的其他个人的权利,也没有社会的权利。所有权人对其拥有的财产有依其意愿自由支配的最高权力,所有权人被赋予了对客体物最大限度和最完全的权能。物权的绝对性,一方面是针对公权力,另一方面是针对私权利。针对公权力的意思是指除了基于公共利益以外不得对所有权物权进行限制;针对私权利,物权所有权人被赋予行使其权利的绝对权力,即使权利人行使权利给他人造成某种损害,权利人也不承担任何责任。

(二)物权绝对是所有权的绝对

"物权绝对"的表述在理论上实际上是不科学的。因为物权从权能上区分最少可以分为所有权、他物权和担保物权三大类。我国的物权法就是如此划分的。从历史上考察,物权绝对指的就是所有权绝对。首先,无论是物权肇始的罗马法,还是确立所有权绝对的《法国民法典》,抑或是资本主义社会所强调的"私有财产神圣不可侵犯",它们所称的"物权绝对"实际上都是"所有权绝对";其次,从物权理论上分析,也只有"所有权绝对"的命题才能成立,"物权绝对"的命题是不能成立的。因为物权中的他物权和担保物权本身就来源于所有权,以所有权为基础,依附于所有权的,它们仅是相对于所有权而存在的,根本没有"绝对性"的问题,只有所有权才能拥有独立存在的"绝对"的地位。传统上之所以将"所有权绝对"称之为"物权绝对",笔者认为,最主要的原因在于物权债权二分对立区分的影响。物权债权的二分对立区分是大陆法系财产法的理论基础,在此基础上,所有的财产或者财产权利,都可能或者被归入物权的范畴,或者被归入债权的范畴,非二者莫属。债权具有相对性,相反,物权就具有了绝对性。由此,造成在表述上的方便,学者便不加严格地区分所有权和他物权、担保物权的不同特性,把所有权等同于物权,久而久之,以讹传讹,并把"所有权绝对"等同于"物权绝对"。这样的表述,与债权相对构成了对应,在形式上似乎是完美的。但在理论上、在内容上却是不科学的,甚至是一种谬误。

(三)物权绝对性的主要内容

对于物权绝对性的内容,有学者认为主要包括:对物的绝对支配权、物权在行使与实现上具有任意性与绝对性、物权在效力上具有对世性、物权在保护上也具有绝对性四个方面。① 在此基础上，笔者认为传统上所认为的物权绝对性实际上应该包括物权享有的绝对性、物权行使的绝对自由性和物权保护上的绝对必要性与优越性。

1. 物权享有上具有绝对必然性

物权绝对性的哲学基础是自然法学派的"天赋人权"理论，也即所谓的权利先验理论。按照该理论，人生而平等，只要他是社会中的人，那么，他必然应该拥有保证其人格独立的财产，这种保证其独立人格财产的获得是天赋的，具有作为人的必然性，而没有其他的原因。如果一个人没有能够获得保障其独立人格的财产，那是因为其受到了不公正的对待，这是不符合"天赋人权"、"人生而平等"的原则要求的。因此，个人对财产的拥有具有绝对的必然性，是人都必然要拥有其个人的物权。

2. 物权在行使上具有绝对自由性

在早期的理论和法律实践中，物权人行使物权，完全是物权人自己的意志自由，只要物权人愿意，他要怎么行使物权，使用他所拥有的物，任何他人以至国家与社会都不得干涉，甚或其行使他的物权造成对他人的损害，也不需承担任何的赔偿责任，即罗马法法谚所谓："行使自己之权利，对任何人均不会构成不法。"在近现代，虽然强调物权的行使必须受到法律的限制，但同时又认为仅仅是法律的规定可以限制物权的自由行使，并且这种法律的限制必须是明确的具体的，否则不能产生限制物权的效力。另外，物权绝对性的观点还认为物权的实现、物之利益的享受，仅凭自己的意思和行为即可达到，无须借助他人的意思及行为予以协助，义务人只须承担消极的容忍或不为妨害的义务。

3. 物权在保护上具有绝对必要性

首先，物权绝对性要求世间一切人就其对标的物之支配状态予以

---

① 刘保玉著：《物权体系论——中国物权法体系上的物权类型设计》，人民法院出版社2004年版，第56—57页。

尊重，任何人也均负有不得侵害、干涉的义务。不论出于何种原因，非物权人均不得侵害物权人的物权，否则，社会或者国家必须无条件地对物权人的物权进行救济，这是绝对的，也是社会或者国家不可避免的必然义务。其次，同一标的物上发生数个权利实现上的争议时，物权人之权利得凭借其排他效力及优先效力而得到有效的优先的保障。显然，物权保护的方法较之债权等更为全面，物权受法律保护的程度也更为严格，具有绝对性的特点。最后，在物权保护的期限上，物权绝对性要求对物权的保护实行无限期的保护。即不管侵害物权的行为发生在什么时候，也不管物权的权利人在什么时候要求国家公权力为他提供司法救助，国家都必须满足这种要求。也就是说，对物权的司法诉讼不受民法上诉讼时效的限制。

二、物权绝对性的来源

从历史上和理论上来看，物权的绝对性不是来源于"物权是一种绝对权"的认识。那么物权的绝对性来源于何处？笔者认为，物权绝对性的来源主要有两个：

（一）"私有财产神圣不可侵犯"是物权绝对性的宪法基础，是物权绝对性的最初来源

从目前的各种材料来看，大多数的学者都认为物权绝对性来源于罗马法，但笔者认为这种观点值得商榷。罗马时期并没有物权的概念，物权一词是由中世纪的注释法学家在解释罗马法时形成的。徐国栋教授也认为虽然在罗马共和时期的法学家昆图斯·穆丘斯·谢沃拉和帝国时期的毛苏流斯·萨宾先后在《论市民法》和《市民法》的著作中提出过与现代物权法接近的不包括债权法和继承法的物法体系，但这一体系被后来居上的盖尤斯的法学阶梯体系所超越和代替，盖尤斯的法学阶梯中物法是包括债法和继承法的。《法学阶梯》中的物法不仅包括有体物还包括无体物，而现代物权法却是以有体物为基础的，因此，以《法学阶梯》为代表、为统帅的罗马法实际上并没有现代意义上的物权的概念。"可以说，很难在罗马式的物法和现代

的物权法之间找到共同点,前者比后者大得多,后者仅是前者的一部分。"① 实际上古罗马人并没有形成现代意义上的权利观念,他们主要还是依托正义和理性对社会秩序进行调整而不是依照权利;另外,罗马法无论是立法还是其法学理论都具有强烈的实践性。因此,罗马人认为权利是法律程序对实际利益保护的反映,权利是诉讼保障的结果而不是诉讼程序存在的基础。"权利源于诉讼这一特点使权利依赖于诉讼模式,无法形成独立的理论体系。"② 既然罗马人既没有现代意义上的权利观念,也没有形成完整的物权的理论体系,当然也就没有物权这种高度概括的法律概念。同时我们还必须明确,罗马法虽然有"对物之诉"与"对人之诉"的区分,但这种区分仅仅是基于诉讼的客观需要而形成的,其目的仅仅是为了便于诉讼,而不是在权利的分类上进行物权和债权的区分。如盖尤斯在《法学阶梯》第2卷中认为:有体物是能触摸到的物,如土地、奴隶、衣服、金、银及数不胜数的其他物;无体物是不能触摸到的物,如权利,比如遗产继承权、用益权及以任何形式设定的债权。③

笔者认为,虽然近现代的私法特别是物权法的许多理论基础来源于罗马法,近现代的物权法制度也可以从罗马法上找到它们的痕迹,但物权绝对性不是来源于罗马法,而是近代资产阶级革命的产物,是资产阶级在政治上的"私有财产神圣不可侵犯"原则在民事立法上的体现。"绝对财产权"即"私有产权神圣不可侵犯"是整个18世纪及其后西方民法的最核心内容,它构成了西方社会个人主义权利观的价值基础。这一观念给国家规定了处理私人权利的原则,比如政府只有在从为公共利益角度来看是合理的时候,才能对个人活动进行约束;对个人的决策自由所进行的任何限制,都必须由那些拥有财产的

---

① 徐国栋著:《罗马私法要论——文本与分析》,科学出版社2007年版,第121页。

② 梅夏英著:《财产权构造的基础分析》,人民法院出版社2002年版,第19页。

③ [意]桑德罗·斯奇巴尼选编:《物与物权》,范怀俊译,中国政法大学出版社1993年版,第3页。

人所组成的全体大会来决定,等等。因而,从以上的历史考察我们可以看到,物权绝对性的观念实际上是从"私有财产神圣不可侵犯"的原则演变而来的,"物权绝对"是"私有财产神圣不可侵犯"的宪法原则在民法部门的具体化,它来源于宪法而不是民法本身所固有的,更不是来源于"物权属于绝对权"的命题。

(二) 物权的直接支配性是物权绝对性的民法上的来源

何谓物权?按照尹田教授的研究,大概有五十多种定义,这五十多种定义可以分为四类:(1)强调对物的直接支配性的定义。如"物权者,支配物之权利"(梅仲协);"物权者,直接支配物之权利"(李宜琛);"物权者,直接支配管领物之权利"(洪逊欣);"物权,乃对一定之物为直接支配之权利"(浅井清信);"物权,乃以对物直接支配为内容之权利"(金山正信)。(2) 强调对物的直接支配与享受利益的定义。如"物权者,直接支配特定物,而享受其利益之权利"(姚瑞光);"物权乃直接支配一个之物之权利,或就一个之物,直接享受其利益之权利"(舟桥淳一)。(3) 强调对物的直接支配与排他性的定义。如"物权者,直接支配其物,而具有排他性之权利"(张龙文);"物权者,直接管领有体物而具有排他性之财产权"(吴明轩);"物权者,系直接管领特定物,而以具有排他性为原则之财产权"(倪江表);"物权者,以直接管领有体物而具有排他性为原则之财产权"(曹杰)。(4) 强调对物的直接支配、享受利益与排他性的定义。如"物权,乃直接支配其标的物,而享受其利益之具有排他性之权利"(郑玉波);"物权者,直接支配一定之物,而享受利益之排他权利"(史尚宽);"物权,乃对一定之物,为直接支配而受其利益之排他的权利"(我妻荣);"物权,乃直接支配一定之物并享受其利益的排他的权利"(进一);"物权,谓以直接支配特定物、排他地享受其利益为内容的权利"(林良平)。①

仔细分析上述四类物权的"不同"定义,可以发现,"支配性"

---

① 转引自尹田著:《物权法理论评析与思考》,中国人民大学出版社2008年版,第25页。

是其本质特征。① 并且我们注意到这种"支配性"是"排他"的，这种排他的支配性就必然导致对物的绝对支配权、在行使上与实现上具有任意性与绝对权性、在保护上也具有绝对性的要求和特点。因此，从民法本身的理论体系上进行分析，我们可以看到，如果我们在割裂了每个物权与其他物权或者其他权利的联系的基础上，孤立地考虑物权的排他性，则可以认为这种强大的以直接支配性产生出来的排他性，实际上就是物权绝对性的前提和基础。物权的直接支配性是物权绝对性在民法学上的来源，是推断物权具有绝对性的理论基础。

要认识物权绝对性的特点还应该从物权作为一种权利存在时其权利效力的扩张上进行考察，这一点从物权绝对性的历史变迁中也可以得出同样的结论。物权的绝对性来源于"私有财产神圣不可侵犯"的原则和物权的直接支配性的物权的本质要求，而不是来源于物权是一种绝对权的理论归类。因此，笔者认为物权的绝对性指的是物权效力的绝对性，也就是说物权的绝对性指的是物权效力的排他、任意的支配性，并且无须任何的负担。而物权是绝对权仅仅是从物权的权利主体和义务主体上对物权所作的解释，这种解释涉及的是物权中主体人与人的关系而不是物权的效力方面的关系。物权绝对与物权是绝对权是不同的两个概念，不能混淆。

三、物权绝对性的价值与历史作用

物权绝对性的哲学基础是个人主义的哲学观，个人主义的哲学观反映在物权法中并显示出其存在的价值，这些价值主要包括物权的确认和物权的行使以及物权的保护三方面。

(一) 确立资本主义物权制度

从物权绝对性的确立目的考察，物权绝对性的价值实际上远远超

---

① 梁慧星主编：《中国物权法研究》，法律出版社1998年版，第17—18页。

出民法本身。确立物权绝对性原则作为财产法的一项原则,其目的在于对个人财产的归属的认定,因为在生产力低下社会财富相对贫乏的条件下,如果对于已经通过原始的先占或者继承已经确立的财产不加以严格保护,则可能造成财产的纷争,导致不同利益集团的互相争斗,甚至还可能导致奴隶阶级的反抗,从而导致整个社会的崩溃。因此,古罗马社会将物严格地分为神法物与人法物、可有物与不可有物,并规定了各种严格的保护制度,但由于当时的社会财产仅仅是一种社会权力和社会地位的体现,而不是对社会私人个体权利的确认,所以实际上并没有将物权绝对作为一项基本原则。我们如果对近代资本主义的历史进行考察,物权绝对性原则实际上更确切地讲应该称之为私人所有权绝对原则,它是对制约着生产力发展的封臣封土制度、公地制度、农奴制度的扬弃,是数百年来从身份到契约的权利发展及作为社会经济基础演变的成果的观念化、理论化、法制化,是资本主义市场经济存在和发展的权利基础和资本主义经济自由的前提。由于封建社会的物权制度与身份制度相结合,封建地主阶级在占有土地的基础上,不仅包括对物的支配,而且包括对他人人身的支配。这显然与尊重人格的资产阶级的革命思想相矛盾。因此,在资产阶级进行革命时,私人所有权绝对原则是资产阶级与封建地主阶级进行斗争的精神支柱和有效的斗争手段。在资产阶级革命胜利之后,私人所有权绝对原则又是保障资本主义社会发展的基石。财产权的保障和市场经济的要求是一脉相承的。经济要繁荣,就必须对财产权进行保护。① 人类的生存和发展有赖于财富的拥有和积累,没有明确的财产归属关系,任何人也就没有积极性去充分地利用它或防止被侵犯。绝对私人所有权是近代西方资本主义私有制的基础,是资本主义经济运行的基础。早期资产阶级民法将所有权绝对列为民法三大基本原则之一,所有权地位至高无上,所有权内容宽泛无边,将所有权视为一种"主权"或"准主权权利",是"神圣不可侵犯的"权利,是"万能的

---

① 姚俊著:《论财产权的双重性——个人权利和社会责任并存》,载法律图书馆,http://www.law-lib.com/。

权利",是"独有的专断的支配权",是"实际上不受控制的对财产的使用和处置的支配权",甚至包含了"滥用一件物品的权利"或"糟蹋物品的权利",凡此种种,不一而足。总之,将一切美好的深切的词句加诸所有权在当时都不为过分,然而,这也就给所有权罩上了一层神圣的灵光,所有权成为民法"拱门上的拱顶石"而被人们顶礼膜拜,保护私人所有权(财产权)成为一个自由政府的基本准则和法律赖以存在的基础。特别是在自由资本主义时期,私人所有绝对主义原则对物权的确认为资本主义的生成和发展提供了基础和保障。从物权确认的角度考察,私人所有权的绝对性实际上是个人主义哲学在法律制度上的体现。另外,由于物权绝对性的特征与强调物权所有人对物权的直接支配性正好一致,因此,虽然物权绝对性所强调的个人绝对占有的社会条件或者说物权绝对性的社会环境已经发生了变迁,但物权绝对性原则仍然被许多人认定为是物权的一项基本原则的原因。

(二) 确保资本主义私人物权的安全行使

私人所有绝对主义原则在物权行使方面的价值,在今天的法律语境中我们应该称之为"交易安全",但我个人认为在资产阶级革命刚刚胜利之时,其价值更重要的是与物权确认相配合共同体现当时的哲学取向,共同维护资本主义的所有权制度。很可能,作为对抗世界上其他人的绝对财产权观念,是人们在社会和经济发展早期所面临的一些问题的反映,在那种时代,人们首先要解决的问题是秩序的问题。[1]像布莱克斯通、斯密和边沁等早期的理论家,对早期社会中财产权不被尊重和不断被侵犯的可能性十分警觉,他们认为必须强调所有权所带来的安全价值。在物权绝对主义的原则下,物权的安全行使的价值实际上是以物权的绝对占有作为前提的。物权的行使不过是物权的其他权能与物权中的所有权的暂时分离。这种态度集中表现在罗马法上对所有权的认识上,罗马法认为所有权是抽象的、支配的权力,对物的利用乃是抽象的支配的作用。"人们不可能在定义中列举

---

[1] 赵廉慧著:《财产权的概念》,知识产权出版社2005年版,第15页。

所有主有权做什么,而实际上所有主可以对物行使所有可能行使的权利;物潜在的用途是不确定的,而且在经济、社会运动中是变化无穷的,在某一特定时刻也是无法想象的。"①

(三) 全面保护资本主义物权

物权的绝对性导致在法律上必须对私人的物权进行绝对的保护,使一切相关争端都可依法进行,避免了财产的流失和被强者侵犯,有效降低了因物权争议造成的社会不稳定和对经济发展的冲击。特别是对于私人物权的侵害以及公权力的肆意践踏,物权绝对性能够起到防御与抵制的作用。对于个人侵害物权的行为,各国物权法均规定,无权占有不动产或者动产的,权利人可以请求返还原物;妨害物权或者可能妨害物权的,权利人可以请求排除妨害或者消除危险;造成不动产或者动产毁损的,权利人可以请求修理、重做、更换或者恢复原状;侵害物权,造成权利人损害的,权利人可以请求损害赔偿,也可以请求承担其他民事责任。针对不同的侵害结果,法律规定权利人可以提出不同的诉求,如返还之诉、恢复原状之诉、损害赔偿之诉等,这样规定便于更直接、具体地对物权进行保护。此外,侵害物权,除承担民事责任外,构成犯罪的,依法追究刑事责任。对于公共征收各国物权法均规定了征收的条件必须要有"公共利益"的存在作为前提条件。不论是何种征收各国法律都有明确的法律规定,且这种法律规定不是规定在民法或者物权法中而是规定在宪法中,例如美国《联邦宪法》第5条修正案规定:"非依正当程序,不得剥夺任何人的生命、自由或财产;非有合理补偿,不得征用私有财产供公共使用。"宪法第14条修正案则要求,任何一州,不经正当法律程序,不得剥夺任何人的生命、自由或财产。各州也有类似的法律条文。物权的绝对性使得法律明确了对物权的保护不仅是民法调整的范围,也是其他法律特别是宪法保护的范围,这就使物权的保护在法律层面上更趋于完整和全面。

---

① [意] 彼德罗·彭梵得著:《罗马法教科书》,黄风译,中国政法大学出版社1992年版,第194页。

法律本身虽不能直接创造财富，但是可以通过确认和保护财产来鼓励财富的创造。以物权绝对性为基础而确立的自由资本主义社会的物权法律制度，不论是对物权的确认、物权的行使还是物权的保护，其最后的目的都在于保障私人物权的自由，保障私人的物权不受公权力的侵害，巩固和维护资本主义制度。

第二节 物权绝对性的条件和原因

一、自由主义、个人主义是物权绝对性的哲学基础

（一）物权绝对性是古典自由主义的产物

自由主义始于17世纪，是新兴的资产阶级反对封建特权与封建专制的思想武器。自由主义包括古典自由主义、新自由主义、现代自由主义，但影响物权绝对主义的确立的是古典自由主义。古典自由主义，既包括17、18世纪欧洲政治启蒙思想家们提出的各种社会契约理论和天赋权利学说，又包括在18世纪末由亚当·斯密开启的功利主义思潮。古典自由主义的核心是法律约束下的自由观念，即必须许可个人追求自己的利益和欲望，必须保护他们的私有财产，但仅受法律的制约，以防止他们侵犯他人的自由。① 人们通常将英国的政治启蒙思想家洛克尊为自由主义理论的先驱。他与霍布斯、卢梭、孟德斯鸠等人所构想的自然状态、社会契约理论、天赋权利和分权学说等成为自由主义的理论基础。古典自由主义的主要观点包括：

1. 天赋人权

"天赋人权"是古典自由主义的理论前提，其基础主要是格老秀斯、洛克、卢梭的自然法思想。格老秀斯认为，在自然状态下，人们生活在没有罪恶欲望的社会中，后来由于希望获取更多的东西，出现了争吵，此时便产生了私有财产制度。他认为私有财产制度能够确保

---

① ［美］查尔斯·K.罗利编：《财产权与民主的限制》，刘晓锋译，商务印书馆2007年版，第307页。

人们的自然平等的权利。洛克认为，人生而自由、平等，享有支配自己财产的权利；卢梭则认为在自然状态中的人是平等的人，人们之间不存在任何的隶属关系。在自然状态中，人是孤独的、地位平等的，享有一定自然赋予的权利的人。根据自然权利观念，权利既然是自然赋予的，生而平等的，每个人是孤独的、没有权利关系的，每个人所得到的权利与其他人无关，仅仅是因为他是人而已，那么，权利就是每个人可以依其自由意志享有与行使的东西。在"天赋人权"的观念下，每个人的每个方面都应该是平等的、自由的。

2. 国家和政府因社会契约而产生和存在

社会契约理论，是 17、18 世纪的欧洲政治启蒙思想家们从人类的"实践"理性出发，在面向人类的未来发展趋势时对人类以往社会发展所做的一种逻辑的、非经验的解释。他们认为，人类在进入社会、建立国家、成立政府以前，每一个个体不受任何组织或他人权力约束，平等地生活在一种纯粹自然的状态下。在多种自然状态的学说中，以洛克的"完全自由和完全平等的状态"对后世最具影响力。在洛克看来，在法律产生之前，人类处在一种自由状态和平等状态之中。在这一状态中，虽然人具有处理他的人身或财产的无限自由，但是他并没有毁灭自身或他占有的任何生物的自由，也没有侵害他人的生命、健康、自由或财产的自由。① 自然状态有一种为人人所应遵循的自然法对它起着支配作用，这就是理性，也就是自然法。自然法所规定的权利，就是所谓"自然权利"，包括平等权、自由权、生存权和财产权。自然法是人定法的基础，法律只有以自然法为根据时才是公正的，它们的规定和解释必须以自然法为根据。它设定人人平等，天生地被自然赋予了不可由外力剥夺、侵犯的自然权利；人们相互独立，不依附于任何权威；任何人都不应该伤害他人的生命、健康、自由和财产；每一个人都有为了保护自己的自然权利而单独执行自然法的权力。但这种完全自由的状态也存在着许多缺陷：没有明文规定的

---

① 张乃根著：《西方法哲学史纲》，中国政法大学出版社 2002 年版，第 149 页。

法律，仅有的自然法只是一种理性的道德约束，不足以裁判人们之间发生的纠纷；缺少一个有权依照法律去裁判一切争执的公正裁判者；缺乏保证判决执行的权力，从而使得纠纷无法彻底解决。这种天然的缺陷使得每个个体所享有的自然权利处在很不安全的状态，并促使人们相互达成一种契约，即每一个人都自愿地放弃一部分权利，将其交给社会，由社会委托给立法机关或指定的专门人员，再由他们按照社会全体成员的共同意志来行使。人们为了相互尊重权利最好的办法是与他人订立契约。为了这个目的，他建立了一个政府来维护他在社会里的权利，并保护社会免受外来攻击。通过订立这种契约，逻辑地形成了国家或政治的权力，并在此基础上设计和组建政府、建立公共权力和法律。但是，如果执政者违背契约，破坏公意，损害人民的公共利益和公共幸福时，特别是当人民的自由、财产被暴力夺取时，人民就有权取消契约，将自由与财产再夺回来。①

3. 国家和政府的权力必须得到限制

崇尚个体具有天赋自然权利的启蒙思想家们，大都担心国家或政府权力对社会成员的个体权利产生侵犯和伤害，为此他们主张对国家和政府的权力进行限制。霍布斯将国家喻为《圣经》中提到的海怪巨兽"利维坦"。② 洛克则认为，在契约基础上形成的国家和政府，要加强对执掌国家公共政治权力的执政者的手中所拥有的权力进行限制，否则，人们的境遇将要比在自然状态下更为恶劣。洛克反对任何形式的专制统治，反复强调君主和政府绝没有实行专制统治的权力，而只能按照法律来进行统治，否则就违背了人们最初订立社会契约的目的。为此，洛克在主张主权不可分割的情况下，又提出立法权、行

---

① ［英］霍布豪斯著：《自由主义》，朱曾汶译，商务印书馆2002年版，第27页。

② 张乃根著：《西方法哲学史纲》，中国政法大学出版社2002年版，第132页。

政权和司法权分立的构想。① 洛克的分权思想，由其后的法国政治思想家孟德斯鸠发展为著名的"三权分立"学说。孟德斯鸠认为，"一切有权力的人都滥用权力，这是万古不易的一条经验"；"从事物的性质来说，要防止滥用权力，就必须以权力约束权力"，立法权、行政权和司法权中任何两者不能同时集中在一个人或同一个机关（无论是贵族或人民的机构）之手，否则，自由将不复存在；三权不仅要分立，更为重要的是通过分权实现防止权力的滥用，"以权力制约权力"。② 孟德斯鸠的三权分立与制约学说，被称为人类政治生活中的"牛顿定理"，并被美国宪法的制定者们加以应用和完善，形成美国现实政治生活中的"权力制衡"。霍布豪斯则认为政府是功能受到限制的政府，政府除了按照社会条件的许可准确地保护人的天赋权利，其他什么都不能做。任何进一步使用国家的强制力的行为都是属于违背政府据以建立的协议的性质。③

自由主义主张个人是社会和法律的基础，社会和制度的存在便是为了推进个人的目标，而不会偏袒拥有较高社会地位者。自由主义强调统治者与被统治者间的社会契约，在契约下公民制定法律并同意加以遵守。这是基于相信个人会采取对他们自身最有利的行动上。自由主义给予所有成人公民选举权，无论性别、种族或经济状况。政治自由主义强调法治并支持自由民主制。今天，社会契约论以及由此产生的许多政治观点和政治主张，直接成了当今民主国家的宪法原则，成为其政治发展的重要指导思想。另外，人们倡导的自由、民主、平等等政治价值观，都与社会契约理论逻辑地联系在一起。自由主义为人们自由地拥有财产提供了坚实的哲学基础，既然必须拥有完全的自由，那当然就包括对财产拥有的自由，这种自由的无限制和最大限度

---

① 张乃根著：《西方法哲学史纲》，中国政法大学出版社2002年版，第147页。

② 张乃根著：《西方法哲学史纲》，中国政法大学出版社2002年版，第154页。

③ [英]霍布豪斯著：《自由主义》，朱曾汶译，商务印书馆2002年版，第27页。

的自由,最后便形成了绝对主义的物权观念。

(二)物权绝对性是个人主义的法律体现

在传统上,西方社会一直强调对个人价值的承认,个人自由被认为是西方法律所维护的秩序、公平与个人自由三大价值之一。自由主义与个人主义是紧密相连的,自由主义追求的就是个人的自由,为个人的发展提供条件。个人主义的主要观点认为个人先于社会而存在,个人是本源,社会、国家是个人为了保障自己的某种权利或利益而组成的,除了个人的目的,社会或国家没有任何其他目的。从某种意义上说,近代民法是以分别存在的单个自然人作为支架而建立起来的价值体系,这种价值体系决定了物权绝对性的价值取向。

近代民法是以个人主义作为它的哲学基础的。从中世纪后期开始,个人主义哲学一直在西方文化中处于主导地位,从文艺复兴、宗教革命、启蒙运动、法国革命、北美独立到第二次世界大战之后的人权运动都可以毫无例外地看到个人主义哲学的影响。作为近代资产阶级革命的启蒙思想,人本主义具有鲜明的反神学、反封建的特点。人本主义的实质是使人摆脱神学主义、封建主义的束缚,成为自由、平等的人。① 近代民法在某种意义上是个人主义哲学在法律领域的结晶,个人主义哲学则是近代民法植根其中的土壤。

个人主义哲学主要包括以下方面的内容:

1. 个人主义的价值观和人生观

个人主义认为,一切价值判断都是以人为中心,虽然价值未必都由人创造,但价值必由人感受,不能被人感受的东西便没有任何的价值。个人是社会的最基本的构成部分,没有了个人便没有人类社会的存在,个人价值本身是最终目的,因而具有至高无上的价值。个人之所以抛弃一部分自然权利,通过社会契约设定公权,正是为了个人自

---

① 张乃根著:《西方法哲学史纲》,中国政法大学出版社2008年版,第169页。

由和安全得到更可靠的保障,因此,个人权利在价值观念上超越公权。① 国家以及社会等公权机构以及由此而产生的公权力,其目的也是为了保障和满足个人的需要而已,即仅是个人权利的所谓的"守夜人"而已。从个人主义的人生观出发,一个人应当保持不同于其他人的独立性格,人生最大的不幸莫过于在团体的熔炉中被锻造成千篇一律的形态。②

2. 个人主义的财产观

法律个人主义一直以来被作为西方各国所普遍接受的不干预经济的政策以及不采取任何主动地、可能干预到自由使用财产的任何行动的政策的依据。个人主义哲学认为,私有财产是人类生存和延续的物质条件,在"天赋人权"的基本原则的要求支配下,个人在原始状态就通过对某一部分共有物的占有而分离出个人财产,这种原始分得的个人财产是自然法则的产物,与他人无关,但却是人之所以为人的先决条件。因此,保护私有财产是人性和理性的要求,合乎自然规则;每一个人都应当有均等的机会去获得个人财产,有最大限度的自由去支配个人财产,法律的作用在于确认和保护个人财产的所有权。③ 洛克认为,每一个人自己就是属于他自己的财产,同时,他的劳动产出也是属于自己的财产。另外,个人形成财产权的过程是从一大堆大家共有的自然资源里创造出来的,人们把个人劳动和这些共有资源结合起来,把它们聚集成一个整体,从而形成了个人对财产的权利。④ 个人主义的财产观主要包括:(1)个人权利的至高无上性;(2)政府的目的在于保护个人的权利和利益;经济个人主义强调个

---

① 方流芳著:《近代民法的个人本位及文化背景》,载法天下,2007年8月7日,http://www.fatianxia.com。

② 方流芳著:《近代民法的个人本位及文化背景》,载法天下,2007年8月7日,http://www.fatianxia.com。

③ 方流芳著:《近代民法的个人本位及文化背景》,载法天下,2007年8月7日,http://www.fatianxia.com。

④ [美]查尔斯·K.罗利编:《财产权与民主的限制》,刘晓锋译,商务印书馆2007年版,第14页。

人追求自己经济利益的合法性,强调个人通过竞争和市场经济实现个人利益,强调政府较少干预经济。

二、古典经济学是物权绝对性的经济学基础

古典经济学又称为自由主义经济学,它大致包括以下三个方面的主张:

(一)经济个人主义

经济个人主义者认为,社会经济是由个人经济组成的,个人经济是社会经济的基本的、唯一的构成因素,其他的经济形式仅仅是个人经济的表现形式或者是个人经济的集合体而已,个人是所有社会经济活动的中心和归宿,没有了个人经济的存在与发展,社会经济便没有了存在的基础和发展的动力。一个人只要不侵犯别人的同等权利,没有任何强力可以阻止他对个人财富的追求。经济个人主义是对资本主义制度文明所涉及的内在要素,诸如平等的个人权利、自由经营、自然正义和公平机会及个人自由、个人尊严等观念的提升和定位。经济个人主义是个人主义历史抽象形式在经济行为和经济活动领域的延伸、扩展,它的出现,摈弃了传统自然经济社会的封闭性、狭隘性、粗陋性,向市场经济提出了解放并保证个人权利、价值、尊严的要求。它关注从个人本身具有的特性出发,以保障并更好实现个人利益为准则,考察其经济活动与这种活动产生的机制的互动,探求个人的丰富性与全面发展的实现途径。个人活动形成经济秩序,由于政治经济学的独立而成为理论上的自觉认识,这意味着个人准则已作为解析社会基本运作的机制而获得理念上的成熟。个人经济主义对于激发个人的创造力,解放社会生产力起到了极大的作用。

(二)经济自由主义

经济自由放任的要求是与个人自由主义紧密联系在一起的。经济自由放任主义认为国家的作用仅限于维护公共秩序和保护个人财产,社会经济实质上是私人个人的经济,因而必须给予经济以最大限度的自由,以保证个人的完全的自由。在一定条件下,国家如果要对经济

进行干预,它也必须以保障个人经济为目的,并且必须在最低的限度内进行干预。经济自由主义的理想经济形式便是市场经济,它要求在市场经济中,必须使得个人拥有最大的自由度参加到自由的市场竞争之中。经济自由主义者认为:第一,政治力量只有在公共利益角度来看是合理的时候,才能对个人活动进行约束;第二,对个人的决策自由所进行的任何限制,都必须由那些拥有财产的人所组成的全体大会来决定,例如以财产资格为标准选出来的机构;第三,每个人都应该能够采取某种办法,来保证法律对财产的规定对他适用时是公正的、不偏不倚的,以此避免诸如垄断特许或歧视征税之类的事情发生。①

(三) 契约自由

契约自由是在个人的人身自由和个人的经济自由的基础上所确立的一项资本主义社会的基本原则。个人主义者所持观念核心是市场。而契约是市场的交易方式。契约使人们获得了一个有力的自治手段而法律的规定又进一步扩展了人们使用契约形式的便利。② 作为社会主体的个人,当其人身自由时,他必然寻求以自己的人身为出发与他人进行互动,从而获取人身利益,如婚姻上的或者继承上的权益;当其经济自由时,他也必然要以自己所拥有的经济利益,主要是财产利益与他人进行必要的交换,如对物的不同需要以及物的增值。在这种情况下,社会契约理论和个人自由主义、经济放任主义一起形成了经济上的契约自由的原则。契约自由原则要求在社会经济中,每一个社会主体都是自由的,他是否要与他人发生关系以及关系的内容如何都是由当事人自己决定的,任何的其他的社会主体都不得干涉,就是国家也不例外。国家必须制止暴力和欺骗,保障财产安全,并帮助人们履行契约。自由放任理论者认为,根据这些条件,人们应该绝对自由地互相竞争,以便他们最好的能力得以发挥,每个人得以感到必须为指

---

① [英] 彼得·斯坦、约翰·香德著:《西方社会的法律价值》,王献平译,郑成思校,中国法制出版社2004年版,第170页。

② [英] 彼得·斯坦、约翰·香德著:《西方社会的法律价值》,王献平译,郑成思校,中国法制出版社2004年版,第170页。

引自己的生活负责,并最大限度地发挥他的"丈夫"气概。①

在个人主义以及自由主义和自由主义经济思潮的影响下发展起来的资产阶级革命在欧洲大陆上取得了胜利,资产阶级为了巩固资产阶级革命的成果,促进自由竞争的资本主义的发展,在自己的法典上写下了所有权绝对的口号,与契约自由、过错责任共同构成资本主义社会民法的三大基本原则。

三、自然法学是物权绝对性的法理学基础

17世纪初,随着资本主义的生产关系逐步形成,在思想领域发生了罗马法的复兴、文艺复兴运动和宗教改革运动三大运动。这三股合流构成了反封建专制、反宗教神权的强大潮流。自然法的思想经过启蒙运动的"祛魅"而日益世俗化。在这个历史时期,自然法思想开始"形而上学"化,成为评判世俗法律的高级法,为批判封建专制提供了强大思想武器。特别是文艺复兴运动,启蒙思想家使得人们把视角的关注点从"神"转向了"人",使得各种利益独立化、个体化,权利观念逐渐成为社会的普遍意识。个人作为主体在法律关系中也日益凸显。个人自中世纪的各种传统下脱颖而出,此时自然法思想对于个人自由化的发展贡献很大。首先,此时自然法之重心已逐步由以客观人性为基础的自然法转为绝对个人主义的自然权利。基于此种思想,政府与法律之职责即在保障个人之安全及有关信仰、就业、迁移等自由与权利。其次,此时之自然法思想并深信依人之理性,可以建立具体而详备的法律体系,而非仅限于若干原则而已。② 自然法学派的自然权利观取代了希腊人和罗马人的正义权利意识,使权利走出了道德律令的体系,而真正与财产、人格、尊严、自由、幸福等相关联。在资产阶级革命胜利后,启蒙思想家的自然法变成了宪法,启蒙

---

① [英]霍布豪斯著:《自由主义》,朱曾汶译,商务印书馆2002年版,第43页。

② 转引自马汉宝著:《法律思想与社会变迁》,清华大学出版社2008年版,第362页。

思想厘定的"天赋权利"变成了现实的宪法权利或文化的自然权利。① 特别是18世纪中叶以后,由社会生产方式所推动,西方资本主义国家的法律体系不断完善,对法律基本问题的研究成为法学家们关注的重点,法定权利和义务演变成为社会秩序的调整机制,"权利"和"义务"被作为法律的基本内容和基本概念被总结出来。由此,对权利的研究进入了实证阶段。这种实证化的研究的重点是社会中具体存在的各种权利,物权作为17、18世纪社会中最重要的权利,当然成了权利实证研究的对象。自然法学派追求个人权利的思想便成为物权绝对性的法学基础。

四、物权绝对性是自由资本主义社会经济的基本要求

人类社会发展到14、15世纪的时候,地中海沿岸的某些城市已经稀疏地出现了资本主义生产的萌芽,但是资本主义时代是从16世纪才真正开始的。在封建社会末期,商品经济的发展,促进了封建社会自给自足的自然经济的解体,导致了小商品生产者的两极分化。资本的原始积累加速了这种分化,这种分化又为资本主义生产创造了基本条件:一方面产生大批失去生产资料而不得不出卖自己劳动力的无产者;另一方面巨额的货币和生产资料集中在少数人手里转化为资本。所谓资本原始积累,就是强制地使劳动者同他们的生产资料分离的历史过程,而对农民土地的剥夺是全部过程的基础。自给自足的自然经济被破坏,大量农民和手工业者破产,既给资本主义造成了劳动力市场,又给它造成了商品市场。劳动力转化为商品和生产资料转化为资本,标志着简单商品生产向资本主义生产的过渡,也标志着对劳动者的剥削形式的变换,即由封建剥削变成资本主义剥削。资本原始积累还包括对殖民地的侵占和掠夺,以及其他利用国家权力的暴力手段所进行的征用或者征收。

资本主义生产方式以社会化的机器大生产为物质条件、以生产资

---

① [美]罗斯科·庞德著:《通过法律的社会控制与法律的任务》,沈宗灵、董世忠译,商务印书馆1984年版,第44—45页。

料的资本家私有制为基础、以资本剥削雇佣劳动为主要特征,这就需要有人身自由的劳动者,还必须要有能够为资本家自由使用的"物",即有绝对属于资本家的物——生产资料。资本主义生产方式同封建制度的地方特权、等级制度和人身依附是相矛盾的。工业革命发展以后,资产阶级的力量有了很大发展,他们对政府的种种陈旧的框框束缚感到非常不满,他们觉得自己有力量凭自己的实力在市场上一争高低。过去,政府给某些大公司以特权,进行保护的政策,大大约束了他们的手脚,他们希望可以自由经营、自由贸易和自由竞争。1776年,被誉为"经济学之父"的亚当·斯密出版了《国富论》一书,要求实行自由经营、自由竞争和自由贸易,奠定了为工业资产阶级服务的自由主义经济学的基础。随着工业革命的深入进行和资产阶级革命、改革潮流的到来,自由资本主义发展起来了。它是以自由竞争为特征的资本主义,是资本主义发展的上升阶段,自由竞争是指资本可以不受限制地在各企业和各部门间自由地转移。与自由竞争相适应,这一时期的资产阶级,在经济上宣扬自由放任主义和自由贸易政策,反对国家干预经济生活;政治上要求民主、共和,提出"自由、平等、博爱"等口号。为了保障经济上的自由、平等竞争,在物权制度上贯彻绝对自由、无限制的观念便是必然的结果。

五、物权绝对性是资产阶级革命的政治需要

17、18世纪是英、法两个国家的资产阶级进行革命斗争,反对封建地主阶级的专制统治,确立资本主义社会制度的革命时期。但是,在革命的过程中,英、法两个国家却有不同的特点,主要表现为:(1)领导阶级不完全相同。英国除资产阶级领导外,还有新贵族。(2)特点不同。英国资产阶级革命经过一个反复曲折的过程,建立了资产阶级和新贵族共同执政的君主立宪制,法国革命则成为资产阶级革命时代最大的、最彻底的、最典型的资产阶级革命。(3)意义不同。英国揭开欧美资产阶级革命的序幕,开辟了一个资产阶级革命的时代;法国扫荡了国内的封建势力,动摇了欧洲其他国家的封建制度的基础。同法国革命相比,英国革命是一次保守的、不彻底的革

命。因为：(1)英国革命没有能按照资产阶级民主的方式，去完成废除农民封建义务和实现自由农民土地占有制的任务，它只是片面地取消了地主对国王的封建义务，并没有解决农民问题。(2)英国在革命之后建立的是君主立宪制度，而不是共和制度，因此在民主方面大打了折扣。正是由于英国进行的是一场君主立宪的不彻底的革命，所以英国在财产权的法律制度的设置上，无须采用完全否定封建社会财产权制度的要求，所以设置了保有权制度这种具有相对性的财产权制度；与英国相反，法国采用的是激烈的、彻底的革命手段，他们将路易十六送上了砍头台，对法国原有的封建制度几乎是连根拔起。在这种政治环境下，对于法国原有的封建制度必须彻底地否定，这种彻底的否定表现在财产权制度上就是完全彻底否定封建地主阶级的财产权，肯定新兴资产阶级的财产权，那么，物权绝对性原则便是最好的，最符合这种政治目的和需要的法律工具。法国法对所有权所下的定义是："以最绝对的方式享有、处分物的权利。"这个定义也许是大革命之后对以往封建所有权制度强加给农民的种种限制的憎恨情绪的反映。①

与资本主义生产关系的统治形式相适应，资本主义以前的各种上层建筑被资产阶级的上层建筑所代替，产生了资产阶级的国家政权、法律制度和思想体系，形成包括资本主义生产方式和与它相适应的上层建筑的社会制度。罗马法的以个人本位为特征的所有权和他物权思想，在欧洲大陆各国的漫长而黑暗的中世纪没有被采用和发展的余地。一直到以 1689 年英国资产阶级革命为标志而开始的资本主义社会，为了巩固资产阶级革命的成果，适应自由竞争的资本主义的需要，才将所有权的神圣与不可侵犯作为资本主义的物权法观念和法律制度。当然这个时期的"法律及规定"对所有权的禁止或限制是极为少见的。

---

① ［英］彼得·斯坦、约翰·香德著：《西方社会的法律价值》，王献平译，郑成思校，中国法制出版社 2004 年版，第 310 页。

第三节 物权绝对性的困境

一、物权绝对性陷入权利相对性的逻辑矛盾

我们从权利产生的基础来看,权利只有在相对的条件下才能产生。无论是权利的主体还是权利的内容抑或是权利的客体都是相对性的产物,对于权利的相对性命题包括民法学家在内的大多数法学家基本上都是持肯定的态度的,霍布斯认为普遍自由的第一个条件是一定程度的普遍限制。① 也就是说相对性是权利的本质属性,那么作为属概念的物权当然也应该具有种概念的权利的相对性的属性,也就是说从基本逻辑上分析物权也应该是具有相对性的本质特征,这是基本的逻辑结果。实际上物权从来就不是绝对的,各国的立法均有对物权加以限制的规定。如《法国民法典》第 544 条规定:"所有权是以绝对的方式享用和处分物的权利,只要不为法律法规所禁止的使用即可。"第 545 条规定:"除非基于公共利益并通过事先的合理补偿,任何人不得被强迫转让财产。"《德国民法典》第 903 条规定:"在不违反法律和第三人利益的范围内,物的所有权人可以随意处分其物,并排除他人的任何干涉。"实际上不论是法国民法还是德国民法都对物权的享有和行使规定了相应的条件限制,既然是绝对的就应该是没有任何的限制,既然是受到限制的,就不能称之为绝对的。如果说是某种限制内的绝对,其实是说不是绝对的绝对,是有限制的无限制。这种观点和表述在逻辑上是矛盾的。认为权利人的财产权利绝对不可侵犯,也不可以被征收征用,不能够对抗国家的公权力。这种绝对的财产权只存在于理念之中。② 权利人的权力虽然强大,但是可以被征用或者征收——用来论证征用或者征收合理性的理由击败了财产权的

---

① [英]霍布豪斯著:《自由主义》,朱曾汶译,商务印书馆 2002 年版,第 9 页。
② 赵廉慧著:《财产权的概念》,知识产权出版社 2005 年版,第 274 页。

绝对效力。

二、物权绝对性具有反社会倾向

　　法律规定物权的目的，源于人的生而有欲与资源的稀缺性这一矛盾所引起的人们之间利益冲突的必然性，通俗地说，是为了解决人与自然资源之间和人与人之间对物的紧张关系而确立的规则，在一个共同体内建立并且维持对物质资料的合理占有、使用和分配的有序状态。从人类历史发展的规律可以看出，物权作为一种法律制度是社会发展到一定历史阶段的产物。在物权绝对性原则指导下的物权立法将会背离物权法作为社会调整器的最初的法律目的。我们可以看到，首先，物权绝对化是以某一个个体对物的完全的、完整的权利满足为前提的，在这种情况下，某一个个体对某一物拥有了物权就意味着除此人之外的其他个体对该物丧失了任何的权利要求，不管其他个体对该物的要求相对于先前的物权人其理由是如何充足或者是如何的公正；其次，在物权绝对性的情况下，人们对物权这种权利工具，可以尽量地把它使用，在法律和习惯所规定的客观范围内，可以任意使用它。在物权效力绝对主义的条件下，立法者的任务，并不是使公理得到公平的分配，而是使每一个人自由充分尽量发展其能力。为了人们要达到权利的自由行使，便可以不论目的如何，手段和方式如何都是正确的，各种权利在任何情况下都可以抽象地行使。"但是这种权利的绝对观念，不论它是怎样符合于英国哲学的原理和达尔文及斯宾赛的学说，但终不能长此不变，因为它使个人各相立于对抗的地位，这是反社会的，它把行为和动机分开了来，使权利成为一种抽象和幻想的东西，这是一种妄诞空洞的观念。""它的生硬和直白、赐予权利标示方面的挥霍无度而遵法的属性、言过其实的绝对化、至上的个人主义以及对个体、公民与集体责任的缄默，都使之区别于人们在其他自由民主政体中对权利的讨论。"① "绝对形式化的偏好（我有权以任何的

---

　　① ［法］路易·若斯兰著：《权利相对论》，王伯琦译，中国法制出版社2006年版，第191页。

我希望的方式处分我的财产）导致了不现实的预期，也忽视了社会的成本以及他人的利益。"① 物权绝对化过分地强调每个个体的个人利益，这就加剧了社会的冲突，抑制了能够形成合意、和解，或者至少能够发现共同基础的对话；同时，物权的绝对化忽略了个人对社会责任的承担，它容忍人们接受社会对个人所带来的利益而不承担相应的个人和社会的义务；它营造了一种对待社会失败者的冷漠氛围，以及整体上不利于看护者和依赖者、年幼者和年长者的环境，破坏了培育市民和个人美德的主要温床。② 蒲鲁东甚至认为不仅绝对物权，就是所有权都不能存在，他控诉了所有权的种种劣迹竟有十项之多，他认为：(1) 所有权是不能存在的，因为它想无中生有。所有权并不是自然权利，而是劳动的结果。那种认为所有权由上天自然赋予的观点是无中生有的。③ 他说："我同意土地是一种工具，但是谁制造它的呢？是土地所有人吗？是它通过所有权的有效特性、通过这种注入土壤的精神上的特质使土地具有活力和肥力吗？恰恰就是在这一点上存在着土地所有人的垄断，即它虽然没有制造工具，却要求偿付使用土地的报酬。如果造物主自己前来收取地租，我们当然愿意同他商量这个问题；如果土地所有人冒充造物主的代表，提出这样的要求，那他就得把委任状拿出来给人看看。"④ 蒲鲁东甚至认为："所有权是享受并任意支配别人的财物、别人的辛勤和劳动果实的权利。"(2) 所有权是不能存在的，因为哪里存在着所有权，哪里的生产品的生产成本就会高于它的价值。(3) 所有权是不能存在的，因为有了一定的资本，生产是随劳动而不是随所有权发生变化的。由于所有权的存在

---

① ［法］路易·若斯兰著：《权利相对论》，王伯琦译，中国法制出版社2006年版，前言第3页。

② ［法］蒲鲁东著：《什么是所有权》，孙署冰译，商务印书馆1963年版，第173页。

③ ［法］蒲鲁东著：《什么是所有权》，孙署冰译，商务印书馆1963年版，第175页。

④ ［法］蒲鲁东著：《什么是所有权》，孙署冰译，商务印书馆1963年版，第179页。

导致"只能存在于由生产定律所规定的狭小的范围之内的收益权,因占有权而消灭。要知道,没有收益权就没有所有权;所以所有权是不可能存在的"。①(4)所有权是不能存在的,因为它是杀人的。他认为:所有权通过高利贷把劳动者掠夺得精光之后慢慢地用饥饿来杀死他。如果没有掠夺和杀害,所有权就不能存在;但既有掠夺和杀害,所有权不久便将因缺乏支持者而告灭亡:所以它是不可能存在的。②(5)所有权是不能存在的,因为如果它存在,社会就将自趋灭亡。③(6)所有权是不能存在的,因为它是暴政的根源。④(7)所有权是不能存在的,因为在消费它的收益时,它丧失了它们;在把它们储蓄起来时,它消灭了它们;在把它们用作资本时,它使它们反过来反对生产。⑤(8)所有权是不能存在的,因为它的积累力量是无限的,并且这种力量只能施展在有限的数量上。⑥(9)所有权是不能存在的,因为它没有反对所有权的力量。⑦(10)所有权是不能存在的,因为它否定平等。最后,浦鲁东借用法国大革命时期布里索的话给所有权下了一个震撼性的结论——"所有权就是盗窃"。⑧虽然浦鲁东所指的

---

① [法]浦鲁东著:《什么是所有权》,孙署冰译,商务印书馆1963年版,第188页。

② [法]浦鲁东著:《什么是所有权》,孙署冰译,商务印书馆1963年版,第202页。

③ [法]浦鲁东著:《什么是所有权》,孙署冰译,商务印书馆1963年版,第210页。

④ [法]浦鲁东著:《什么是所有权》,孙署冰译,商务印书馆1963年版,第224页。

⑤ [法]浦鲁东著:《什么是所有权》,孙署冰译,商务印书馆1963年版,第226页。

⑥ [法]浦鲁东著:《什么是所有权》,孙署冰译,商务印书馆1963年版,第231页。

⑦ [法]浦鲁东著:《什么是所有权》,孙署冰译,商务印书馆1963年版,第233页。

⑧ [法]浦鲁东著:《什么是所有权》,孙署冰译,商务印书馆1963年版,第237页。

所有权只是资产阶级的财产私有权,但实际上绝对物权中的所有权就是财产私有权,绝对物权观念也就是资产阶级私有财产神圣不可侵犯原则在民法上的体现。浦鲁东所列举的私人所有权的十大罪状虽然并不是都"罪恶昭彰",但浦鲁东认为平等权是天赋的权利,人们因为拥有这些天赋权利而可以自由交换财产,并以公平的身份参与创造。然而,社会中的一部分人他们天生以所有权为借口拥有大量不经平等劳动而获得的财产,因此浦鲁东认为将所有权看成是一种天然的、绝对的、不因时效而消灭的权利会造成恶果——社会失去公正。这从一个方面说明了物权绝对性的反社会的倾向。尽管受到许多批评,不少人似乎还认为财产权是造物主或上帝施给某些幸运的人的,仿佛这些人有无限的权力把国家当做他们的奴仆来指挥,让他们通过自由运用法律机器来尽情享受他们的财产。他们忘记了,要是没有社会的组织力量,他们连购买一星期的用品都不值。① 物权绝对性原则统领下的物权天生一张冰冷无情的面孔,动辄以它残酷无情的动作,咄咄逼人的口气面对着社会以及社会大众,俨然就是一个为了自己的权利无所不用其极的权利恶霸。

三、物权绝对性增加了社会冲突的机会

由于一个社会的权利总量是确定的,物权的权利总量当然也是确定的,特别是在物权法定的立法原则之下,物权的总量不可能因为每一个社会成员的个人的物权的增加而增加,在这种情况下,某一个社会成员的物权数量的增加就意味着另一个社会成员的物权数量的减少。在物权绝对性原则之下,关于人与人的社会关系和社会地位,主要是由物权的排他性利用和直接支配所决定的一种权利格局:物权对特定物的归属和利用是排他的,排除权利人以外的任何人对物权干涉的可能。人与人的社会地位很明确:物权人总是享有排他性支配权;社会周围关联人总是承担不干涉物权人的义务,遵守物权规则的义

---

① [英]霍布豪斯著:《自由主义》,朱曾汶译,商务印书馆2002年版,第96页。

务,将物权规则内化为自己行为而对物权利用默契的义务,为物权人实现预期目标提供激励环境的义务等。物权格局和物权人地位的特点使权利义务具有不对等性,物权人恒为权利主体,社会周围关联恒为义务主体。物权关系的权利义务主体异位的固定性,相对物权法功能而言是合法的和合理的,也是绝对的,这种绝对的状态加剧了社会的对立态势。美国学者玛丽·安·格伦顿在《权利话语——穷途末路的政治言辞》中写道:"当我们维护我们对于生命、自由和财产的权利时,我们就在表达着合理的期待,希望法律与政治能够让它们更加安全。然而,当我们以一种绝对化的形式来维护这些权利的时候,我们却在表达着无限而又无望的欲求——完全的自由、完全的占有、成为我们命运的主宰。"① 她认为"绝对化是一种幻念,它几乎肯定不是完全无害的"。② 由于支配特定物的量的优势以及其利用时支配社会他人资源的有利条件,加上物权法的单向性保护,这就不断地给物权人囤积了获取利益的"势能"。物权势能表明物权利用起点的优势,起点优势又直接决定物权利用的机会。然而,机会集中又导致物权行使结果的丰厚。如此,物权的循环利用,囤积所形成的物权"势能"是一种由垄断延伸出来的物权"垄断"。这种垄断不是由一家公司或品牌优势所形成,而是由一类占有更多的特定物的权利所形成。尤其是,物权垄断者最容易与相应公权力者结合,而"只要政府有授予租金和其他特殊优惠的权力,厂商和个人就会发现,从事寻租活动是合算的。也就是说,他们会试图说服政府给予他们好处,政府决策因而会被扭曲",③ 通过寻租所得的好处又损害了穷人利益。在物权绝对的原则下,社会中的某一个成员可以通过其原始占有的财产使得他的财产的数量不断地增加,并且这种增加的愿望是无止境

---

① [美] 玛丽·安·格伦顿著:《权利话语——穷途末路的政治言辞》,周威译,北京大学出版社 2006 年版,第 60 页。
② [美] 玛丽·安·格伦顿著:《权利话语——穷途末路的政治言辞》,周威译,北京大学出版社 2006 年版,第 61 页。
③ [美] 斯蒂格利茨著:《经济学》,姚开建等译,中国人民大学出版社 1997 年版,第 508 页。

的，绝对化的原则具有更深层次的消极影响，它们趋向于将权利贬损至那种仅仅对于无节制的欲望与需求的表达。而没有财产或者财产很少的社会成员，他的财产仅仅满足生活消费的需要，不可能在社会再生产中使他的财产得到增加，这样就可能导致原来拥有财产越多的人他的财产会越来越多，富人会越来越富有；而原来没有拥有财产或者拥有财产较少的人，他的财产会越来越少，穷人会越来越穷。如果完全贯彻物权绝对性原则，当社会贫富差距不断扩大时，公共权力也不能通过税收、国有化以及其他的手段对社会财产进行再分配，社会成员之间会因为财产的差距导致人与人之间的关系的冲突，并且这种冲突在物权绝对原则下不仅是不可调和的，而且还会越来越激化，最后将导致整个社会的崩溃。

四、物权绝对性背离了历史发展趋势

如果说物权绝对性的存在有其合理性，那么物权的绝对性也仅仅是历史的产物，其产生有其特定的历史条件和历史需要，当这种历史条件和历史需要不再存在或者继续存在将会阻碍社会的发展时，与之相适应的物权绝对性便应该退出历史舞台。那种认为所有权的标准概念是一种主权思想，是借助某种关于财产制度的历史观而获得人们的认可的。这种视所有权为一种简单关系，特别是视这种关系为一种充分自由所有权的趋向，在某种程度上是基于西方（欧洲）法律传统观察这个概念的历史。① 有关私人财产的大部分历史考察表明，充分自由所有权呈现一种交替涨落的形式。也就是说，自由所有权在历史上有其不同的兴盛期和相继的衰落期。笔者认为历史上将物权脱离权利的本质特征而赋予其绝对性的特征仅仅是人们为了满足个人主义的要求，同时也是为了符合自由资本主义的要求而在立法上所作的违反逻辑的立法安排。这种情况被一些学者称为"把罗马法的现代化"："用一个如此现代化的概念整理古老的罗马法，就不得不在罗马法中

---

① ［美］克里斯特曼著：《财产的神话——走向平等主义的所有权理论》，张绍宗译，广西师范大学出版社2004年版，第25—26页。

填充现代物权理论的'辅料'以撑得起'物权法'一编的'衣服'。如此的消极后果是把罗马法现代化,对它为添加,给人以民法制度万古如斯的感觉。很容易误导读者相信罗马人早就取得了今人拥有的理论成就,这完全是反历史主义的方法。"① 实际上,当资本主义完成了从自由资本主义到垄断资本主义的发展之后,当人们的人生观和世界观从狭隘的自私的个人主义清醒之后,物权的性质便将恢复到正常的逻辑轨道,物权法律制度更应该符合存在的法律目的——促进人类社会的福祉而不是仅仅保护个人对私有财产的完全占有。正如我妻荣所言,在社会变革过程中起某一作用的某一法律原理仅仅靠空洞的思索是不可能发生的。② 具体的社会需要成为促使其发生的原动力。所有权绝对概念就是基于上述历史动因提出的。而当它的目的达到而社会对这种原则的当初的需求消失后这个原则仍然存续时,对其在现实中的作用就要加以重述了。近代法的物权绝对性原则,即使其基础在于18世纪自然法理论,也不能否定,其抽象的一般原则都体现为希望得到各个具体自由的社会需求。③ 所以,这些原则,无论其内容多么一般,其哲学根据是如何先验,在其被主张的时代,肯定有其很具体的目的。如果这样,则当其目的达到而社会对这种原则的当初的需求消失后这个原则仍然存续时,对其在现实中所起的作用,就应该另作探求和批判,这几乎是不言自明之理。财产权包含绝对统治的思想,不仅在历史上是狭隘的,在意识形态上是有争论的,而且显然是虚假的。没有一种法律制度会把这样的权力赋予所有者。实际上所有者不仅仅要纳税和服从区域性约束,而且还享有与国家总体经济政策

---

① 徐国栋著:《罗马私法要论——文本与分析》,科学出版社2007年版,第122页。

② [日]我妻荣著:《债权在近代法中的优越地位》,王书江等译,中国大百科全书出版社1999年版,第225页。

③ 徐国栋著:《罗马私法要论——文本与分析》,科学出版社2007年版,第174—175页。

有复杂联系的各种权利。① 有学者在批判当代物权法的时候说道：对100多年前的东西，老说祖宗的东西不能变，跟慈禧太后没有区别。② 同样的，如果我们对于200多年前在特定社会条件下所产生的物权绝对性观念不予变更，则可能连慈禧太后都不如了。

五、各国立法例和法律实践对物权绝对性的实证否定

在大陆法系国家，虽然学者在法律理论上大肆推崇"物权绝对性"的观念，但在实际的立法上，各国却都对物权作出了明确的限制，如在极度推崇个人权利自由的《法国民法典》中虽规定"任何人不得被强制出让其所有权"，但在第544条中也明确规定"法律及规定所禁止的使用不在此限"。《德国民法典》第903条规定："以不违反法律和第三人的权利为限，物的所有人得随意处分其物，并排除他人的任何干涉。"不仅如此，德国基本法还确立了"所有权的合宪性解释"和"所有权的社会义务"两项原则。1949年的《西德基本法》第14条规定："（1）确保财产与继承权利。它们的内容与限制应由法律予以确定。（2）财产课以责任。它的使用也应服务于公共福利。（3）仅在公共福利下允许进行征用。其只受法律影响、依照法律执行，该法应当规定赔偿的性质与程度。"③ 在法院的司法实践中，还创立了个人特殊牺牲理论、情势限制性理论，限制所有权人权能的行使。另外，民法还通过设计一些制度如善意取得制度和理论如公信力理论，对所有人的权利进行限制。善意取得和公信力原则的设立是为了保护买受人的利益，维护社会整体交易的安全。《瑞士民法典》第641条规定："物的所有人，在法令的限度内，对该物得自由处分。"

---

① ［美］克里斯特曼著：《财产的神话——走向平等主义的所有权理论》，张绍宗译，广西师范大学出版社2004年版，第37页。

② 孟勤国著：《物权二元理论与传统物权理论的重大分歧》，载《山东警察学院学报》2005年第11期，第72页。

③ ［美］玛丽·安·格伦顿著：《权利话语——穷途末路的政治言辞》，周威译，北京大学出版社2006年版，第52页。

《日本民法典》第 206 条规定："所有人于法令限制的范围内，有自由使用、收益及处分所有物的权利。"

美国宪政制度确立之初，私有财产权是神圣不可侵犯的，宪法对财产权的保护以个人权利本位价值观为理论依据，强调财产的"绝对所有权"。这是奠定资产阶级宪政制度的基点，是由当时新兴资产阶级急于摆脱封建束缚的历史背景所决定的。但是，随着自由资本主义向垄断资本主义过渡，绝对财产权开始显示其对社会整体利益的潜在危害性。随着美国主要国家职能的变化，自由权本位的绝对财产权逐步让位于社会权本位的有限财产权，也就是产权的"相对性"。在任何权利或利益之间发生冲突时，英美法律人都会使用"产权"这个概念来进行相互性的比较，也就是说，不管当事人主张的是所有权、用益权、抵押权还是债权或者法定权利以外的其他某种利益，人们都说其享有一个产权，要求得到这个产权的保护。这样，由于各方当事人拥有的都是产权，大陆法系那种预设权利类型优先性的方法就无法再适用了。不能直接说，我有物权，你有债权，物权优先于债权，因此要保护我的权利而否定你的；或者你的是用益权，而我的是所有权，所有权具有"完全之权限"，所以要维护的就应是我的利益而不是你的。在英美法系中，你有的是一个产权，我有的也是一个产权，单从概念形式上产权＝产权，而不可能再径直主张产权＞产权或产权＜产权了。由此，产权概念也就具备了它最重要的特征——相对性。英美法系中的产权相对性的思想，使得权利人对于其所主张的产权一方面必须要对此证明其对该物所拥有的权利内容优于他人的权利，另外这种相对性也确定权利人在行使其权利时必然要承担对他人的、对社会的义务。因此，英美法系的财产法对于物权方面所采取的是"物权相对"的立法思想和司法理念。

大陆法系在自由资本主义社会以后各国大多都采"相对物权主义"的立法体例，英美法系国家特别是美国则采"产权相对"的制度。让人不解的是，各国在采"物权相对主义"指导立法和司法实践之后，并没有导致私人所有权的消亡，也没有导致私人所有权受到他人的或者国家公权力的大肆侵害。相反，在"物权相对主义"的条件下，私人的物权不仅得到完整的更好的保护，并且由于提高了物的利用效率，使得物权更合乎法律设置物权的目的，使得物权成为更为全面的一种权利。晚近世界各国的民事立法以及司法实践都已经对物权绝对主义原则进行了修正，通过公法的或者私法的方式对物权绝对性进行诸多的限制，将原来绝对性的物权限制成了相对性的物权，这实际上是对物权绝对性最好的否定。在拥挤的生活条件下，不顾后果地或者肆无忌惮地使用土地正在变得越来越危险，开明的法学家们找到了新的理论来限制对这项古老权利的滥用。法国的权利滥用理论，德国民法典的禁止欺诈，和普通法中使用的相当模糊的"恶意"，都是这方面的努力。①

小　结

大陆法系的民法学者对于"物权绝对性"的论题，实际上并没有确定的、明确的、统一的概念。"物权绝对性"是欧洲大陆国家的资产阶级为了反对封建专制的国家制度，反对严格封建的身份等级制度，以个人主义、自由主义的哲学观为基础，在欧洲中世纪注释法学家的由目的的注释之下所形成的。"物权绝对性"的物权观念对于17、18世纪资产阶级革命的胜利，以及自由资本主义社会的建立具有决定性的作用。但由于"物权绝对性"仅仅是在特殊的历史条件下，为了特殊的目的而产生的，它是物权观念的非正常状态。因此，"物权绝对性"不仅在理论上陷入权利相对性的逻辑矛盾之中，它天生的反社会的倾向导致了社会矛盾的增加和激化。当人类社会进入垄断资本主义社会，"物权绝对性"所赖以存在的社会条件和社会目的已经不再存在，"物权绝对性"更显现出它的困境。同时，英美法系国家相对物权的观念和法律实践，以及在19世纪末20世纪初开始的物权社会化的趋势，实际上也以事实否定了"物权绝对性"并不是科学的、合理的物权观念。

---

① E. 史密斯等著：《财产法：案例与材料》，齐东祥、陈刚译，中国政法大学出版社2003年版，第37页。

第四章 物权相对性及其表现

第一节 对物权的限制凸显了物权的相对性

自由资本主义时期的各国民法,将个人所有权绝对性作为首要的和根本的原则,对促进近代资本主义经济的发展起到了重要的作用。但是,随着资本主义进入垄断时期,所有权的绝对原则越来越显示出其与社会经济发展的不相适应性。因此,各国民法不得不对所有权绝对原则作出修正,使所有权受到一定的限制。如所有权效力范围上的限制、所有权行使方面的限制、所有权负担上的增加等。这就形成了对所有权的限制,这种限制实际上就使得所有权从绝对性演变为所有权的相对性,或者更确切地说,对物权的限制使得掩盖在物权上的绝对性的面纱被揭开,而凸显了物权本来所内在的相对性的基本特性。扩及其他物权,就是物权的绝对性演变为物权的相对性。

物权相对性在社会实践中的主要表现是所有权的社会化现象。所有权社会化倾向表明,在强调个体权利时,要注意社会利益和他人利益;在强调社会利益时,要注意对个体权利的保护。也就是说,物权法必须使个体利益和社会利益有机地结合起来,以谋求个体利益和社会利益的协调发展,达到物权法功能的和谐。有学者指出,所有权社会化观念应兼顾个人利益和社会公益,既合乎社会正义,又保护个人自由,它将成为 21 世纪所有权以及物权思想之主流。

一、物权限制的含义

物权限制的含义与物权概念本身密切相关。但对于物权概念的界定，各国立法迄今为止除奥地利民法和我国物权法以外，都很少对其在法律上作出明确规定。学界对物权概念的界定也有对物关系说、对人关系说和权利归属说之分，意见不一。但不管怎样界定，笔者认为，物权概念应包含物权的支配力和排他力。支配力表明了人与物的关系，排他力则体现了人与人的关系，人对物的支配关系决定人与人之间的关系，人与人之间的关系又影响和制约着人与物的关系。物权效力，是指法律赋予物权的强制性作用力。它反映着法律保障物权人能够对标的物进行支配并排除他人干涉的程度和范围。① 物权的支配力，一方面是指物权人可以依照自己的意志占有、使用或采取其他可以识别的人与物之间关系的支配方式；另一方面是指物权人对物可以以自己的意志独立进行支配，无须得到他人的同意，是物权人实施某种作用于物的行为的独立选择权和决定权。排他力是指物权人排除非物权人不当干预、不当拒绝其物权存在和实现的效力，即物权的权利可以对抗一切不特定的义务人，除物权人以外，其他任何人都对物权人的权利负有不可侵害和妨害的义务。② 因此，物权限制即是法律对物权的支配力和排他力的限制，亦即对物权人享有的利益和行为自由以及对抗第三人效力的限制。③

（一）物权限制是指法律对物权主体享有物权和行使物权自由的限制

就享有物权的限制而言，主要表现为对物权的取得、使用、收益和处分等方面的限制。取得的限制是指法律限制或禁止某些主体不得拥有某些特定的财产，一般通过物权主体的限制和物权客体的限制体现出来，使用的限制是指物权人必须依照法律规定对财产加以利用的使用管制和建筑管理等方面的限制。收益的限制是指法律为了保护经

---

① 参见《奥地利民法》第 307 条规定，我国《物权法》第 2 条的规定。
② 张俊浩主编：《民法学原理》，中国政法大学出版社 2000 年版，第 399—400 页。
③ 丁文著：《物权限制析义》，载《河南省政法管理干部学院学报》2007 年第 5 期，第 249—251 页。

济上的弱者而对物权人的收益作出上限的限制,如我国台湾地区"土地法"第 97 条规定,城市地方房屋租金额不超过房地总价年息 10% 的限制。处分的限制是指法律强迫物权人为非自愿交易或不准权利人为自愿性交易,如各国规定的征收、征用制度。

(二) 物权限制主要是通过对物权效力的限制表现出来的

物权的绝对性主要的表现便是物权效力的绝对自由性和无限制性,因此,物权限制实际上就是对物权效力的限制。物权效力的限制主要表现为对物权排他效力、优先效力、追及效力和物权请求权的限制上。所谓物权排他效力的限制是指基于物尽其用之考量,在同一标的物上可以同时并存内容和性质不相冲突的多个物权。如在同一标的物上可以同时存在所有权和他物权,同一担保物上也可同时存在数个抵押权等。所谓优先效力的限制是指基于公共利益或社会政策之考量,法律规定某些物权不得有优先次序,或者发生在后的物权有优先于发生在前的某些物权的效力。所谓追及效力的限制是指基于交易安全之考量,法律规定在特定情形下物权人并不能从第三人手中取回原物。如各国民法典规定的善意取得、先占和取得时效等制度都是对原物权追及效力的限制。所谓物权请求权的限制是指基于第三人利益之考量,受到妨害的物权人应当适当忍受来自他方的轻微妨害,即不得行使排除妨害之请求权。如在相邻的所有人之间行使排除妨害的请求权要受相邻关系规则的限制。

(三) 物权限制的主要方式是物权对他人承担相应的义务,对社会承担必要的责任

实际上,对物权享有、物权行使以及物权效力的限制都是通过明确物权本身对非物权人应该负担相应的义务,对社会应该承担一定的责任的方式来实现的。在物权的享有和形式方面,我们要求物权人在拥有物权和行使物权的时候,必须遵守诚实信用原则,谨慎地享有和行使自己的物权,注意对他人和社会合法权益的保障,不滥用物权,不因为物权的行使而造成对他人权益与社会利益的减损。

二、物权限制的目的

法律保护权利和限制权利都是基于同一价值目标——实现和捍卫权利。限制物权不过是间接保护物权的手段而已。实际上,限制物权是一种积极捍卫物权的基本手段。

(一) 限制物权为物权的存在提供了基础

权利是相对的,同时是平等的。物权作为权利的一种,它与其他的权利也是相对的,不同主体之间的物权也是平等的。由于社会的物权总量不会因为每个个人的物权要求的增加而增加,而是经常处在稀缺的状态,特别是作为物权最主要的不动产的土地,其稀缺性更为突出。因此,不同物权主体的物权内容和物权要求肯定存在着交叉甚至是冲突,在这种情况下,只有对物权进行必要的限制,特别是对土地的权利进行必要的限制,才能保证不同的物权都能得到维护,各个物权的内容才能得到最起码的满足,各个物权也才能得到尊重,各个物权也才能有存在的条件和基础。绝对物权主义下的物权归属不受公权力的限制,也绝对地将不同物权人私人之间的物权孤立起来。这种绝对自由的倾向与权利本身所固有的特性是相违背的,也是与物权社会化发展趋势相悖的,与人类社会的发展趋势不符。物权要受到限制,早在罗马法中就有强调。意大利研究罗马法的专家彭梵得在《罗马法教科书》中总结:"所有权对物的权利的外延,根据其性质以遇到限制为限。对所有物真正的限制是对享用该物的限制,这种限制不依所有者的意志为转移,并服从于其他公民个人或公众的利益;因而是所有权结构所固有的。"罗马法关于对所有权享用的限制作为所有权所固有的结构组成,被现代宪法和受宪法规范的国家所接受。① 只有物权受到必要的限制,不同的物权之间才有独立存在的基础。

(二) 限制物权是正确行使物权的基本条件

所有的法律活动和法律制度,特别是作为私法范畴的物权制度,

---

① 李雅云著:《物权法对依法执政的新要求》,载《学习时报》2007年4月9日。

其目的在于有效地利用自然资源，最大限度地增加社会财富，同时实现社会的公平正义。人类的其他社会利益追求，诸如秩序、安全、公平正义本身是实现物权的基础。如果离开了整个社会的稳定、和谐和安宁，物权就失去了兑现的条件。在物权的实现过程中，效率与公平之间的冲突始终是人们选择的难题。所谓物权效率，是指如何以最少的物质资源达到最大的社会效果；公平则是以正义的原则进行分配，适度满足人们的需要。在物权主义绝对的原则下，个人的财产获得最大的自由参加社会竞争，这种自由的竞争刺激人们有效地利用资源，使资源的利用达至最大的效率，但是最大的资源利用效率却导致了社会公平的最小值。初始分配的不公平必然会导致人们自由竞争起点的不公平，因此即使自由竞争的规则是公平的、机会是均等的，也不能保证结果的公平。另外，人性的自私本质决定了人们在追求社会财富的过程中必然要得到自身的最大效率，这就必然导致人们对社会公平正义的忽略，导致社会贫富差异的扩大，导致社会公平正义的缺位。美国经济学家巴泽尔总结说："事实却是，即使在资本主义国家，在市场经济中，个人也不能任意使用他们的财产，他们的自由处处受到限制。"① 因此，我们必然要对具有自私自利属性的物权的行使加以必要的限制，使得物权的拥有和使用既能够使社会资源得到最大的效率增加社会财富，又能够实现社会的公平正义。

（三）限制物权是捍卫物权必须付出的代价

物权不仅与其他物权、社会利益是相对的，而且与他人的义务和社会责任也是相对的。当物权与社会责任冲突的时候，以牺牲一定物权为代价来保证一定的社会责任的承担，从表面看是削弱物权、加强责任，但从实质看仍是捍卫物权的需要。从整个社会层面考察，物权既是处于一种分散于每一个社会个人主体的权利，也是处于一种共同的社会整体对于共同的客观存在的外在物的对应关系，这种对应关系的最简单的，或者是最理想的状态是使得物权的客体不断扩大，即物

---

① ［意］彼德罗·彭梵得著：《罗马法教科书》，黄风译，中国政法大学出版社 2005 年版，第 182 页。

权的权利内容能够不断地增加,至少也能够保证物权的权利内容不会招致不必要的减损。在物权绝对性的状况下,强调的是各个主体个人权利的无限制的自由与满足,那么当分散的不同的社会主体之间的物权产生冲突时,我们便没有办法满足每一个社会主体对于物权的权利要求,但任由不同的物权之间进行互相的侵害与倾轧,必然会造成社会整体物权的减损,这是人们所不希望发生的事情。在这种情况下,对物权进行必要的限制,让不同的物权之间能够和谐共存,或者当物权出现冲突时,对次要的或者个人的物权进行必要的限制,以保证重要的或者社会的整体物权便是当然的选择,是保护社会整体物权的一种代价。

三、物权相对——物权限制的结果

我国民法学界对于物权限制的效果,基本上都是认为仅仅是限制本身而已,物权不管受到多少的限制都是一种例外,绝对性才是物权的本质属性。笔者认为,原因主要有两个:一是学者受理论传承所影响。目前我国的大部分民法学者接受的基本上是大陆法系的物权法理论,而物权绝对性是大陆法系物权法理论的基本原则,这条原则就好比是我国在政治开明之前所强调的"以阶级斗争为纲"的政治理念,由于历史的、学术的积淀而形成了一种学术的定式思维;二是因为许多的民法学者将"物权绝对"等同于"物权自由",将"物权相对"等同于"无物权"。他们认为只有贯彻"物权绝对"的原则才能保证物权的自由,从而保证物权的存在与实现。如果承认或者确立"物权相对"的原则,就会导致物权受到国家权力的侵害,或者由于在物权加载太多的义务导致物权的不自由,最后导致物权的消亡,导致个人对财产的一种"无物权"的状态。笔者认为对于第一点的原因,其实仅仅是这些学者的固执而已。因为我们可以看到,虽然大陆法系的物权绝对性似乎使得它的物权体系更加的完善,使得物权在社会实践中能够更好地得以实现;在没有贯彻"物权绝对"而是奉行"物权相对"理念的现代的英美法系,他们的财产法体系比大陆法系的物权法体系更科学、更合理、更具有生命活力,更能够适应法律社会实践的需要。不客气地说,坚持"物权绝对性"的民法学者大有以"物权绝对"这片"叶子"遮盖对现代社会整个财产制度的研究的嫌疑!对于第二点原因,笔者认为,实际上在"物权绝对性"原则下,由于物权的拥有和物权的实现是绝对自由的、没有任何义务或者责任的负担的,物权人可以为所欲为,那么物权最后将不能获得自由和保障。如果物权都是绝对自由的,不同的物权只能处在互相冲突、互相倾轧的混乱状态。在"物权绝对主义"原则之下,物权法律制度与法律的目的和宗旨背道而驰,根本没有存在的合理性。相反,在"物权相对主义"原则之下,每一人的物权都在一定限度内采取意思自治的原则进行运作,每个物权不仅能够得到最大限度的保护和实现,同时社会义务和社会责任也有所担当,社会公平正义也能够得到最好的实现和维护。我们应该承认物权的相对性,同时也应该看到物权相对性的现实弱点,在物权相对性的基础上更好地保护物权,严防国家公权力对物权的非法侵害。物权相对性不仅不会导致"无物权"的状态,而且会使物权回归真实的状态,使物权的拥有和行使更有保障,更符合物权的真正目的,这才是对物权性质的正确认识。

我们在排除以上两点错误的认识之后就可以发现:物权是相对的。我们应该历史地看待物权的绝对性问题,也就是说,物权在资产阶级革命以及在自由资本主义时期,人们是曾经赋予物权以绝对性的性质,但在实践中已经发现物权绝对性的局限性,在垄断资本主义时期,在权利社会化的推动之下,人们对原来具有"绝对性"的物权作出了许多的限制,这些限制实际上已经弱化了物权的绝对性。最后导致物权从"绝对性"的物权演变为"相对性"的物权。这是物权在现代社会的现实状态,也是物权的应然状态,是物权限制的必然结果。在此,我们可以给物权相对性下一个明确的定义:所谓物权相对性,是指物权是受到限制的,物权的享有负有义务或者责任。

第二节 物权相对性的原因和必然性

一、物权相对性是社会经济发展的必然要求

(一) 社会变迁

社会变迁是指一切社会现象发生变化的动态过程及其结果。在社会学中,社会变迁这一概念比社会发展、社会进化具有更广泛的含义,包括一切方面和各种意义上的变化。社会学在研究整个人类社会变迁的同时,着重于某一特定的社会整体结构的变化、特定社会结构要素或社会局部变化的研究。社会变迁中最重要的是经济变迁。它包括生产力的变化、生产关系的变化、生产量的增长和生产质量的提高。社会经济的变化与发展是社会变迁的主要内容之一,它对整个社会变迁有决定性的影响。经济的变迁引起社会结构的变迁,这主要体现在两个方面:一是社会功能性结构的变化,表现为人们为了满足生存和发展的需要,各种经济、政治、组织、制度等结构要素的分化和组合;二是社会成员地位结构的变化,表现为社会成员由于其经济地位、职业、教育水平、权力、社会声望等的不同和变化,所造成的社会阶级和阶层关系的变化。同时,经济的变迁也必然导致社会价值观念和生活方式的变迁。社会价值观念的变迁主要是通过人们的行为规范和思想体系表现出来。人们的社会活动都是程度不同地在价值观念指导下发生的,社会价值观念的变化往往成为整个社会变迁的先声。社会可因种种缘故先自变迁或进化,而使法律落在后面。此时必须按照社会变迁之情况,改革法律以应付社会之实际需要。因此,社会不断变迁,法律应随着变迁。①

(二) 物权相对性是社会经济变迁的结果

经济变迁包括生产力的变化、生产关系的变化、生产量的增长和

---

① 马汉宝著:《法律思想与社会变迁》,清华大学出版社 2008 年版,第 112 页。

生产产品的提高。社会经济的变化与发展是社会变迁的主要内容之一，给整个社会变迁以决定性的影响。法的内容是由社会的物质生活条件所决定的，所以社会经济的变迁决定了法律意识的变迁。早期罗马是以家庭为单位的，自给自足的农耕文明，此时的罗马出现了以"家父权"为中心的家庭财产制度，根据这种制度，家父是唯一的权力所有者，从属于他的人为家父取得财产。① 罗马最初的一段时间，具体地说，就是直到共和国初期，罗马城是军事政治、宗教职能的中心，然而其经济却是以周围的土地为基础的。在罗马人眼中，最重要的财产是土地。罗马早期的侵略，也主要是出于对于耕地的掠夺。他们不断地战斗以开拓新的殖民地，也就是扩大耕地的面积。罗马的公民人数早在公元前6世纪就达到了13万人，而那时它的领土还只有800平方公里。土地成为早期罗马衡量财产的唯一标准。自王政时代开始，罗马就一直有着进行人口普查的惯例，这也是罗马管理者眼中最重要的政治职能之一，也是罗马税收与管理制度的一大基础。而普查最重要的内容之一就是公民占有的土地。罗马王政时代开始就是以公民拥有土地的面积来划分公民的等级的。它是由许多自给自足的家庭农场组成的。由于农耕是以家庭为单位的，财产也就基本上是家庭或者家族共有的。罗马法学者将罗马法上的所有权概念定义为"对物的一般的实际主宰或潜在主宰"，② 实质上就是对物的完全、绝对支配的权利。从很早的时代开始就出现和形成了一种以经济利用为目的的实现对"物"的拥有和支配的观念，对于那些作为所有权——主权标的物来说，这种权力将其吸收；而其他物则表现出其独特性。③ 公元11世纪时，注释法学派进一步把所有权解释为所有者对财产物的占有权、使用权、收益权和处分权。认为即使其中有一些权

---

① [意]朱塞佩·格罗索著：《罗马法史》，黄风译，中国政法大学出版社1994年版，第110页。

② [意]彼德罗·彭梵得著：《罗马法教科书》，黄风译，中国政法大学出版社1996年版，第196页。

③ [意]朱塞佩·格罗索著：《罗马法史》，黄风译，中国政法大学出版社1994年版，第111页。

利内容作为他人的地役权、用益权被从所有主那里暂时剥夺,一旦这些权利终止,所有主又将恢复他对物的完全与绝对的支配权。从16世纪起,资本主义生产方式就在西欧各国逐步有了发展,但那时它还受到封建制度的种种束缚,自给自足的自然经济仍然居于统治地位,自由竞争尚未成为普遍的、占统治地位的经济现象。自由资本主义作为人类社会发展中的一个历史阶段,它的产生是以封建王朝的崩溃和资产阶级政权的建立为标志。从这个意义上说,17世纪英国资产阶级革命的胜利具有划时代的意义,它标志着人类进入自由资本主义的历史时期。继英国资产阶级革命之后,美国和法国相继爆发了资产阶级革命,资本主义制度从欧洲扩展到美洲和世界各地,形成资本主义世界体系。资产阶级革命的胜利,为自由竞争的迅速发展创造了有利的条件。

资产阶级成为社会的统治阶级,为了巩固和发展资本主义制度,保障资产阶级的既得利益,颁布和施行各种有利于资本主义发展的法律和政策便是最直接的策略。正如马克思所说:"资本的统治是自由竞争的前提,就像罗马的皇帝专制政体是自由的罗马'私法'的前提一样",自由资本主义阶段,资产阶级提倡经济自由主义或自由放任主义,强烈要求实行完全的自由竞争政策,反对封建割据和闭关自守,主张国家不干预经济生活。在政治上,他们提出"自由"、"平等"、"博爱"的口号,要求建立资产阶级民主共和制。在法律制度上,他们提出了"私有财产神圣不可侵犯"、"契约自由"、"过错责任原则"等基本原则,同时他们加大对私法领域的建设,在法律理论和法律实践上提出了"私法自治"、"所有权绝对"、"个人隐私"等原则要求,促进了资本主义社会经济,保障了个人权利的拥有与实现。

西方社会发展到19世纪末20世纪初,随着社会生产力的发展,社会的生产关系也不断地变得越来越复杂,人们进行社会生产的要素也变得复杂起来,生产的联系空间全球化,资本主义社会进入社会化大生产的阶段。社会化大生产又称生产的社会化,是指同小生产相对立的组织化、规模化生产。它表现为生产资料和劳动力集中在企业中进行有组织的规模化生产;专业化分工的不断发展,各种产品生产之间协作更加密切;通过产品的市场化和市场自动调节,使生产过程各环节形成一个不可分割的整体。在以私有制为基础的商品经济条件下,社会化大生产基本规律的实现,是依靠价值规律的自发调节来实现的,价值规律的调节有两种情况:一是在分散的商品经济中,社会总劳动在各部门之间的分配是完全依靠价值规律自发调节来实现的。二是在资本主义进入垄断阶段以后,社会总劳动的分配,是在依靠价值规律调节的同时,国家对经济也进行了干预,依靠价值规律的自发调节和国家的干预来实现。私人资本主义及其建立和存在的基本条件在社会化的过程中,这些条件都发生了重大变化,出现了资本社会化的趋势。

1. 个人私有资本社会化

资本的个人私有是资本主义社会的基础。资本是资本主义生产方式的核心资源,资本统治劳动是资本主义生产方式的基本特征,追求资本增值和资本积累是资本主义生产方式的基本动力和目标,其基础是生产资料私有制。在资本主义社会资本表现为私人资本,企业表现为私人企业。在私人资本统治下的私人企业中,资本所有者即资本家,对企业的财产拥有充分的所有权、占有权、经营权、使用权、处置权和收益分配权。这种私人资本和私人企业的存在,是以社会少数有产者对资本的独占或垄断为基础的,而物权绝对性的观念正好在法律制度上维护了私人对资本的独占或垄断。正是这种独占和垄断,剥夺了社会绝大多数人——劳动者直接与资本(生产资料)结合的条件和权利,形成了资本对劳动的统治、劳动对资本的依附,从而导致财富在少数资本所有者一方的积聚和积累,贫困在大多数劳动所有者一方的蔓延和扩大。这正是形成生产社会性和占有私人性这一资本主义基本矛盾的社会经济基础。但是,随着资本主义的发展,这种资本的私有化现象不断地发生变化,出现了个人私有资本的社会化现象。这主要是三个方面导致的结果:(1)股份公司的大发展。社会化大生产的要求导致股份制企业作为一种社会经济主体形式在社会生产中占据了主要的地位,这种主体地位导致了资本的社会化趋势。即股份公司的资本已表现为社会资本,股份公司的企业已表现为社会企业,它是对私人资本、私人企业、私人财产在资本主义生产方式内的自我扬弃。股份大众化和法人化的趋势,表明少数有产者独占股权资本的局面已被打破,资本在日益社会化。(2)企业"职工股份红利分配制"的出现和发展。在物权绝对性观念的支配下,物权的私人个人所有决定了对因此而产生的收益的私人所有的必然。但在社会化的过程中,绝对的私人所有决定了绝对的私人收益的状态被打破,出现了"职工股份红利分配制",即让工人拥有企业的股份。其主要途径,一是政府以低息或无息贷款给企业作为基金,企业将这些基金分配给职工,作为职工投入企业的股份,然后企业每年从职工收入中扣除一定数额返还给基金会;二是企业以股份的形式支付职工的一部分工资,使职工成为企业的投资者。这样,企业职工一方面以被雇佣者的身份拿工资,另一方面以企业一部分股份拥有者的身份分得一部分企业利润,推进了资本大众化和社会化。(3)人力资本化的发展。劳动从属于资本,资本统治和剥削劳动,是资本主义的基本特征。20世纪初以来,这种情况有所变化,出现了人力资本化的趋势。人力资本的发展,也就是劳动力的资本化,意味着资本与劳动对立、劳动从属于资本的状况有所削弱,少数有产者独占资本的社会基础或生产资料私有制的基础被动摇,使资本从稀有资源变为市场经济中日益普及、日益共有的社会资源。在资本社会化的过程中,股份制经济成了经济舞台的主角,广大公众和普通劳动者持有股份的现象正变得越来越普遍,一个既持有公司股份又参加体力或脑力劳动的特殊阶层——"劳动者兼投资者"正在形成。资本社会化促进了社会财富在所有权和管理权上相互分离,促进了社会结构的演变和公司治理结构的优化,为"重建个人所有制"准备了条件。个人私有资本的社会化,实际上是给个人的所有权附加了对他人权利的尊重,对他人义务的负担,对社会义务的承担。这也就导致了物权绝对性向物权相对性的转化。

2. 生产管理社会化

资本的私人所有决定了对资本利用上的个人独断。在自由资本主义时期，独资企业占统治地位，其经营管理权完全集中在资本家手里。在股份公司出现以后，在相当长的时期里，其公司的经营管理权也多集中在大股东的手里。它们的经营管理都具有明显的个人独断性和对外封闭性。随着资本社会化的发展，特别是随着科学技术的发展，高科技产业的发展，经济金融化、信息化和知识化的发展，这种情况发生了重大变化，企业的经营管理已同社会组织、公众和政府密切联系起来，形成了开放性的和社会化的管理体系。现代企业管理手段的电子化、网络化，为管理的社会化奠定了技术基础；现代企业资本的社会化为企业管理社会化奠定了经济基础。反过来，管理的社会化也推进了管理的网络化和资本社会化。管理的社会化实际上是对物权绝对性观念所确立的对私人所有的财产的使用权主体的扩大化和社会化，这种对他人私有的财产的使用的扩大化和社会化使得物权绝对性被不断地淡化，物权的相对性特点逐渐显现出来。

3. 产品分配社会化

资本主义的生产资料私有，导致所有者可以凭自己的自由意志行使权利，即所有权是一种对自己所有物的任意享受和支配的权利，决定物的存在状况的方式可以是任何方式，只要是能满足所有权人享用或利用的目的都可以。资本家可以不顾社会整体利益而获取超过公平收入且并不属其当然所得的暴利。但是，分配制度和分配方式在经济生活中并不是完全被动的因素，而是具有巨大的反作用，甚至具有改变所有制和所有权性质的能量。也就是说，生产资料所有权、资本所有权、财产所有权等的经济意义或它们的权利，主要体现在它们的实际收益上。如果它们没有收益，它们就失去了经济意义和价值；如果它们收益减少了，就意味它们的经济价值降低了；如果它们的分配对象和方式改变了，就意味它们的性质发生了变化。在西方资本主义社会中，分配社会化的意义和作用，比资本社会化更具本质性。一般地说，生产资料所有制度决定产品的分配制度，或者说资本所有权决定产品分配权，生产方式决定分配方式。企业分配权的削弱，就意味着企业所有权的削弱；企业收入分配的社会化，就意味着企业资本的社会化。20世纪以来，发达资本主义国家的企业收入分配权在削弱，政府和社会在国民收入分配中的地位和作用在不断加强,表现出分配社会化的趋势。分配的社会化是对物权主体以外的社会主体的权利让渡,也即是非所有权人也可以取得所有权人同样的收益权利,这是对物权绝对性观念的根本性的否定,是物权相对性的最重要的体现。

罗马法时期的经济条件与自由资本主义社会时期的经济条件具有一定的相似性,也就是都是简单的商品经济的经济条件,都处于生产力发展水平较低的社会发展阶段,都需要自由竞争的社会条件,所以,罗马法的所有权概念与自由资本主义时期的个人主义精神是相契合的,因此,它不仅深得19世纪注释法学家的推崇,也被《法国民法典》所采纳。《法国民法典》第544条规定:"所有权是对于物有绝对无限制地使用、收益及处分的权利,但法令所禁止的使用不在此限。"①《德国民法典》也基本采用这一概念,《德国民法典》第903条(所有权权能)规定:"以不违反法律和第三人权利为限,物之所有人得随意处分其物,并排除他人干涉。"当然,必须指出的是:罗马法实际上并没有在理论上出现现代意义上的物权绝对主义,也没有在立法上确立物权绝对的原则。自由资本主义仅是借助了罗马法中的私人所有权萌芽时期的对私人所有权进行保护的相关精神而已。到了垄断资本主义社会时期,特别是到了国家垄断资本主义社会时期,随着资本社会化、管理社会化以及分配的社会化的发展变化,社会的经济条件与自由资本主义社会时期的经济条件已经大不一样,个人所有权的绝对性受到了各种各样的限制,所有权的个人绝对性被不断地削弱,个人所有权的社会属性不断被加强,所有权的相对性的本质特征不断地被凸显出来,社会对物权的追求便从"绝对主义"向"相对主义"转变。

---

① 李浩培等译:《拿破仑法典》,商务印书馆1996年版,第72页。

二、物权相对性是社会本位的客观要求

（一）法律本位

据学者考证,"法律本位"概念最早在1904年为梁启超首创。①而在民法研究中提出法律"本位"一说的则首推民国时期民法学者胡长清,其在1933年完成的《中国民法总论》一书中提出,法律的本位是指法律的中心观念或法律的立足点,而照其发展,法律分为三个阶段:其一,义务本位,初民时代,个体弱小,牺牲小我,服从整体,以义务维系人人共生之纽带,身份决定个体在社会中的地位;其二,权利本位,物质稀缺性相对缓解,个人主义成为启蒙思想的核心,权利成为个人自由幸福与人生价值的工具,而法律又成为保护权利的工具、是客观的工具,法学是权利之学;其三,社会本位,针对权利本位为极端个人主义利用之流弊,将过分唱高调的"权利"调低至适当的"工具化"的地位上,认为法律的最终目的不是权利的保护,而是社会成员生活的普遍安乐,故法律的中心观念调至社会整体利益。② 此三阶段本位观揭示了法律的发展观,从动态的角度又不失清晰地确定了法律在各个时代的中心任务。法律本位观的变动说明法律的本位是随着社会的发展而不断变迁的,也是历史的,但不论是何种形态的法律本位观,它们所围绕的中心问题却是不变的,也就是在法律保障的体系中,权利和义务何者重要的问题。因为即便是所谓的社会本位,实际上也是强调法律在保护个人权利的同时,应该也必须让个人承担相应的对他人的义务或者对社会的责任,所以有学者将其称为"新义务本位"。

（二）社会本位的法律观

所谓民法的本位指的是民法的价值判断问题,也就是民法在对待

---

① 童之伟著:《权利本位说再评议》,载《中国法学》2000年第6期。
② 胡长清:《中国民法总论》,中国政法大学出版社1997年版,第43页。

社会存在的各种人的目标追求所采取的态度问题，这可以说是民法的一种观点或认识，更确切地讲是民法推崇肯定何种价值的问题，这最终是民法的立场和出发点，它决定着民法的立法、司法以及民事活动的整个过程。民法的本位，随着人类历史的发展而发展，随着社会经济的发展而发展，大概经历了从个人本位到社会本位，从权利本位到义务本位再到新义务本位（权利义务统合）的发展过程。民法之社会本位是现代民法对近代民法极端个人主义的扬弃的表现。民法社会本位主张私人权利、意思自由须符合社会公共利益的大局，对所有权神圣、抽象人格等民法制度加以修正。以对契约自由的限制、绝对所有权的相对化，抽象人格的具体化为主要内容的"社会化"，使民法本位由个人本位向社会本位发生跃进。社会本位的观点认为权利人在享有行使民事权利的同时必须承担相对应的义务，甚至将民事权利等同于义务，否定主观法权的存在，认为人们之所以享有权利，只是因为"人"是社会整体的一个构成部分，"人"享有权利是社会要求其以其享有的权利适当地履行为社会创造物质财富和精神财富的义务。狄骥称之为"社会职务"，认为凡属人都应该完成一种社会职务。[1]民法社会本位是社会经济发展，尤其是社会化大生产以及社会生产要素的社会扩大化的必然结果。如果说物权效力绝对性是个人本位法律观的表现，那么物权效力相对性便是社会本位法律观的体现和要求。

随着科学技术的发展，资本主义经济迫切要求加速财产的流转和实现资源的优化配置。资本总是要求最大限度地增值，而在个人本位时代，一方面大量资本被束缚在单个的资本家手中；另一方面生产力的发展迫切要求资本从封闭的、私人的所有转向开放的、社会的利用。资本家在拥有绝对物权——资本的基础上，以资本追求最大的剩余价值，而剩余价值的提供者则是没有物权的劳动者。[2] 在物权绝对

---

[1] [法] 莱昂·狄骥著：《〈拿破仑法典〉以来私法的普通变迁》，徐砥平译，中国政法大学出版社2003年版，第20页。

[2] 余能斌、王申义著：《论物权法的现代化发展趋势》，载《中国法学》1998年第1期。

原则下，没有物权的劳动者无法通过自身的劳动获得足够的物权，公共权力又在物权绝对原则的限制下无法对物权进行再分配。物权绝对导致原来拥有物权的资本家的物权数量不断地增加，而原缺少物权的劳动者的物权变得更加缺乏，这就导致社会贫富的差距不断扩大，导致社会对立、社会矛盾的激化。这种矛盾的产生迫使人们不得不重新审视个人和社会利益的关系，并在这两者间取得平衡。同时近代自由资本主义的实践业已证明，个人的逐利行为不但不能自动增进社会的利益，反而还会因为个人的盲目逐利行为导致生产无限扩大而造成生产相对过剩的经济危机，或者为了获得最大的个人利益而违反法律的规定，冲破社会道德的约束，并由此引发社会动荡等诸多社会公害，甚至是世界性的灾难，现今的由美国的次贷危机所引起的世界性的金融风暴就是最现实的明证。并且近代自由资本主义时期法律所确立的公民自由和权利神圣不可侵犯原则，日益成为经济强者侵害经济弱者的工具。此时的个人利益不仅不表现为社会利益，而且还直接危害了社会利益。随着资本主义经济的发展，这种不受干涉、不受限制的个人利益在社会中的弊端越来越严重，从而使个人利益与社会利益形成了尖锐的对立。随着社会分工的高度细化，个别劳动已经不能完全满足社会化大生产的要求。个别劳动和社会劳动之间产生了尖锐的矛盾，这种矛盾阻碍了经济的进一步发展。由此，法律开始由个人权利本位观向社会本位观转变。个人是存在于整体性的社会之中，社会发展和社会公平要求物权行使追求私人效用最大化的同时，还要为社会增加财富，承担社会责任。狄骥认为：在近代社会里，社会联立关系之深切而明确的意识已很占优势，自由既经是个人利用其智德体三方面活动以发展这种联立关系的义务，因此，所有权之于财物的持有者，亦是一种客观的义务，使他利用所持有的财物以维持而增益社会的联立关系。① 这就要求我们必须从实现物权追求个人利润的自然化向物权行使的社会化目标转变，发挥所有权功能的社会化：一方面是

---

① ［法］莱昂·狄骥著：《〈拿破仑法典〉以来私法的普通变迁》，徐砥平译，中国政法大学出版社2003年版，第148页。

财富功能的社会化。所有权社会功能理论的核心在于所有权不仅仅是所有权人牟取物权效率的工具，而且应当承担为社会增加财富的义务。所有权社会化不是所有物社会化，而是"所有权不再是所有权人的主观权利，而是财富持有人的一种社会功能。甚至说所有权不是一种权利，而是一种社会功能"。① 另一方面是物权主体角色的社会化，认为个人只是整个社会的构成部分而已，个人以社会为中心而不是单纯地以个人为中心，个人是手段而不是目的。物权主体地位社会化是建立在一定的社会宽容和相互依赖性的基础上，由共同意识、默契权利以及绩效等相互作用与影响所形成的社会联系。物权主体行为相互制约，而不是各行其是，自我满足；物权主体把别人同样作为主体而不是作为可任意操纵的客体来认识，不管别人是否拥有物权，他都是法律关系的主体而不是"没有恒产没有人格"的客体对象；每个物权当事人都将对方的合法行为作为约束自己的一种责任和配合。

物权的社会功能实现需要物权人享受权利的同时应承担相对称的义务。物权的目的是物权社会功能的基础，所有主有义务且有权利使用他所持有的物品以满足个人的特别是他自己的欲望，使用他的物品以发展他的智德体三方面的活动。所有主有义务且有权利使用他的物品以满足国家团体或次等团体的公共欲望。② 权利义务存在于同一主体的对等性是法律体系的整体价值观，是所有权社会化的关键。但是，限于物权法立法资源和价值目标的局限，当物权法在界定物权的排他性支配时，必须依靠物权法以外的众多法律与物权法对接，给物权人以义务的规定。1919年德国《魏玛宪法》第153条就规定："所有权负有义务，于其行使应当同时服务于公共利益。"

所有权负有义务的核心是对物权人的限制，而且，限制私人所有权行使与保护物权自由是一个整体的权利义务关系。意大利研究罗马法的彼德罗·彭梵得在《罗马法教科书》中总结说："所有主对物的

---

① 高富平著：《物权法原论》，法制出版社2001年版，第106页。
② [法]莱昂·狄骥著：《〈拿破仑法典〉以来私法的普通变迁》，徐砥平译，中国政法大学出版社2003年版，第155页。

权利的外延,根据其性质,以遇到限制为限。对所有权真正的限制是对该物的限制,这种限制不是依所有主的意志为转移;因而是所有权结构所固有的。"对私人所有权的限制一般是通过公法规定,基本上也是公权力对私权利的限制,往往称为公权力的管制,公权力对市场失灵部分也就是所有权人不愿履行义务的部分施以管制,有时甚至是政府强制性地规定物权人必须行为和不得行为,并要求物权人必须服从。① 边沁认为,如果社会发现某些财产只对个人有利,而对共同利益不利,那就有正当理由没收这些财产,同时保护其他根据对共同利益的影响来判断是合理的财产。② 狄骥认为,所有权不是一种权利,而为一种社会职务。所有主,换言之就是财富的持有者,因持有该财富的实施,而有完成社会职务的义务,当他完成了这个职务,他的所有主的行为就被保护。倘若他不完成这个职务,或者做得不好,例如他任由房子崩坏或不垦殖田地,统治者强迫他完成所有主的社会职务是合法的干涉,这个干涉在确保他所持之财富依照它的用途加以利用。③ 社会不受个人的"不可侵犯"的权利限制。

社会本位观以追求社会公平、安全、公益等为目标,强调公民的个人权利和自由应该受到社会公益的限制和国家法律的干预。同时为了社会的公平,法律必须对公民施加一定的义务。

三、物权中心从归属到利用的转变是物权相对性的有力证明

传统的物权法理论把维护所有权的绝对性和优势地位视为自己的核心使命,在法律上赋予所有权神圣不可侵犯的尊崇地位,人们对所

---

① [意]彼德罗·彭梵得著:《罗马法教科书》,黄风译,中国政法大学出版社 2005 年版,第 182 页。

② [英]霍布豪斯著:《自由主义》,朱曾汶译,商务印书馆 2002 年版,第 33 页。

③ [法]莱昂·狄骥著:《〈拿破仑法典〉以来私法的普通变迁》,徐砥平译,中国政法大学出版社 2003 年版,第 21 页。

有权概念推崇备至，认为没有了所有权便没有了一切：在社会实践中，个人没有了所有权便没有其他的任何权利，个人对所有权的拥有是作为人的基础，即所谓的"无财产即无人格"；在法律制度上，如果没有了所有权制度，那么就没有其他的物权制度，没有了所有权制度，债权制度也难以存在，财产权制度也无从建构。因为他们认为，所有的一切都是以个人对所有物绝对拥有所有权作为基础。相应地，传统的物权法尤其注重财产的归属关系，注重维护权利主体对所有物的占有和支配，而忽视财产动态的实现方式。传统的物权理论以所有权的绝对性为基点构建，符合自由资本主义时期契约自由、自由竞争、自由贸易的要求，促成了近代资本主义经济的繁荣和主体人格独立化，因而功不可没。但它的原点和核心都始终围绕所有权存在状态及行使过程的严格规范和保护，着眼于最有效地保护财产的静态归属，保护财产所有权本体的完整性，在效力上则表现为所有权被彻底优化，利用权被相对弱化的现象。我们还应该看到的是，这种强调个人对所有物的绝对拥有的绝对物权制度，实际上不仅带有浓厚的时代色彩，更重要的是缺少法律应有的公平正义的价值追求。因此，随着市场经济的大规模发展，传统的物权绝对性理论及立法制约了社会物资和自然资源的优化配置和充分、合理、高效的利用，在实际经济运行中越来越表现出其致命的缺陷。可以肯定，所谓归属仅仅是所有的表面形式，所有人实质的目的应是在归属之后对客体支配利用以获得利益。在人类早期自足型静态经济中，二者浑然一体，有了归属自然就可支配利用，但此后随着社会生产方式的变化，二者逐渐分离，在工商社会的生产实践使社会基本面貌发生了根本的改变后，这一点则明显地表现了出来。[1] 在现代社会，首先，由于社会化程度的提高，生产者与生产资料之间的资源分配关系日益明显和严峻，同时生产者的生产能力与生产资料之间的矛盾也日益突出，而不同的生产者拥有不同的生产能力。因此，将所有者所拥有的物质资料让渡给非所有者

---

[1] 冉昊著：《相对的所有权——双重所有权的英美法系视角与大陆法系绝对所有权的解构》，载《环球法律评论》2001年冬季号，第459页。

合理使用便是社会的必然选择。其次,生产的终极目的不再是简单地通过占有归属实现使用价值,而是取得货币实现交换价值,即对实物所有权占有归属的强调转而让位于抽象的经济价值,即物的用益价值和担保价值。再次,交通工具以及通讯手段的不断进步使人们日益能够摆脱地域的限制,取代了农业社会地域性自给自足的产品交换范围市场也不断扩大,使得个体交往互动的实践也不断增多,物完全可能脱离所有者的管辖能力范围而由其他人利用,这种现实的可实现性也大大促进了"从所有向利用"的转化。归属的表面形式与支配利用获得利益的实质目的,就再也不是浑然一体的了。此时,仅仅强调所有权的归属含义已经没有了现实意义,而必须明确归属之后的其他权能,这样,作为支配权的所有权就从传统绝对所有权的概念中凸显出来。物权观念也就随着从物权绝对性向物权相对性的方向转变。

四、物权相对性是民法现代化的重要发展趋势之一

民法的社会化是指法律以社会为出发点与归宿点,在权利与义务的关系上,侧重于个体权利所应承担的社会义务,个人利益应服从于社会利益,并继而强调个人正义应符合社会正义,具体要求是私权社会化、公权社会化,从国家干预到国家与社会干预并重。法的安定性与法的妥当性两种价值有时是相互冲突的,法的安定性体现的是法的秩序价值,在法的安定性的要求之下,法所追求的效率价值和公平价值往往便退居次位。相反,法的妥当性体现的是法的效率价值和公平价值。近代民法牺牲妥当性以确保法的安定性,但在现代民法追求法的实质正义与法的妥当性的要求下,现代民法在价值取向上由取向安定性转变为取向具体案件判决的社会妥当性。在法的社会妥当性的条件下,人们对物权的态度也从原来的以"物权绝对性"来保护物权的安定性,演变为以"物权相对性"来维护物权的社会妥当性。保护财产所有权不仅是近代民法的基本任务,也是现代民法的基本任务。只是现代民法对财产所有权的保护不像近代民法那样绝对化。按照现代民法思想,财产所有权应受一定的限制,认为财产所有权具有社会性。所有权是用以适配一种经济需要而设立的法律制度,它和其

他法律制度一样必须随着经济需要而演进。财产所有权的社会性就是物权的相对性，是民法现代化的重要发展趋势。如《阿根廷民法典》单独设立一章"对所有权的约束和限制"，用 50 个条文对所有权进行了具体的规制。另外《阿根廷民法典》还设立了"不完全的所有权"的内容，即独自一人对其自己的动产或者不动产享有的可撤销的物权或信托物权，或者完全所有权人仅仅转让物的从属所有权从而有所保留的物权，为不完全的所有权。① 《魁北克民法典》则规定了"所有权的权能分离"和"对某些财产的自由处分的限制"。②《阿根廷民法典》从 1871 年以来历经了多次的修订。③ 其中最重要的修订是 1968 年的第 17711 号法律所引入的。在这一修订中削弱了法典先前的个人主义和意志论色彩，引入了对法典的社会性维度的关注。《魁北克民法典》则是在 1991 年才颁布施行。这两部民法典的立法内容反映的便是物权相对性的立法现代化发展趋势，是物权现代化的表现。我国在 1929 年至 1931 年制定的《中华民国民法》摈弃所有权绝对的理论，而采纳相对所有权的原则，对于所有权做了一系列的限制。④ 主要是规定所有权的行使附有义务以及不得滥用所有权。

第三节 物权相对性的表现

资本主义国家从 19 世纪初开始就对他们据以立国的"私有财产神圣不可侵犯"原则进行修正以适应变化了的社会现实的需要，这主要是对私有财产加以公法和私法上的限制，同时让私有财产承担相

---

① 相关内容参见徐涤宇译注：《最新阿根廷共和国民法典》，法律出版社 2007 年版，第 555—565 页。

② 相关内容参见徐国栋主编：《魁北克民法典》，孙建江等译，中国人民大学出版社 2005 年版，第 143—159 页。

③ 《最新阿根廷共和国民法典》，徐涤宇译注，法律出版社 2007 年版，第 17 页。

④ 朱勇主编：《中国民法近代化研究》，中国政法大学出版社 2006 年版，第 16 页。

应的义务和责任。"私有财产神圣不可侵犯"原则的这些变化主要是通过资本主义国家的宪政制度来完成的。不论是大陆法系国家还是英美法系国家,都对"物权绝对"作出了众多的具体的限制,这些限制导致了物权"相对性"的显现。

关于物权的相对性问题,我国的大多数学者认为就是物权的社会化或者就是所有权的社会化问题。笔者认为物权的相对性问题,其表现除了物权或者说所有权的社会化之外,物权的价值化、物权债权化等也是物权相对性的具体表现,当然所有权的社会化是物权相对性的最主要、最明显的表现。

一、所有权的社会化

盛行于18世纪及19世纪之初的所有权绝对原则,适应了当时经济与社会发展的客观需要,适应了资本主义革命斗争的需要,同时对于保护个人的自由与利益,促进和保护自由竞争及资本主义商品经济的发展,起到了重要的作用。在早期资产阶级民法中,所有权地位至高无上,所有权内容宽泛无边。在大陆法系各国,通行罗马法法谚"行使自己之权利者,对任何人均不会构成不法"。[①] 在英美法系中,所有权的行使也几乎不受限制。但是随着自由资本主义进一步发展到了垄断资本主义阶段,资本主义社会的社会条件和经济条件已经发生了巨大的变化,尤其是19世纪社会经济生活的巨大变化,所有权的绝对性原则所产生的负面后果日益突出:

一是所有权的绝对化导致了社会矛盾的增加与激化。资本主义社会进入资本主义垄断阶段以后,垄断组织借助"物权绝对原则"的威力使得他们在社会生活中的支配地位日益突出,资本主义上升时期为资产阶级宪法与法律所标榜的"(私人)所有权神圣不可侵犯"的原则和"物权绝对性"原则日益成为经济强者侵害经济弱者的工具。因为依照传统的物权理论,只要所有人不损害社会或他人利益,就可

---

① 刘得宽著:《民法诸问题与新展望》,台湾三民书局股份有限公司1991年版,第53页。

以对其物任意行使支配权,而排除来自国家或他人的干涉。所有权人如何利用他的财产便是完全自由的,行使自己的所有权而造成他人的损害也是不负任何责任的。这样一来,就造成了两种负面的社会现象:一种是所有权人急于行使自己的所有权,而非所有权人又没有行使所有权的权利,这两者之间必然会产生矛盾;另一种是所有权人利用其所有权的绝对地位,肆意侵害其他所有权人的合法利益,特别是对没有拥有所有权的"无产者"的剥削与压迫,必然也会导致社会矛盾的增加与激化。物权绝对性有悖于社会公平发展原则,也不利于社会公益发展的需要,从而引发日益深重的社会矛盾。

二是妨碍了物的有效利用,不利于社会财富的增值。现代科学技术的迅猛发展和生产力的极大提高,迫切要求加速财产的流转和实现资源的优化配置,这就必须让社会资源最大限度地发挥效用,应当由最有能力利用资源的人充分占有、利用。人类社会处在生态规律的作用之中,最终人类的发展是由生态因素与社会因素的综合作用效应所决定的。资源总量相对于一种确定的生命形式或一个确定的物种来说,总是现实地存在一个相对确定的限度。因此,对于人类的发展来说,资源总量承载容量的扩大是不可能任意增容的,超过这一限度,将造成人类社会生活质量的下降。因此,资源总量相对于自然系统的自益需求和人类社会的生存需要而言,明显具有稀缺性。可是,依照传统的物权绝对性理论,在所有权人依法设定他物权时,无论他物权人的权能多么广泛,他物权人最终不享有对所有物的处分权,因而总是受到所有权人意志的制约。这样,只要所有人不愿意实施财产的流转和权能的分离,即使财产长期闲置,甚至明显地浪费、毁损,法律也不过问,从而使资源的优化配置并在运动中实现增值的可能性受到所有人占有欲和支配的制约。所有权人所拥有的财产价值就不能充分体现出来,当然也就谈不上最大限度地发挥社会效益。这也促使财产从封闭的、私人的所有转向开放的、社会的利用,以实现物尽其用。当物权绝对性的负面效果日益明显时,人们便从社会公共利益的需要出发,对所有权的范围与行使予以一定限制,所有权社会化思想也应运而生。所有权是受限制的,所有权负有义务,所有权的行使只有在有益于社会整体利益时才被允许，进而主张用社会的所有权概念替代个人主义所有权概念。所有权社会化思想逐渐取代个人本位的所有权思想，物权法的本位也从个人本位向社会本位转移，其所维护的利益的公共性特点日益显示，这便是所有权的社会化问题。依照社会所有权思想，所有权本身包含对社会的义务，其行使应有益于社会公益。首倡所有权社会化思想的人是德国著名的民法学家耶林。耶林在《法律的目的》一书中指出：所有权行使之目的，不独应为个人的利益，同时也应为社会的利益，因此现今应以"社会的所有权"制度取代"个人的所有权"制度。这一全新的所有权观念逐渐被各国所接纳，许多国家还通过立法使所有权绝对的传统理念得到了修正。德国《魏玛宪法》第153条规定："所有权负有义务，于其行使应同时有益于公共福利。"这一规定使所有权的社会化思想首次获得了立法表现，并助长物权法的社会化趋势。目前，这一趋势仍在不断发展。应当指出，所有权的社会化并不意味着对个人利益保护的弱化，恰恰相反，它是民法在尊重个人权利基础上更注重整个社会整体民众的共同利益与幸福，表明了法律对个人利益最终保护的强化。① 所谓物权法法律本位的社会化是指物权法的基本精神从传统的强调物权为排他的、不受干涉、不受限制、完全由个人支配的权利，转变为物权是负有一定义务、受到社会公共利益限制并由国家法律进行干预的注重社会利益的权利。

（一）所有权受限制

1. 基于社会利益的目的，禁止所有权之滥用

所有权有公共的所有权和个人的所有权之分。国家的所有权、集体所有权等都属于公共的所有权，其设立的目的正是直接基于社会公共利益的需要。个人所有权是为个人财产的占有而设立的一种切实的保障，有了这种保障，才能达到"定分止争"的社会目的，才能避免混乱和无序。因而可以说，所有权制度的设置，是为社会公共秩序

---

① 余能斌著：《余能斌法学研究文选》，法律出版社2007年版，第252页。

的稳定。基于以上的目的，世界各国大多规定了禁止所有权滥用的法律。所有权人在行使自己所有权的时候，不得侵害国家的、社会的、他人的所有权。比如有关相邻关系的规定，就是为了禁止所有权人侵犯他人的权利。所有权人在行使自己的所有权时，对社会的利益造成侵害的，可以依法对该所有权的滥用行为予以处罚。土地所有权人对其拥有的土地没有进行开发利用，造成土地荒废的，可以依法剥夺其土地所有权。因而，对所有权滥用行为之禁止，是所有权社会化的重要体现。

2. 为了公共利益的目的，对个人所有权的剥夺

个人保有所有权是社会的底线，在个人所有权不能够被保障的社会，是不存在秩序和正义可言的。然而，在特定的情况下，当社会出现必要时，为公共利益之需要，对所有权可以实行有限制的剥夺。《德国基本法》第14条第3款规定："剥夺所有权只有为公共福利的目的才能够被允许。剥夺所有权只有依照法律或者根据法律的原因进行，而且该法律对损害赔偿的方法和措施有所规定。该损害赔偿必须在对公共利益和当事人的利益进行公平的衡量之后确定。对损害赔偿的高低有争议时，可以向地方法院提起诉讼。"由此可见，基于所有权的社会性，对所有权是可以予以剥夺的，但这种行为的进行，应受到严格的限制，即（1）必须为公共福利之目的依法进行；（2）依法补偿；（3）公平原则。对所有权的剥夺，主要是指对那种个人所有权的剥夺，即由个人所有权转向公共所有权，其目的是为促进社会的公共福利。

3. 所有权伴有义务

如果以前财产还意味着权力，那么20世纪70年代中期以后财产在法律上则意味着责任，因而，财产所有权不仅仅是权利，它还为社会、为集体、为他人肩负着义务。德国《基本法》第14条第2款规定"所有权负有义务。行使所有权应同时服务于公共利益"。德国联邦宪法法院认为，该款的功能是对所有权的社会约束，说明了所有权

的义务和限制。① 史尚宽认为"所有权当然伴有义务，应为一般幸福而利用，称为所有权之社会化"。而"就所有权的规范类型而言，多为义务性规范，其内容或者是强制所有人为一定行为，如规定危房所有人须采取措施防止房屋倾倒危及他人者，是禁止所有人为一定行为；如规定不动产所有人不得恶意种植、建筑妨碍邻人通风、采光；或者是要求所有人容忍他人为一定行为，如规定不动产人容忍飞机在允许的飞行高度内，飞越自己土地的上空"。② 因而，所有权是伴有义务的权利，这也符合既没有无权利之义务，也没有无义务之权利的法律理念。所有权的义务性，更能从根本上反映社会的利益，是所有权的社会性的突出体现，尤其在近代，全球性问题直接威胁着人类的生存和发展，无论是个人还是集体，在行使所有权的时候，都不能无视整个社会和人类的生存状况。对所有权课以义务，是所有权社会化的体现。

（二）他物权优位化

现代社会以利用为中心的物权理论的一个基本趋势是他物权的地位十分突出，这就决定它更强调财产的充分支配和利用。他物权这一功能与旨在实现静态控制的所有权对财产实物形态的支配有所不同，实质是财产动态实现的最佳方式，能使资源按照最合理、最科学的方式在市场中流动，从而实现在非所有人即他物权人控制财产实物形态时，占有使用、收益和处分权能优化组合和分离，以保证财产现实运动的顺畅性。而这种权能分离的组合方式的多样性，实际上决定了他物权种类的多样性。从实质上看，他物权设立本身就是对所有权的一种限制，只是这种限制多是通过设立他物权的合同来实现，即体现为一种当事人自愿的限制，因而与上述所讲法律的直接限制有所不

---

① ［德］迪特尔·梅迪库斯著：《德国民法总论》，邵建东译，法律出版社2001年版，第131—132页。

② 史尚宽著：《物权法论》，中国政法大学出版社2000年版，第7页。

同。① 在20世纪以前，虽然"所有权人得以契约为媒介，将物让与他人使用"，但"立于所有权之绝对不可侵犯或绝对自由原则，表现出所有权之优越性（强大性）与利用权之劣弱性"。② 也就是说，在所有权与利用权的关系上是所有权优位，法律只重于保护所有权的利益，整个物权法也以所有权为中心。20世纪以来，与所有权的绝对性受到法律限制相一致，他物权对所有权的限制也日益加强，他物权人的利益更加受到法律的重视，出现了他物权优位化与所有权虚有化的倾向，物权法也由"以所有为中心"转变为"以利用为中心"。③

他物权优位化表现为：

1. 他物权具有排他性

他物权虽然大多依合同从所有权的占有、使用、收益、处分等权能中分离出来，但它本身也是一种独立的物权。在其存续期间，所有权人暂时丧失占有、使用、收益、处分等权能的一部分，他物权人则可排除他人的干涉，包括所有权人——所有权人不仅无权行使分离出去的权能，也不能妨碍他物权人依法行使这些权能。在这种情况下，他物权与所有权相比较而言具有优先性，它不仅可以排除其他他物权以及其他的所有权，而且对产生他物权的原所有权本身也具有排他性。

2. 用益物权成为他物权乃至整个物权的重心

用益物权是他物权的一种，原是由所有权中的使用权和收益权的权能衍生出来的，它是附属于所有权的。但在现代社会中，用益物权从所有权中分离出来之后，不仅成为独立的一种物权类型，而且成为人们利用社会财富的主要方式，成为了使所有权实现其社会目的的有效方式，成为了整个物权制度的中心与重心。相比较而言，所有权的

---

① 黄松有著：《〈中华人民共和国物权法〉条文理解与适用》，人民法院出版社2007年版，第44页。

② 刘得宽著：《民法诸问题与新展望》，台湾三民书局股份有限公司1991年版，第57页。

③ 余能斌著：《余能斌法学研究文选》，法律出版社2007年版，第253页。

作用不断消退,用益物权地位得到加强与凸显,这也体现了他物权的优越地位。

3. 担保物权日益发挥其促进资本和物资融通的作用

在理论上,担保物权以优先支配担保物之交换价值为内容,通过对担保物交换价值的支配,达到确保债权实现的目的。担保物权的存在,大大限制了所有权人的权利,甚至担保债权人在实现担保物权时可以完全排除物之所有人的意志。担保物权对于所有权的排他也体现了他物权的优位。

二、物权价值化

随着信息时代的到来,知识产权成为经济领域或市场领域的一种重要的物权,并且这种新的物权与原来传统的"有体物权"有其截然不同的特点。知识产权是一种没有具体形状的价值化的物权,即所谓的"无体物权"。一方面知识产权促进了社会的进步、科技的发展;另一方面,其在市场垄断方面显示出相当的消极后果,比如微软的垄断、不发达国家的艾滋病药物使用问题等。于是,有的学者对知识产权的"无体所有权"理论进行质疑,否定知识产权领域的天赋性和所有权绝对性,认为应当以工具主义的态度来定性知识产权,即知识产权是由国家授予的有限制的物权。这一理论的依据在于知识产权作为建立在抽象物上的权利会增大市民社会对国家的压力。个人一旦意识到对作为知识产权客体的抽象物的专有控制能获得商业上的优势,就会开始在占有抽象物方面竞争。由于抽象物易受侵犯,这就迫使国家采取新的知识产权形式,甚至在国际方面也是这样。① 该理论认为:抽象物上设置知识产权会产生威胁性的权力,强化人身依附关系。诚然,各种财产权都会产生人身依附关系,但知识产权更甚。大众所必需的资源一旦被抽象物所控制,就会在资源依赖关系中增加一

---

① 参见[美]波斯纳著:《法律的经济分析》(上),蒋兆康译,中国大百科全书出版社1997年版,第39—93页。

种正式的、合法的人身依附关系。比如，农民利用种子种植稻谷，如果这些种子为专利权的对象，农民想利用这些种子种植稻谷就得事先获得这种抽象物所有人的同意，这样就在农民与种子之间的物质依赖关系上增加了一层人身依附关系。这就为威胁性权力的扩大提供了条件。这是因为那些获得抽象物而取得专有权利的人，会利用这种专有权利去控制更多的社会资源。所以，在一个不完美的社会中建立财产权机制与抽象物之间的联系在法学上是一种危险的方法。随着威胁性权利的扩大，它们可能会集中在少数人手中，通过巨大的资本资源，会利用抽象物财产权机制获得那些被社会所普遍依赖的资源。①

同时，权利的扩张使社会对资源的分配日趋不均衡。威胁性权利的形成和运用，必然会使社会资源越来越集中于少数抽象物所有者。特别是当抽象物成为资本，又是获得其他种类的资本的一个手段时，这种情况会更加严重，理由是财产权机制允许这种产生资本依赖关系的威胁性权力。② 也就是说，在市场经济条件下，财产所有人出于竞争的压力和追逐利润的目的，会寻求创造性的劳动。由于科技证明了自身的商业价值，工业产业开始迅速地、系统地增加对科技的利用。资本所有者对创造性劳动的追求必然会体现在科技开发、研究上的巨额投资。相应地，他们能通过控制创造性的劳动产生的抽象物获得投资回报。然而，值得注意的是，有能力进行科技开发和投入大量资本的只是少数人，在当代表现为少数大企业。因而，通过科技投资而获得的抽象物专有权也越来越集中于少数人。"在某些科技领域，可能成为只有少数财力雄厚的人才能获得有关抽象物所有权的天地。那些抽象物成为获取极重要资产的手段后，抽象物所有者就获得了巨大的威胁性权力，当社会在抽象物中规定了财产权利，它就面临着某种扩

---

① 彭汉英著：《财产法的经济分析》，中国人民大学出版社2000年版，第67页。

② Peter DA, A philosophy of ImdlmtuA Pmpsty. DanmouthPublishing Canpuny limited, 1996. p. 159.

张了的威胁性权力集中于少数几个人的危险。"① 基于以上理由,该理论提出,传统所有权理论从理性和自然法的角度出发,认为所有权是人的基础性权利,是不可剥夺的,但对于知识产权这种价值化的现代物权,不应从传统所有权理论角度去考察,因为这对于威胁性权力来说无疑是加固剂。② 在法理上,对知识产权应采取工具主义态度,并提出用"负义务的垄断权"来代替"知识产权",将垄断权定性为一种负义务的特许权,强调权利的国家授予性,从而强化国家对此垄断权的干预。在民法上,应该采取"物权相对主义"原则而不是"物权绝对主义"原则来规制知识产权。

三、物权债权化

随着资本主义经济组织的发展,所有权逐渐脱离其本来职能而作为实现支配作用的手段,所有权与债权相结合,加强了支配作用的程度,增加债权色彩。最后,在支配作用达到极点时,所有权就成为手段而被债权否定了。这种否定实际上就是物权的债权化。③ 物权的债权化是指在物权的各项权能分离的基础上,导致物权人对物的支配的偏离,而重视对物的价值的实现的情形。导致物权逐渐具有了债权的某些特征,如意定性、相对性等。④ 以所有权为代表的物权,其目的原本在于对物进行现实的支配,但随着社会经济生活的发展发生了所有权的中心由"所有"向"利用"的转移,即将所有权的权能与所有人予以分离,或将物之使用价值,以使用权或利用权的形态归属于物之用益权人,所有人则以之收取对价;或将物之交换价值,以担保

---

① Peter DA, A philosophy of ImdlmtuA Pmpsty. DanmouthPublishing Canpuny limited, 1996. p. 159.

② 参见冯晓青著:《抽象物与知识产权的关系》,载《知识产权》2001年第5期,第17—21页.

③ [日]我妻荣著:《债权在近代法中的优越地位》,中国大百科全书出版社1999年版,第17页.

④ 尹田著:《物权法理论评析与思考》,中国人民大学出版社2008年版,第67页.

权形态归属于担保权人,所有人则以之取得信用,获得金钱融资。资本主义生产方式的特点就在于利益的流动性,同时要求这种流动要有可靠的保证,以所有权为中心的法律模式在根本上追求利益归属的静态,并不能很好地适应现实经济发展的需要,因而债权对所有权的去中心化,实现自身的财产性正是现代社会呼唤下的产物。于是,物权人从对标的物之现实支配演变为收取代价或获取金钱融资之价值利益。物的绝对性逐渐被突破,具有了一定的相对性,具体表现为如下几种情况:首先,担保物权具有债权性,其效力附从于其所担保的债权的效力,其转让受债权制约,其内容主要是价值权、优先受偿权而支配的成分较弱。其次,物权的证券化,如仓单、提单、商品券、抵押证券等的出现,亦使这些证券所代表的物权之绝对权性质淡化。最后,分期付款买卖、融资租赁、租买及让渡担保等中受让人所享有的物权乃是基于合同产生,其内容、效力亦由合同决定,而非法律的直接规定,这是物权债权化的又一明显体现。①

四、所有权公有化

在物权绝对主义原则之下,所有权是绝对自由的,它是不受限制的,也是不受任何的侵害的,包括拒绝所有的可能导致物权的减损以及灭失的任何外部的侵害行为,特别是对私人物权具有天然敌对态度的国家公权力的任何侵蚀。但是,我们却必须承认近现代世界各国为了社会公共利益的需要而对私人物权所采取的各种限制的甚至是剥夺的手段,这包括对私人所有权课以税收,而这种税收在社会公共利益的袒护之下,对私人的所有权却是没有直接的利益,即没有符合私法上的对价的基本原则要求。公权力在对私人所有权的征用或者是征收方面,虽然有相应的所谓的"补偿",但这种"补偿"实际上也仅仅是为了更合理、合法地对私人所有权的公有化而已。物权绝对性在近现代社会公共利益优先的观念面前黯然失色。

---

① 余能斌著:《余能斌法学研究文选》,法律出版社2007年版,第259页。

小　结

　　笔者认为物权的关键是相互依赖性，也就是物权的相对性。此物权人的利用以他人承担不干涉义务为前提，而他人的物权利用又要以此物权人不干涉和遵守规则为前提；谁也不能只要求别人为自己提供物权利用的激励环境，这意味着物权人把别人也应作为主体而不是作为可以任意操纵的客体来认识和处理。因此，物权的首要方面是物权二元结构的整体性：物权人享有权利时对等地承担义务，享有权利就应当承担义务。物权人既是物的支配主体，又是向他人承担义务的主体。另外，笔者也认为，对物权的诸多限制实际上已经导致物权的绝对性逐渐丧失，物权的相对性得以彰显。受到限制的物权已经不再是完全自由的、绝对自由的一种权利，物权既已受到限制，那么在绝对抑或相对之间其只能归于相对的范畴。

　　权利是相对的，物权当然也是相对的。不论是罗马法对所有权的限制，还是19世纪末20世纪初在物权社会化条件下对物权所作的公法或者私法上的限制，实际上都是物权相对性的表现。物权限制的最终结果便是物权的相对化，也即物权相对性。物权相对性是社会经济发展的必然要求，物权相对性是社会本位的客观要求，物权效力相对性是从身份到契约的表现，物权中心从归属到利用的转变是物权效力相对性的有力证明，物权相对性是民法现代化的重要发展趋势之一。

第五章 对我国物权相对性理论与实践的考察

第一节 对我国物权观念的评析

我国学者对于物权的观念，主要包括物权绝对性观念、物权限制性观念和物权相对性观念三种。

一、物权绝对性观念

在讨论物权绝对性观念时，我们首先必须要明确在学界中广泛存在的物权绝对性所指向的对象，也就是说必须要明确物权绝对性所要针对的对象问题。实际上在民法学界，学者讨论"物权绝对性"其实是"所有权绝对性"的问题。我们知道，如果将物权的"绝对性"具体化，就必须涉及物权中的所有权、用益物权和担保物权这三个方面的内容，但由于用益物权和担保物权按照大陆法系民法学者的观点，本身就是明显受到所有权限制或是由所有权决定的，与所有权相比较而言，它们当然不具有绝对性。而是具有相对性，相对于所有权而存在，受到所有权的约束，他物权人也必须对所有权人承担相应的义务与责任。将"物权的绝对性"等同于"所有权的绝对性"，其原因在孟勤国教授《物权二元理论与传统物权理论的重大分歧》一文中的分析一针见血。孟教授认为：传统物权理论所说的物权法，其实是所有权法。作为物权基本原理的那一套东西，基本上是所有权的。

物权的性质、特征、效力等，套的都是所有权法。① 也正是由于所有权这一块在物权的基本原理中体现得比较完整，而用益物权和担保物权在基本原理中没有太大的体现，如果把基本原理套到担保物权和用益物权，会发现担保物权和用益物权的许多规则与物权的基本原理是不同的，甚至是矛盾的、冲突的。② 由于目前我国学者对于"物权绝对性"的论述与"所有权绝对化"的论述所指向的对象实际上是一致的，有鉴于此，笔者在探讨"物权绝对性"以及在引用他人的论述之时，所指称的"物权绝对性"与"所有权绝对性"在含义上是一致的。

我国目前的大多数民法学者，由于所传承的是大陆法系的学说，受大陆法系的物权绝对性的教诲，基本上信奉的是物权绝对性的物权观念，所以对物权绝对观念当然持反对的甚而是敌对的态度。他们认为物权绝对是物权的最基本的特质，是物权的基本原则，物权如果没有了绝对性那就不成其为物权。他们认为任何反对物权绝对性的观点，任何对物权绝对性表示哪怕是一点点怀疑的话语，都是对物权理论的离经叛道，都是不可饶恕的异教徒。他们或将物权绝对作为物权的基本原则，或将其作为物权的特征。他们还认为财产权是个人权利的基础，是实现其他权利的前提。如果财产权没有得到充分的保障，公民个人的其他权利也就丧失了实现的物质基础。③ 当个人的财产权得不到保障时，个人不仅不可能为自己的行为承担责任，更不可能产生通过自己生产性的劳动来创造新的财富的动机，整个社会中人与人之间的关系就将处于混乱无序的状态。没有财产权作为依托的其他权利和自由只是空洞的权利和自由，不仅个人的生存失去了动力和条件，而且个人的自由也失去了保障。可以说，没有财产权的充分有效

---

① 孟勤国著：《物权二元理论与传统物权理论的重大分歧》，载《山东警察学院学报》2005年第6期，第66页。

② 孟勤国著：《物权二元理论与传统物权理论的重大分歧》，载《山东警察学院学报》2005年第6期，第66页。

③ 姚俊著：《论财产权的双重性——个人权利和社会责任并存》，载法易论坛，http://bbs.laweach.com/bbs_242.html。

的保障，个人的自我发展、人格健全就很难得以实现，文明社会的状态就迟迟不能进入。由于这些学者将物权的绝对作为物权自由的先决条件，认为如果缺失了物权的绝对性，那么物权将会变成一种毫无自由的权利，甚或物权将不成其为一种权利，所以，也就将"物权绝对"等同于"物权自由"。如美国的克里斯特曼在《财产的神话——走向平等主义的所有权理论》一书中就将"自由所有权"与"绝对所有权"相提并论。① 笔者对于这种将"绝对所有权"与"自由所有权"等同的观点不能苟同，因为不管哪种权利都是相对的，都必须要受到一定的限制，世上并没有存在绝对自由的权利。实际上，当我们在讨论"物权自由"时通常指的是物权在法律范围内的合法合理行使的问题，那么物权绝对或者物权相对都不是物权自由的先决条件。在物权相对的情况下，物权人只要依法行使他的权利，那么他的物权也是自由的。所以，笔者认为绝对所有权是绝对所有权，自由所有权是自由所有权，这是各自独立的两个概念，是物权的两种不同的状态。

笔者认为，物权绝对性具有以下的主要缺陷：

（一）物权绝对性的理论基础不足

1. 对于物权为什么具有绝对性，通常绝对性论者第一种解释是：因为罗马法上就是贯彻物权绝对性的，《法国民法典》也将物权绝对性作了明确的规定，因而物权是绝对性的权利。

笔者认为，这种以曾经的历史来解释一种理论的方法本身在论证方式上就是不足的。（1）我们不能简单地以一种历史存在来论证现实的法律观念或者法律制度的合理性。人类历史的发展过程具有许多的不确定性因素，人们有可能为了当时一时的某种需要或者目的形成某种特殊的观念或者制度，但这种特殊的观念或者制度仅仅是适应当时一时的社会需要而已，对于人类的各个历史时期并不都适合。人类社会本身就是一个不断发展变化的历史，我们应该与时俱进。（2）以

---

① [美] 克里斯特曼著：《财产的神话——走向平等主义的所有权理论》，张绍宗译，广西师范大学出版社2004年版，目录部分。

现存的历史资料推断出物权具有绝对性在证据上是不足的。人类历史是后人根据相关的文献资料等对前人所处的社会情况的学术考察和判断，这种判断或者会因为历史研究者所具有的资料的不足而对历史作出不符合原来历史实际的判断；或者会因为历史研究者为了迎合其所处的社会的现实需要，而对曾经的历史作出不切合实际的结论。这些缺陷，在物权绝对性的研究中是明显的。第一，罗马法是否有物权绝对的观念？绝对性论者认为，罗马法上的所有权概念"对物的一般的实际主宰或潜在主宰"的规定就是现在我们所讨论的物权绝对性的明证。但笔者认为这证据显然是不足的。实际上，在罗马法时期，物权的概念都还没有出现，哪有物权绝对性的观念的产生的概念基础呢？罗马法的这一规定实际上仅仅证明在罗马时期开始出现了自然人个人的私人财产权而已，而不能证明那个时代已经出现了"物权绝对"的观念。第二，民法学者基本上都承认这样的一个结论：物权绝对性是欧洲中世纪注释法学家在对罗马法的注释的基础上形成的。我们知道，对已经存在的作品，注释者的出发点和立场往往是决定性的因素。出发点不同，立场不同，对同一作品会作出迥然不同的注释结论。中世纪注释法学派的学者认为罗马法中有物权绝对性的规定和观念，正是注释法学派从反对封建专制制度和身份等级制度的立场出发而形成的。实际上，从罗马法的现存的资料上看，罗马法其实更强调对私人所有权的各种限制，而对于物权绝对性问题的规定反倒是寥寥无几。① 第三，物权绝对性实际上仅是历史的产物。从整个物权制度上进行考察，物权绝对性是适应资产阶级革命以及自由资本主义社会的需要，以个人主义和自由主义为哲学基础而产生的。

从上面的分析我们可以得出这样的结论：以曾经的所谓的历史存在作为物权绝对性的存在基础是站不住脚的。然而遗憾的是，对于绝对物权性这一传统理念的延续，我们却表现出了一种超乎寻常的忍耐和宽容。而当我们将视野扩展到普通法系乃至作为大陆法系重要分支的法国法系时，会惊奇地发现，如果说他们在物权观念的源头上与罗

---

① 周枏著：《罗马法原论》（上），商务印书馆1994年版，第301页。

马—日耳曼法以降的德国法系之间在"绝对性"的意义上表现出了惊人的相似，那么，他们最迟在 15 或 18 世纪对物权绝对理念的扬弃以及由此而形成的物权相对化理念与具体物权制度之间的和谐景象，与我们的绝对物权理念和具体制度间的强烈冲突却构成了鲜明的对比。①

2. 对于物权为什么会具有绝对性的问题，通常，绝对性论者的第二种解释是：物权具有排他性，所以具有绝对性。实际上，所有的权利都具有个人的自利性和社会的他利性两个方面的特征。如果从权利的个人自利性上分析，所有的权利，不管是物权还是债权或是人身权都具有排他性，也就是说排他性不是物权的特有的基本特征。对此，持物权绝对性观点的学者认为，排他性之所以作为物权的基本特征是因为与其他权利的排他性相比较，物权具有最强的、完全的排他性。那物权的这种最强的、完全的排他性又来源于哪里？物权绝对性论者的回答是：物权的排他性来源于物权的绝对性！至此，我们发现，物权绝对性论者的论证陷入了循环反复的矛盾之中。他们搞不清物权的排他性与物权的相对性之间的关系，究竟物权排他性是物权绝对性的基础，还是物权绝对性是物权排他性的基础。

（二）违背了历史与现实的法律实践

大陆法系国家在垄断资本主义社会阶段对物权绝对性的修正的历史事实，以及英美法系国家的相对物权观念下的财产权制度和法律实践的社会现实，均否定了物权绝对性的观念。也就是说，物权绝对性观念违背了历史与现实的法律实践中所贯彻与体现的相对性的物权观念。（关于这一点，笔者在第二章已经做了详细的论述。）

（三）否定了人人平等的原则

物权绝对性论者认为财产权或者说物权是个人权利的基础，是实现其他权利的前提。个人如果没有了物权，那么他将不能成其为人，

---

① 刘经靖著：《从古典绝对物权到现代相对物权——物权观念变迁的历史考察与比较分析》，载《烟台大学学报》（哲学社会科学版）2006 年第 2 期，第 141 页。

所以物权是绝对重要的，必须要赋予其绝对性的特征。诚然，物或者说财产对于人们的社会生活是非常重要的，它直接决定了人的生存和生活质量。但是在法律制度的设置上，我们如果过分地强调财产的重要性而忽视了财产的目的，那么将会是本末倒置的做法。因为在人类社会中，不管财产有多么重要，它都是为作为社会主体的人服务的。法律是权利的法，但首先是主体的法。成为法律上的人，拥有法律所认可的主体资格是享有权利、承担义务的前提。如果没有了人这种社会主体的存在，以及人对物的需要的存在，那么物的重要性就无从体现。同时，在人类社会中，财产与财产的关系，或者说物与物的关系，实际上体现的是人与人之间的关系，物或者财产仅仅是体现人与人之间的关系的中间媒介而已，仅仅是一种手段而已。

物权绝对性论者所认为的"有恒产者有人格"的命题也是值得商榷的。这个命题仅仅说明了"有恒产"对于"有人格"的重要性，但它并没有解决"恒产"与"人格"之间的因果关系，即是先有"财产"后有"人格"，还是先有"人格"后有"财产"的问题。笔者认为，无论从历史上进行考察，还是从现实的法律制度进行分析，实际上是先有"人格"后才有"财产"的。如果没有人格——社会主体资格的话，那么便没有拥有财产的资格，也就不可能"有"财产，更不要说是"有恒产"了。其次，"有恒产者有人格"的命题还与"人人平等"的基本法律原则相矛盾。因为它将推论出"无恒产者无人格"的命题，而人生而平等，《世界人权宣言》明确宣称："人人有资格享受本宣言所载的一切权利和自由，不分种族、肤色、性别、语言、宗教、政治或其他见解，国籍或社会出身、财产、出生或其他身份等任何区别。"所以，物权绝对性论者的观点不仅缺乏对作为社会主体的人的重视，缺乏人性基础，最后还否定了人人平等的基本原则，这在现代社会是不能被接受的。

（四）否定了"物权一体保护原则"和"平等保护原则"

公平正义是法律追求的终极价值，没有了对公平正义和在公平正义涵盖下的社会有序秩序的追求，法律便没有了存在的价值。在现实社会中，公平正义首先体现为社会主体所享有的权利与所承担的义务的平等性,这涉及亚里士多德所谓的分配正义问题;其次是权利行使以及对权利的保护问题,特别是当权利受到侵害之时,国家公权力对权利的保护是否公平全面。具体到物权上,为了体现物权的平等,设置了"物权一体保护原则"。我国的物权法立法,则确立了"物权平等保护原则",以期对各种不同社会主体的物权,不管是国家的、社会的、集体的还是个人的物权,都平等地进行保护,各种不同社会主体的物权都是平等的,没有哪种物权优先于其他的物权的制度安排。但是,物权绝对性所强调的是私人物权的绝对自由与无限制,这实际上导致了人物权的地位与效力必然会比其他的物权要高得多才能保证这种绝对性的实现。这样看来,物权绝对性与"物权一体保护原则"以及"物权平等保护原则"是相矛盾的,与法律所追求的公平正义的基本价值也是相违背的。

二、物权限制性观念

笔者将物权限制性观念称之为"半否定"的观点,因为持有物权限制观点的学者实际上对物权绝对性提出了质疑,同时向物权相对性作出了一定程度的"倾斜"。但他们一方面圈囿于物权绝对性学说强大的统治力,另一方面又惧怕于物权相对性对物权可能的破坏力,而在同意对物权进行公法的或私法的诸多限制的同时,仍然坚持物权绝对性的观念而否定物权相对性的观念。物权限制论者认为物权是绝对的,所以是自由的,但在物权社会化的条件下,物权又是受到限制的,物权是有限制的完全的、自由的、绝对的权利。物权自由是原则,物权限制是例外。对于物权限制论者的观点,笔者认为也是有缺陷的。[①]

[①] 相关内容参见金俭著:《不动产财产权自由与限制研究》,法律出版社2007年版;程萍著:《财产所有权的保护与限制》,中国人民公安大学出版社2006年版;郭广辉、王利军著:《我国所有权制度的变迁与重构》,中国检察出版社2005年版。

(一) 物权限制论存在逻辑矛盾

物权限制论的最重要的一个缺陷是其理论认识在逻辑上存在矛盾。他们认为在个人主义、自由主义基础上产生的物权具有绝对性的特征，在物权绝对性的条件下，物权是没有任何限制的，物权是完全的、自由的。但为了社会公众利益，在社会本位观念的催化下，绝对的物权不断地被社会化，从而削弱了物权的绝对性。物权社会化的主要方式是对物权加以公法上或者私法上的种种限制，但被限制的物权仍然还是具有绝对性的物权。笔者认为，实际上，只有没有任何限制的、完全自由的物权才是具有绝对性的物权，如果物权在社会化时已经被加以许多的限制，负担了许多的社会义务，在这时候，物权已经不再是没有限制的、完全自由的、任所欲为的绝对物权，而是演变成相对性的物权。物权限制论者的"有限制的绝对的、自由的物权"在语法上是不通的，在逻辑上也是矛盾的，所谓"有限制的绝对自由的物权"让人无从把握。另外，物权限制论还错误地将物权自由与物权绝对相等同，认为自由物权绝对才能保证物权自由。这在逻辑上属于偷换概念。我们知道，所有的自由都是有限度、有条件的，自由都只能是在一定限度内的自由，世上没有绝对的、完全的、没有任何限制的自由。另外，笔者认为，物权限制论者将事物的过程误认为事物的结果。实际上所谓对绝对物权的"限制"仅仅是绝对物权向相对物权演进的过程，或者说是对绝对物权限制的一种手段和方法而已，物权限制不是物权的结果状态，物权限制的结果是物权相对。

(二) 忽略了物权观念的历史变迁

物权限制论者还忽略了物权观念的变迁问题。从历史上进行考察，在资产阶级革命和自由资本主义时期，物权确实是曾经处于绝对物权的状态，但从19世纪初开始，在物权社会化思潮的推动下，无论是大陆法系国家还是英美法系国家，都对物权绝对性进行了诸多的限制，从而导致绝对性的物权变化为相对性的物权。这是物权观念随着社会的政治、经济条件的变化所产生的变迁，是物权观念和物权法律制度为了适应现实的社会需要而所作的变迁，这种变迁既是历史的，也是现实的。物权限制论者忽略了这种变迁的事实，割裂了物权观念的历史变动过程。他们刚刚在21世纪讨论各国因为社会化而对物权所进行的各种限制，马上又回到17世纪去讨论物权的绝对性问题，并把20世纪和17世纪的物权观念糅在一起，却对从19世纪初20世纪初开始发生的物权观念从绝对物权变迁为相对物权的历史事实闻而不问。需要特别指出的是，我国的民法学者之所以如此地肯定物权绝对性观念，在于他们认为在我国当前社会转型的社会环境、社会条件必须要贯彻物权绝对性的观念，才能保障私人物权不会受到公权力的侵害。虽然我国在社会主义革命胜利后通过剥夺大地主和大资本家的私有财产，改造农民和手工业者的私有财产，以及赎买民族资产阶级的私有财产的方式消灭了私有财产，确立了社会主义"大公无私"的社会主义公有制的财产制度。但是，他们忘了我国目前的社会条件与17、18世纪的欧洲社会的社会条件是不相同的。首先，社会主义公有制的价值在于实现社会公平。我们知道，在社会主义革命胜利之前的中国社会的财产分配与占有已经导致了社会的极大不公平，在那个时候只有实行社会主义公有制才能实现对社会财富的重新分配，以达至社会的公平。况且财产公有是社会主义国家的本质要求。其次，我们在社会主义建设的过程中，也逐渐认识到虽然社会主义的本质要求是公有制，同时也认识到社会主义公有制不能够激发人们的生产积极性，不利于社会生产的进行，也不利于提高社会生产力。在这种情况下，我们不断地进行了改革，对私人所有权的保护不断加强，不仅受到私法的如民事法律的有效保护，还受到公法的如宪法、刑事法律、行政法律的严格保护。我国的物权制度也正在借鉴大陆法系和英美法系的财产权法律制度的优点的基础上不断地完善，是大的发展方向。在这种情况下，再强调物权的绝对性就显得有点矫枉过正，反而不利于物权在现代社会产生积极的效用，也会削弱物权的现代价值。

（三）夸大了物权相对性的弱点，弱化了物权相对性的优点

物权限制论者之所以陷入"有诸多限制的自由的、绝对的物权"的矛盾之中，笔者认为，除了圈囿于物权绝对性强大的统治力之外，也是由于夸大了物权相对性的弱点、弱化了其优点造成的。在法律权

利的范畴中，没有那个权利是完全没有限制的、完全自由的，物权也不例外。在那臆想的绝对物权的条件下，似乎个人的私有的物权得到了全面的、绝对的保障，但实际上，如果每个人都仅是维护、保有自己的物权，物权的自利性和侵害性的潜在本质必然会暴露无遗，各个物权必然会时刻处在对立冲突之中，既不能得到保障，也就没有了物权自由。相反，在物权相对性的条件下，物权不仅是为了私人个人的利益，同时也是为了社会公共利益而存在的，物权是受到一定限制的，物权是有条件的。那么，在明确物权的条件和限制的范围内，正确、适当地拥有和行使物权，这就是自由的物权。同时，因明确了对物权的各种限制和条件，国家或者其他社会的公权力如果想在法律规定之外，通过例外设定来限制物权必然遭到合法的对抗。在这种情况下，物权才能享有真正的自由，受到法律的保障。

三、物权相对性观念

就笔者目前所掌握的资料来看，基本上没有大胆承认物权绝对性的观点，最多也就是对物权绝对性的否定而已。如有学者认为：当今社会所有权本身受到多种法律的限制，不再像资本主义初期那样"所有权绝对、所有权自由不受任何限制"。[①] 有学者认为："当代社会无论在理论还是在制度设计上，对于私有财产权的关注已经越来越多地体现在其社会性上，或者说，私有财产权只有在符合其社会性表现上才可以受到法律的规制和保护，才能称为现代社会的私有财产权。"[②] 还有学者认为："20 世纪出现的所有权社会功能或社会义务理论并没有根本动摇个人所有权，而只是否定个人所有权的绝对性，通过限制权利滥用或强加社会义务方式，确保在与社会利益不相冲突

[①] 李永军主编：《民事权利体系研究》，中国政法大学出版社 2008 年版，第 266 页。

[②] 胡戎恩著：《走向财富——私有财产权的价值与方法》，法律出版社 2006 年版，第 29 页。

的情况下，行使个人所有权、实现个人利益。"① 上面这三种观点，既代表了对物权绝对性逐渐否认的过程，也代表了对物权相对性逐渐认同的过程。

20世纪三四十年代的我国民法学者，特别是有份参加"民国民法"起草工作的民法学者，却又认同"物权相对性"的观点。② 史尚宽先生认为："我'宪法'第143条第1项规定：人民依法取得土地之所有权，应受法律之保障与限制。一方面表示国民全体有土地上级所有权，他方面规定土地所有权应受法律之限制，即示所有权之相对性与社会性。"③ 刘志敫则是通过对物权绝对的否认强调物权的相对性，他认为："唯绝对权为一切权利之通性，此为极明显之事，如独取此节为所有权定义，其措辞必极广泛，断难据以察知其内容为何种权利。" 笔者认为，这是因为在20世纪三四十年代的时候，世界各国的物权法都处于社会化的转变中，当时我国民法学者也赶上了这股潮流，所以有否定物权绝对性而肯定物权相对性的理论认识。但在那之后，我国进入了个人物权几乎绝迹的社会发展阶段，一直到改革开放之后才有个人物权的出现。在改革开放之后成长起来的当代的我国民法学者，则断然采取物权绝对的观念来对抗公权力，培育和保障私人的个人物权。但随着社会的发展，再以物权绝对性作为维护私人物权的手段是不合时宜的。

第二节 对我国《物权法》中有关物权相对性规定的评析

一、我国《物权法》中有关物权相对性的规定

首先必须要说明的是，由于我国目前民法学界基本上不承认

---

① 高富平著：《中国物权法：制度设计和创新》，中国人民大学出版社2005年版，第111页。
② 刘志敫著：《民法物权编》，中国政法大学出版社2006年版，第7页。
③ 史尚宽著：《物权法论》，中国政法大学出版社2000年版，第60页。

"物权相对性"的观点,所以导致在我国《物权法》制定法条文中,并没有"物权相对"的任何字眼。笔者所称的"相关规定"只是指在条文的内容上或者相关的制度安排上具有物权相对性倾向的内容。

(一) 诚实信用原则

我国《物权法》中没有具体的条文规定诚实信用原则的适用,这是因为大多数学者受到外国法的影响,认为诚实信用原则只适用于债权法的缘由。如《德国民法典》第242条规定了诚信原则,但放在债法编中。《南斯拉夫债法》第12条规定:"当事人在建立合同关系及行使合同权利和履行义务时,应遵循诚实信用原则。"但笔者认为诚实信用原则是私法中的"帝王条款",私法的每一个领域都应该有诚实信用原则的适用。诚信原则在物权中的主要作用是对物权行为的指导作用,物权法中关于物权变动的公示公信原则就是诚实信用原则在物权法中的具体体现。《物权法》第6条规定:"不动产物权的设立、变更、转让和消灭,应当依照法律规定登记。动产物权的设立和转让,应当依照法律规定交付。"

(二) 禁止权利滥用原则

《物权法》是民法的重要组成部分,而物权又是最为重要的私权利之一,因此《物权法》同样应受到禁止权利滥用原则的调整和指导,具体的就是禁止物权滥用原则,即《物权法》第7条规定:"物权的取得和行使,应当遵守法律,尊重社会公德,不得损害公共利益和他人合法权益。"禁止物权滥用原则在我国《物权法》的具体规定中多有体现,如第42条规定:"为了公共利益的需要,依照法律规定的权限和程序可以征收集体所有的土地和单位、个人的房屋及其他不动产。征收集体所有的土地,应当依法足额支付土地补偿费、安置补助费、地上附着物和青苗的补偿费等费用,安排被征地农民的社会保障费用,保障被征地农民的生活,维护被征地农民的合法权益。征收单位、个人的房屋及其他不动产,应当依法给予拆迁补偿,维护被征收人的合法权益;征收个人住宅的,还应当保障被征收人的居住条件。任何单位和个人不得贪污、挪用、私分、截留、拖欠征收补偿费等费用。"第44条规定:"因抢险、救灾等紧急需要,依照法律规定的权限和程序可以征用单位、个人的不动产或者动产。被征用的不动产或者动产使用后,应当返还被征用人。单位、个人的不动产或者动产被征用或者征用后毁损、灭失的,应当给予补偿。"第 84 条规定:"不动产的相邻权利人应当按照有利生产、方便生活、团结互助、公平合理的原则,正确处理相邻关系。"第 89 条规定:"建造建筑物,不得违反国家有关工程建设标准,妨碍相邻建筑物的通风、采光和日照。"① 综观《物权法》247 个条文,我们可以发现体现禁止权利滥用的相关内容是比较多的。笔者认为这固然是因为禁止权利滥用原则实在是太重要了,但最主要的原因则是在于对"物权绝对主义"的限制。

(三) 时效制度

《物权法》中没有规定时效制度,可能是立法者认为时效制度已经在《民法通则》中作了规定的缘故。但笔者认为,《民法通则》中的时效制度是针对所有的民事权利而设置的,并没有专门针对物权制度的特殊规定,而在司法实践中又形成了"物权不受时效限制"的认识,这将导致人们对整个民事时效制度的模糊认识。所以笔者认为,《物权法》最少应该规定物权的取得时效制度,以对《民法通则》中时效制度的补充或者特例,完善时效制度。所谓取得时效亦称时效取得,指无权占有人以行使所有权或其他物权的意思公然、和平、持续地占有他人的物达到一定期间,从而取得所占有物所有权或其他权利的制度。其具有以下功能:(1)保护交易安全,稳定社会经济秩序;(2)节约交易成本,减少资源浪费,促进物尽其用;(3)确定财产归属、定分止争的功能;(4)有利于降低司法成本与诉讼成本,及时解决纠纷。且其与善意取得、物权公示制度、消灭时效制度并存并不冲突!因此笔者相信我国规定物权取得时效只是一个时间问题。

(四) 公共利益制度

《物权法》第 42 条第 1 款规定:"为了公共利益的需要,依照法

---

① 相关内容请参见《中华人民共和国物权法》的规定。

律规定的权限和程序可以征收集体所有的土地和单位、个人的房屋及其他不动产。"该规定以"公共利益"作为行政征收的前提,对单位和个人的物权进行了变更。从条文来看,一方面,它对私人的物权进行了限制,另一方面,它为行政部门的征收行为预设了前提,防止行政征收的随意性。但是,这种兼顾私人利益与行政管理需要的规定,却因为"公共利益"内涵的不确定性而使得条款在实际解释中可能存在不确定性。何谓"公共利益",谁有权界定公共利益是该条款在实践中必须面临的核心问题。在立法的过程中,立法者对这个问题曾经有过深入的讨论,一度将该条款中"为了公共利益的需要"修改为"为了发展公益事业、维护国家安全等公共利益的需要"。但经过反复研究,认为在不同领域内、在不同情形下,公共利益是不同的,情况相当复杂,《物权法》难以对公共利益作出统一的具体界定。对公共利益的认定还是由各个具体的法律分别根据自己的调整领域加以界定。因此,《物权法》只对条款规定的行政征收行为预设了"为了公共利益需要"这样一个原则性的前提,而具体的法律适用则要落到对"公共利益"的解释上,那么公共利益指的是什么利益,怎样界定公共利益就成了适用该法律条文的首要问题。

(五)善意取得制度

《物权法》第106条规定:"无处分权人将不动产或者动产转让给受让人的,所有权人有权追回;除法律另行规定外,符合下列情形的,受让人取得该不动产或者动产的所有权:(1)受让人受让该不动产或者动产时是善意的;(2)以合理的价格转让;(3)转让的不动产或者动产依照法律规定应当登记的已经登记,不需要登记的已经交付给受让人。"我国在《物权法》颁布之前,法律并未明确规定善意取得制度,只有在司法解释中作出相关的规定。如最高人民法院《关于贯彻执行〈中华人民共和国民法通则〉若干问题的意见》第89条规定:共同共有人对共有财产享有共同的权利,承担共同义务。在共同共有关系存续期间,部分共有人擅自处分共有财产的,一般认定无效。但第三人善意、有偿取得该财产的,应当维护第三人的合法权益;对其他共有人的损失,由擅自处分共有财产的人赔偿。通过分析该法条，可以看出现行该解释对第三人依据善意取得财产所有权设定了两个条件，即（1）第三人为善意；（2）系有偿取得。但司法解释的效力不够权威也不够明确，《物权法》专门以一个条文的形式明确地确立了善意取得制度的法律地位，无论在理论上还是在司法实践上都具有重大意义。

二、对我国《物权法》中物权相对性规定的评析

（一）没有规定"禁止滥用或不正当利用物权"的条款

物权绝对性是强调私人对于物有无限制地占有、使用、收益和处分的权利。它强调的是个人自由和个人权利的自我满足，要求的是社会对每个个体个人利益的满足，体现的是个体对物的无限的贪婪的拥有。私有权绝对化的必然结果，是对私人所有权的滥用。在当代，这种滥用，表现于所有权的全部权能、用益物权和担保物权的全部物权关系中，从而表现于社会经济关系的所有方面。在交易关系上，突出表现为利用交易中的优越地位，即不正当地利用交易中的优越地位，妨害公平竞争，给竞争对手带来损害。滥用优越地位，是通过运用价格或利用生产资源的配置和分配等达到私人目的的。由于滥用优越地位，打乱了各市场、各经济部门之间的资源分配，造成生产资源的浪费；在分配上，收入和财富不平等，因大部分社会成员购买力下降而使生产过剩。这样，物权实际上不只是对物的所有权，而且成为对直接生产者的统治权、对竞争对手的支配权和对社会经济的控制权。"物权绝对化"引起的国民经济运行失调和严重社会危机，说明建立在自由资本主义基础上的物权法原理，已不再适应市场经济发展的客观现实，社会不允许财产所有者拥有物权的全部自由权利。在物权绝对性的情况下，物的利用效率得不到提高，社会的公平正义也得不到实现。物权绝对的物权观念当然不能适应我国建构和谐社会的要求。我国《物权法》没有明确体现对物权的限制、禁止的思想，仅在第7条规定："物权的取得和行使，应当遵守法律，尊重社会公德，不得损害公共利益和他人合法权益。"没有明确规定"禁止滥用或不正

利用物权"以及滥用物权的相关法律后果,这不符合我国的社会经济条件对物权法律制度的要求,也将削弱物权法在我国现阶段以及未来对社会关系的调整作用。在我国物权法制定的阶段以及在物权法实施的初期,当重庆的"钉子户"为了保护自己的房屋产权而与开发商进行对抗时,不乏喝彩之声。似乎"钉子户"的出现让我们对物权法充满了信心,对物权绝对也是充满了顶礼膜拜的神往。但我们马上就发现,随着社会中"钉子户"如雨后春笋般遍布神州大地,"断头路"处处断头之时,又出现了集体的噤声,没有了掌声,没有了喝彩,却有了对物权法培育的"钉子户"、"断头路"的担忧与恐惧。笔者认为,这样的变化是预料之中的,如果我们的物权法对私人物权不进行相关的必要的限制,不明确对物权的禁止滥用规则,公平正义将遭到损害。在物权观念的选择上,我们应该具有一定的科学预见性,我们应该未雨绸缪而不要亡羊补牢。

(二) 公共利益的不确定性

物权法中对何谓"公共利益"没有作出明确的规定,没有对公共利益的内涵和外延进行立法上的明确界定。虽然公共利益在概念上,指的是一定范围内不确定多数人的共同利益,具有高度的抽象性、内容的不确定性、变动性以及受益对象的不确定性。这个特征导致了法律界定上的困难。加之,我国当前的经济社会体制改革牵涉到公共权力与私人权利之间复杂的互动与此消彼长,法律上的公共利益表达需要考虑这种社会转型的中国国情,需要妥适回应社会中各方面的利益诉求。但是,如果因此就不对公共利益作出明确界定,又没有通过立法把对公共利益的判断明确规定由私法进行判断,那么个人的物权将会受到众多的不确定的"公共利益"的侵害。

1. 公共利益不确定性的危害

我国物权法没有对公共利益作出明确的概念界定,同时在法律程序上也没有设定司法判断公共利益的制度安排,这就导致了公共利益的不确定性。公共利益的不确定性实际上就是公共利益的非制度化,非制度化,特别是没有法律制度化的公共利益,将会对私人物权造成极大的危害。当泛泛地谈个人而不是具体个人的利益时,这里的个人利益实际上便是社会利益,因为抽象的个人可以是社会上的任何人。① 具体个人的利益无从通过制度意义界定出来,能够明确的部分跟社会利益在实质意义上重合,不能界定的部分只能通过推定原则确定其合法依据。因此,使用没有具体界定的"少数人的利益"、"多数人的利益"、"公共福利"、"社会福利"等用语无论是作为保护具体个人利益的依据还是用于解决利益冲突的理由,后果都非常可怕。有时非但具体的个人利益不能得以保护,而且可能遭受更加严重的践踏。物权法不仅没有对公共利益的概念作出明确的界定,同时,对于以公共利益限制甚或剥夺私人物权的主体也没有进行界定。《物权法》第42条规定:"为了公共利益的需要,依照法律规定的权限和程序可以征收集体所有的土地和单位、个人的房屋及其他不动产。"这条规定没有主语,即没有明确规定谁可以以公共利益为由进行征收。那么,在现代社会的所谓"少数服从多数"的"民主原则"之下,任何的社会主体都有可能将个人的私人利益演化为公共利益,又由于受到我们社会中长期存在的社会本位、国家本位以及义务本位的思想的推动,不确定的、非制度化的公共利益将会是对私人物权的极大危害。

2. 公共利益制度的完善

从国外来看,确定公共利益主要有两种方式:一种是列举式,在与土地征用有关的法律中详尽地列出在哪些"公共利益"的情况下方能发动征用权,例如日本、韩国等。另一种是概括式,在与土地征用有关的法律法规中仅原则性地规定"只有出于公共利益方可发动土地征用权",但对到底哪些属于"公共利益"未加以明确界定,如澳大利亚、美国等。在实行概括式的国家,又有两种方式明确界定了"公共利益":一是利用议会法律来规定何者为公共利益,如澳大利亚规定,"公共目的"是指议会有权力制定法律来限定的与国家土地有关意图的任何目的。二是通过法院来判决土地征用是否符合"公

---

① 彭诚信著:《主体性与私权制度研究——以财产、契约的历史考察为基础》,中国人民大学出版社2005年版,第188—189页。

共利益"①。

笔者认为,我国有必要对公共利益进行进一步明确。首先,可以采用物权法司法解释的方法,对现阶段"公共利益"的范围尽可能列举出来,规定只有在列举范围之内的才属于公共利益,才可以被征收或者被征用,否则为违法。其次,可以参考现有法律规定,在《土地管理法》、《城市房地产管理法》修订和《征收征用法》立法时,采用列举式和案例式相结合的方法,对"公共利益"进行界定。具体来说,就是将能够列举的"公共利益"尽量列举出来,在列举式范围之内的,属于"公共利益";同时,设置一定的程序解决个案判断问题,即在实际操作过程中对公共利益目的有争议的案例,通过合理的程序,由立法机关(如人大)或司法机关(如人民法院)判断是否属于"公共利益"。再次,确立完善的补偿制度。公平的补偿制度是对私人个人物权的保护,也是对公共利益的一种必要限制。我们应该在尽可能明确"公共利益"的时候,完善对依公共利益为目的而对私人物权的征收或者征用进行必要的、公平的补偿,以保障个人物权。

(三)时效制度的空洞化

取得时效制度是指民事主体公开、持续地占有他人财产或者行使某种他物权,此种事实状态经过一定的期间,占有人取得该物所有权或其他物权的制度。在我国《物权法》中,没有取得时效制度的规定。否定取得时效制度的理由之一,就是认为以善意为构成要件的取得时效,在动产取得制度中并无适用的余地,因为善意的继受占有应适用善意取得制度;否定时效制度的第二个原因在于我国立法中长期存在的国家本位的思想,在善意的原始占有中,对无主物、漂流物的先占,一般均在法律上成立即时取得所有权;而对遗失物、埋藏物之取得所有权,依法律之直接规定属于国家所有,与占有事实延续一定

---

① 参见本书编写组编:《当代世界主要物权制度比较》,中国法制出版社2007年版,第22—24页。

的时间并无必然联系。①

笔者认为，随着社会经济的不断发展，一些新型权利不断出现，如商号权等，这些权利依其性质以占有为要素，并有继续占有的可能，存在着时效取得的情况，因此，如果简单地以善意取得制度代替时效取得制度或者把取得时效的概念限定得过窄，规定得过死，《物权法》将不能适应不断发展的新情况。如果没有取得时效，仅有诉讼时效，当诉讼时效完成后，权利人消灭了请求权，而实际占有人却不能取得所有权，无法解决请求权消灭后的财产归属问题，出现权利与实际的严重脱节，从而使法律对经济关系的调整留下空白。取得时效制度有利于促使权利人及时行使权利，充分发挥财产的利用效率。有了取得时效制度，人们将更加重视自己的权利，更加精心地管理自己的财产，否则将有丧失此财产权利的可能性。取得时效制度的这种法律上的警告作用既促使了权利人积极行使权利，同时又提高了物的使用效率，做到"物尽其用"。此外，我们已经确立了物权的平等保护原则，那么在具体的物权取得上，只有规定无论何种社会主体都可以依时效取得制度获得对物的占有才能符合物权的这项基本原则。

小　　结

笔者认为，物权绝对性论者以历史解释的角度，以及对物权的排他性进行推断来支持物权绝对性在理论上是站不住脚的。这种观点否定了人人平等的基本法律观念，这是我们绝不能接受的，实际上现代的物权法律实践已经否定了这种观点。物权限制论则陷入"有诸多限制的自由的、绝对的物权"逻辑矛盾之中，忽略了物权观念的历史变迁的事实，夸大了物权相对性的弱点，弱化了物权相对性的优点。我们只有承认和倡导物权的相对性的观念，并把这种观念贯彻到

---

① 杨立新、林旭霞著：《物权法该不该规定取得时效制度》，载《检察日报》2007年6月13日第4版。

我国的物权法律实践中,才能纠正我国物权法中诸如公共利益不确定等不足,完善我们的物权法,使公民个人权利、社会公共利益都得到保障,社会得以和谐发展。

第六章　树立物权相对性
　　　　观念的社会意义

第一节　物权相对性有利于
　　　　维护社会公平正义

一、法律的目的是实现社会正义

　　法律的目的是为了维护有利于人类社会发展的有序的社会环境，这种有序的社会环境必须使社会正义能够得到有效的保障和实现。博登海默将秩序和正义作为法律的目的，但我们可以发现，正义却是法律的最终的目的，因为如果没有了正义，社会不可能是有序的社会。古希腊人将法律的目的视为维护社会现状，而所谓维护社会现状，指的是使每个人都固守于其命定的地位进而防止他与其他同胞发生冲突。古罗马人视法律秩序为一种维护社会现状之手段的理想。西塞罗认为，法律的目的，即制定法的基础并不在制定法中，而是在那种内在自然的道德精神之中。这种内在的自然精神便是正义。① 《查士丁尼法学纲要》称："正义乃是这样一种既定且恒久的目的，它把每个人的东西都归自己所有。"② 《法学总论——法学阶梯》首篇的内容

---

①［美］罗斯科·庞德著：《法理学》（第一卷），邓正来译，中国政法大学出版社2004年版，第475页。

②［美］罗斯科·庞德著：《法理学》（第一卷），邓正来译，中国政法大学出版社2004年版，第479页。

便是"正义和法律",① 这足可以看出罗马人对于法律的正义本质的理解。在《法律的目的》一书中,耶林提出一种视目的为"全部法律的创造者"的观点,亦即一种视目的为所有含义上的法律创制者的观点。从各个方面来看,法律都是一种实现社会目的的手段。耶林认为人类行为的目的有两种基本的形式:一是个人的目的,二是社会的目的。个人目的以利己为根据,社会目的以利他为根据。所谓利他,实际上也是利己。他认为,这两种目的当中,当然以利己目的为强烈。人类之所以能够相安共处,不外乎是有了利己的动机而后相互利用。由此造成人类的各种活动,建立各种社会制度,产生各种法律……讲到法律产生的动力,正是利己的目的。人们欲达到利己目的,而后推己及人,互相交换才需要法律。法律归根到底无非就是实现这一交换关系的手段而已。② 耶林还明确指出,法律概念乃是为人而存在的——它们是实现人之目的的手段,而不是人为法律的概念而存在的;因此法律科学的核心问题就在于发现正当和正义在此时此地所提出的要求。③

庞德认为法律秩序的目的就是正义。庞德认为"法律"的目的是尽可能地合理地构建社会结构,以最小的阻力和成本最大限度地满足社会成员的利益。法律的目的主要不是最大限度地自我维护,而主要是最大限度地满足需求。在 20 世纪,应该用更加广泛地承认人类的需要、要求和社会利益这方面的发展来重写这段法律历史。在《法理学》(第一卷)中,庞德考察了法律的目的"在法学思想中的发展"和"在法律律令和法律准则中的发展",明确地将法律的目的

---

① [古罗马]查士丁尼著:《法学总论——法学阶梯》,张企泰译,商务印书馆 1989 年版,第 5 页。
② 吕世伦主编:《现代西方法学流派》(上卷),中国大百科全书出版社 2000 年版,第 292 页。
③ [美]罗斯科·庞德著:《法理学》(第一卷),邓正来译,中国政法大学出版社 2004 年版,第 130 页。

称做"正义理论"。他说:"正义,亦即法律的目的。"① 博登海默认为,法律是一个复杂的网,而这网主要由秩序和正义两大要素综合而成。秩序是法律的形式,正义是法律的内容,秩序既指社会使用一定的规则、标准和原则来调整人们的关系,又指社会过程的一致性、持续性和连贯性。自由、平等、安全、公共福利都是正义的重要组成部分,它们旨在满足个人的合理需要和要求,促进生产,加强文明社会的内部团结。平等、自由、安全和公共福利都不应该被看成绝对的孤立的事物,而是最终的唯一的法律理想和价值。博登海默从秩序和正义的高度,把社会正义视为对个人自由的限制,把社会整体利益作为一种追求平等与自由的均衡,并且预见到"社会正义观的改进和变化,常常是法律改革的先兆"。②

从古希腊到现代社会,从理想主义法学派到新自然法学派,从柏拉图到波斯纳,无论是社会认同,还是法学派的形成,抑或法学家观点,虽然也有争论,但对于法律的作用或者法律的目的,几乎都是指向社会正义的靶心。毋庸置疑,实现社会正义是法律的根本目的。

二、物权相对性能够实现社会正义

物权绝对性的哲学基础是个人主义和自由主义,在这两种主义指导下的物权强调的是每一个单个的自然人的利益的满足,注重的是个人本身为所欲为没有任何限制的自由。物权绝对性认为只要个人的权益得到实现并得到保障就是正义的,并且这种状态是自然的、天赋的,至于在每一个单个的自然人之外的其他人的权利是否得以实现与保障,那是"天"的事,与已经获得权利的自然人没有任何的关系。社会的公平正义是否能得以保障与实现,那也是与个人无关的事情。很明显,物权绝对性只关注个人的权利的保有,对于社会的公平正义

---

① [美] E. 博登海默著:《法理学—— 法哲学及其方法》(中译本),邓正来、姬敬武译,华夏出版社1987年版,第140—141页。
② [美] 罗斯科·庞德著:《法理学》(第一卷),邓正来译,中国政法大学出版社2004年版,第514页。

的实现没有任何的帮助,这与法律制度的目的,特别是与一般社会条件下物权法律制度的目的相违背的。没有一个人相信,不提及当下分配,就能获得财产;自然状态的占有,不能从直觉上合理地认为只是一种不受限制的、先来先招待的安排。① 物权相对性则要求物权行使在追求私人效用最大化的同时,还要照顾到他人的物权,为社会增加财富,承担社会责任,促进社会发展和社会公平。因此,相对于物权绝对性而言,物权相对性不仅能够使个人的权利得到实现与保障,同时还能更好地实现社会正义。物权相对性更能够符合物权法律制度的终极目标。

第二节　物权相对性有利于提高物的利用效率

一、物权绝对性降低了物的利用效率

古罗马物权法以确定物的最终归属为宗旨,且以保护处分权为核心,使财产无法突破所有人意思和所有物固体形态归属的限制。在资本主义革命时期以及在自由资本主义阶段,自由、民主、平等的新兴资产阶级为维护其利益,运用极端手段抵制顽固的封建体制最省力,极端自由的"物权绝对主义"便是欧美资本主义革命最好的选择。

在物权绝对主义原则之下,物权的基本功能在于确定财产与特定人之间的归属(权利归属)关系,物权的首要任务在于确定财产的主人,因此,所有人最关心的是财产在"名分"上的归属,而不是对于财产的实际利用。物权绝对理论指导下的个人所有权不利于社会公平目标的实现或社会整体利益的维护,因此其矫正做法是强调所有权的社会义务或社会功能。所有权对经济效率的积极影响也不是绝对的。不受限制的所有权,容易导致社会财富的浪费和资源配置的低效

---

① [美]克里斯特曼著:《财产的神话——走向平等主义的所有权理论》,张绍宗译,广西师范大学出版社2004年版,第102页。

率。所有权明确,能为利用提供四方面的激励:(1)明确财产归属,可以节约交易费用,并避免所有权在利用中流失。(2)为行使和取得财产权的劳动者提供激励。明确财产权,特别是明确劳动者的劳动努力程度与所得财产权的关系,会产生正向刺激;反之,便会产生负向刺激。(3)确立财产权归属,明确所有权的责任,可以避免滥用所有权。(4)明确财产权,可以使财产权的社会负担明确、合理,否则会影响利用财产的积极性。[①] 从上可知,所有权与利用具有一致性,所有权明确,才能为财产利用提供激励。但是这种激励作用也是有局限性的,因为所有权与利用存在一致性的同时,也存在对立的一面。所有权是一个强调归属的概念,从静态方面保护财产,为财产利用规定了起点和终点。但如果过分强调归属,则必然会导致对财产流转的轻视,导致权利让与受到限制;在物权绝对主义之下的物权观念强调所有人对物的绝对的完全的占有与支配,也即是物的"归属"问题。这种强调物的"归属"的物权态度会导致这样的结果:物权所有人重视并且往往以物的占有与支配作为享有物权的表现,所以他们不重视对物的利用;他们还排斥他人利用其所拥有的物;他们不能使其拥有的物增值,为社会创造更多的财富。如果物权主体对物有一种占有的偏爱,也必然会导致所有权主体只注重自己对物的占有而忽视他人对物的利用,否认转移占有的各种利用方式。此时,所有权就停留在交易的起点上,而不再以契约债权或股权等形式进入流通领域,造成与先进的利用方式和利用主体相脱离。简而言之,自由市场(乃至资本主义)不要求或者不需要私人自由所有权的理由在于,市场的定义强调交易者的行为和他们处置货物的动机,无论是充分竞争的理想市场,还是现实世界中的各种市场的另一方面,自由所有权规定了交易者拥有什么权利,有许多情况,有人尽管(在自由所有权下)有这样做的权利,但却没有被激励以市场所要求的竞争方式去行事。相反,有一些情况,当事人会以竞争的方式行事,但他们对交易物却

---

① 刘泽军著:《对我国物权理论中几个问题的辨析——兼评物权"从所有到利用"理论》,载《华东政法学院学报》1999年第1期,第38页。

没有充分的所有权。① 在物权以及整个财产权理论和实践中,这表现为一种固守归属,消极对待财产流转和利用的观点。

二、物权相对性能够提高物的利用效率

人类社会是一个分配的社会。这并不是它的全部内涵,但重要的一点是:我们聚到一起是为了分享、分割和交换。② 物权的归属并不是人类社会对于物的最终目的,我们的目的是为了将自己所拥有的物与他人进行分享、分割并交换,并在分享、分割和交换的过程中不断使物增值,这就必须使物能够"物尽其用"。

现代市场经济的社会化、高效化,使物的充分利用成为首要价值目标。特别是在当今世界物质资源日益稀缺而社会对物质资源的需求却又日益增加的情况下,提高物的利用效率便成为了人们或者说全人类的共同追求。物权相对性的观念认为,物权是相对的,在对物的归属上,它以谁对物拥有最大的权利作为判断的标准,而何谓"最大的权利"往往又是一种社会的判断,社会把物分配给能够利用所得的物为社会创造更多财富的人,这是相对的。另外,物权相对观念还要求当物在归属于某个物权人而该物权人在社会需要是不利用该物或者不当利用该物时,出于社会公共利益的需要,在充分保证物权人的物权的情况下,可以将物权人的物权转移给非物权人进行利用,以使物权符合社会的目的并提高物的利用的效率。同时,物权相对观念还使得物权人本身对于其拥有的物权进行合理的利用。最主要的表现便是所有权中各项权能的分离,导致他物权、股东权、证券权、信托等权利的出现,这些新的权利的出现,使得所有权脱离所有人的"归属"上的有效而无能的控制,极大地提高了物的利用效率,促进社会的发展。

总之,物权相对性观念纠正了物权绝对性观念下的重视物的归属

---

① [美]克里斯特曼著:《财产的神话——走向平等主义的所有权理论》,张绍宗译,广西师范大学出版社 2004 年版,第 47 页。

② [美]迈克尔·沃尔泽著:《正义诸领域——为多元主义与平等一辩》,褚松燕译,译林出版社 2002 年版,第 1 页。

而轻视物的利用的物权态度,使社会以及物权人既能够充分地保障物权,又能够提高物的利用效率。

第三节 物权相对性有利于规制物权的滥用

一、权利滥用的法律规制

(一) 权利滥用的概念分析

与诚实信用、公序良俗原则相似,禁止权利滥用作为一个高度抽象的法律概念,至今尚无一个完整而明确的概念表述。究竟何为权利滥用,各国学者对其做出了不同的解释,形成了不同的学说,大概如下:

1. "权利滥用"否定说

"权利滥用"否定说认为权利人既然拥有了权利,那么权利人如何行使权利都是合理的、合法的,没有所谓滥用的问题,因此根本否定"权利滥用"的观点。他们认为:"权利滥用的用语,其自身即属矛盾,因为我们行使我们的权利,则我们的行为不能不说是适法,假若认为违法时,则必然是逾越了权利的范围,而属于无权利行为。"[1] 法国学者普兰利亦持此种观点,他认为"滥用权利本身是个矛盾的字眼,权利不存在滥用,当滥用的时候权利已经不存在,它已经不是法律所承认的,在一定范围内行使的权利"。如果从权利的绝对性出发,认为权利是容不得他人侵犯的,故只要己方权利不完满,他方的行为必定为侵权行为而非行使权利行为。权利的绝对性决定了双方不可能同时有合法的权利,故权利冲突也是不存在的。[2] 这种观点与罗马法中"行使自己的权利,无论对于何人均非不法"的思想一脉相

---

[1] 郑玉波著:《民法总则》,台北三民书局1979年版,第407页。
[2] 王利明著:《民法新论》(上),中国政法大学出版社1988年版,第135页。

承,但至今只为少数学者所采用。

2. "权利滥用"肯定说

此说为大多数大陆法系学者所采用,是大多数大陆法系学者对权利滥用概念所持的观点。而其又因所采用的界定权利滥用概念的标准不同形成了不同的学说。

(1) 恶意说。此说从主观角度出发,将权利的滥用归结于以行使权利的方式损害他人利益之恶意,认为"权利乃法律分配一部分社会利益于权利人行使权利之结果,固不免使他人发生损害,然专以损害他人为目的的,则属权利之滥用"。《德国民法典》即为此学说的典型代表,该法典第226条规定:"权利的行使,不得以损害他人为目的。"① 恶意说所强调的不仅仅是损害行为人具有主观的恶意,而且还要求行为人的恶意是行使权利的唯一可以想象的目的时,才能构成恶意。②

(2) 本旨说。此说将权利滥用归结于对法律设立权利主旨的违反,认为"权利滥用者,乃权利人行使权利违反法律赋予权利之本旨(权利之社会性)因而法律上遂不承认其为行使权利之行为之谓"。该学说以社会本位为其出发点,认为权利的本旨在于权利的社会性,行使权利应当遵守诚实信用原则,否则,即构成权利的滥用。《瑞士民法典》即采此观点,其第2条规定的"任何人在行使权利或履行义务时都必须遵守诚实信用原则,权利的明显滥用,不受法律保护"即为该学说的体现。③

(3) 界限说。此说将权利的滥用归结为对权利行使正当界限的超越,认为"权利滥用者,谓权利行使必有一定之界限,超越这一正当界限而行使权利,即为权利之滥用"。认为"权利存在于将要实

---

① 胡长清著:《中国民法总论》,中国政法大学出版社1997年版,第386页。

② [德]迪特尔·梅迪库斯著:《德国民法总论》,邵建东译,法律出版社2001年版,第109页。

③ 郑玉波著:《民法总则》,台北三民书局1979年版,第393页。

现其作用的范围内,超越出这一范围,权利享有人就超出或滥用了权利"。① 如《巴西民法典》第 160 条规定的"因权利正常行使所为的行为,非属不法",即从其反面来讲,"非正常的权利行使属于不法"即为该学说的体现。②

(4)目的与界限混合说。此说采本旨说与界限说之融合,认为"权利的滥用谓逸出权利的社会的、经济的目的或社会所不容许的界限之权利行使"。如《波兰民法典》第 5 条规定:"如果某人以作为或不作为而取得有悖于法典的社会经济目的和社会共同原则的利益,即认为是滥用权利"即属此类。③

对于权利滥用的概念,实际上不论是"否定说"还是"肯定说"都表达着同样的一种认识或者思想,即是权利人在行使其权利时,如果违背了设立权利的终极目标——社会正义,那么,他们的所谓权利,在"否定说"方面就认为权利已经失效了,就变成没有权利了,也就无须考虑其是否"滥用权利"的问题了;在"肯定说"方面则认为权利还是存在的,只是由于权利的行使在主观上可能是恶意的,在客观上超越了权利的界限或者违背了权利的精神,那么超越部分的权利将会是无效的。总之,肯定说与否定说实际上都是以权利的行使是否与行使权利的正义目的相联系的。

笔者更倾向于权利滥用的"肯定说",因为这种学说在肯定权利是在法律界限内的权利的同时,否定了权利滥用部分的权利的效力,对权利的行使效果作了明确的区分。况且我们在设置某一项权利时,是很难考虑权利行使过程中,权利人的主观意识或者其将要遇到的各种客观情况对权利行使的影响的。某一权利给予其权利人的利益,事实上是通过限制他人的自由得以实现的;而且,在有的时候,某一权

---

① 李宜琛著:《民法总则》,台北国立编译馆 1997 年版,第 399 页。
② 王利明著:《民法新论》(上),中国政法大学出版社 1988 年版,第 135 页。
③ 史尚宽著:《民法总论》,中国政法大学出版社 2000 年版,第 714 页。

利的实现会给他人带来严重的损害。① 所以，我们只能在赋予某人某一项权利的同时，赋予其行使权利的规则，这才能保障权利的正确行使。我们不能因为怀疑权利人可能会在法律限度外行使权利，就剥夺他人应有的权利，况且权利人的行为是否在法律限度之外，当然要以一定的主客观的标准来进行判断，权利滥用"否定说"实际上承认有超越法律界限行使权利的客观事实，但又加以否认，也不提供判断的标准，这是不确定的学说，也是不科学的。

（二）权利滥用的制度选择

1. 大陆法系的态度

在法权观念从罗马法到现代法的变迁发展过程中，禁止权利滥用由一项一般法观念发展到判例，最后发展到现代成文法上的一项基本原则，经历了漫长的过程。禁止权利滥用的法观念最早出现在古罗马时期。尽管古罗马向来有"行使自己的权利，无论于何人皆非不法"②的法谚，但法律对具体权利（特别是所有权）的行使仍加以一定的限制，如因相邻关系的限制、因公共利益的限制、因人道主义和道德方面的限制等。而在这些限制中，尤以相邻关系的限制表现得突出，如查士丁尼规定：不得在距离先前已有的建筑物 100 英尺以内的地方进行建筑，如果这样做会妨碍到人们从那里对海的观赏。但是值得注意的是，有学者认为由于罗马法上"个人主义"法权观念根深蒂固，在注重个人利益的私法作为核心的法律体系中，所有权成为一切法律的终极目的，因此，禁止权利滥用在这一时期仅表现为一些零碎的限制性规定。③ 实际上，这种限制，就是禁止权利滥用最直接的规定。

---

① ［法］雅克·盖斯坦等著：《法国民法总论》，陈鹏等译，法律出版社 2004 年版，第 700 页。

② ［美］埃尔曼著：《比较法律文化》，贺卫方、高鸿钧译，三联书店 1990 年版，第 76 页。

③ 钱玉林著：《禁止权利滥用原则的法理分析》，载《现代法学》2002 年第 1 期，第 62 页。

人类社会发展到自由资本主义时期,由于个人主义与自由主义思潮的盛行,也为了反对以身份等级为基础的封建专制制度,打击和剥夺封建地主阶级原来所拥有的封建特权,确认和保障新兴资产阶级通过资产阶级革命所获得的既得利益,巩固和发展资本主义制度,个人权利被绝对化,人们将其看做与生俱来、不可剥夺的权利,出现了"权利绝对无限制"的说法,甚至有人对土地所有权更作出了"上达九天,下及地心"的极端解释。这一时期主要强调绝对权利的保护,而非权利行使之限制,因此尽管法律上有如《法国民法典》第544条对所有权行使受"法律所禁止的使用"的限制,但是这些限制性规定只是零碎的。由于个人主义、自由主义的观念的强大影响,此时禁止权利滥用的规定仅被作为法律上的摆设品,其真正的公平价值在这一时期强大的自由主义思潮下沦陷,此时的禁止权利滥用缺乏系统的理论与规定。

到了19世纪末20世纪初期,资本主义进入了垄断资本主义阶段,由于"物权绝对"所滋生的极端个人主义和私权膨胀的消极现象日益严重,也由于在"物权绝对"观念指导下的物权制度不能很好地适应资本主义社会大生产的需要,古典自然法学"天赋人权"等强调个人利益的理论学说失去了其往日的光辉,代之而起的是以强调社会利益为内容的社会法学理论。法律的核心价值开始由个人移向社会,法律的终极目的开始在保护个人自由与权利的同时兼顾整个社会发展和人类生存的意义。社会法学派的观点认为,由于在一定社会中,相对于同样的社会历史背景和生存条件,不同的利益群体和权利主体之间必然也有着某些共同的需要、利益和要求。这不仅指保护环境、维护生态平衡等,就如发展经济和文化,维护社会稳定和安全方面等,也都关涉到人们若干需要普遍保护的利益和权利。正因为这样,所以权利主体不仅是指单个的自然人,社会组织、机构、团体,甚至一个国家,在某些情况下也都可以作为权利主体。于是法权观念开始由个人本位转向了社会本位,要求国家干预经济生活,对绝对的个人权利加以限制。极端的权利,最大的非正义。法律规范的盲目实施有可能导致极端不公正的结果。正义是法律制度的本质目的所在,但是毫无节制地行使权利将会违背这一目的。防止这一局面出现的主要手段就是权利滥用理论。① 于是为了满足社会现实的需要，禁止权利滥用原则应运而生，如 1896 年德国在制定民法典时，第三次草案中出现对所有权滥用的禁止性规定，国会审议时，扩及一切权利，即法典第 266 条："权利的行使，不得以损害他人为目的。"② 这一规定将禁止权利滥用理论首次上升为法律。1907 年《瑞士民法典》第 2 条第 2 项规定："任何人在行使权利或履行义务时都必须遵守诚实信用原则，权利的明显滥用，不受法律保护。"第一次在法律中明确规定了权利滥用的概念。1922 年《苏俄民法典》第 1 条规定："民事权利之行使违背社会经济之使命者，不受法律保护。"随后各国民法典纷纷效仿，除少数国家不承认禁止权利滥用原则以外，绝大多数国家都效仿德国或瑞士的立法例，在民法典中确立了禁止权利滥用原则。

2. 英美法系的态度

就英美法系而言，史尚宽先生在《民法总论》中认为无权利滥用法理。③ 由于英美法系无所有权绝对观念，其财产权理念是源于日耳曼法的团体权利思想，即同一物上可存在多个财产权并行不悖。未有像大陆法系之明确的权利滥用禁止法理是可以理解的。但我们不能因为英美法系没有明确地禁止权利滥用的规定，就认为它无禁止权利滥用的法理。实际上，由于英美法系采用的是判例法的法律渊源，禁止权利滥用的思想和具体内容广泛地存在于为数众多的判例之中。特别是对财产权（物权）来说，由于英美法系采用的是具有相对性的多重产权制度，这种制度不可避免地要对各种不同并存的权利进行衡平，这种衡平当然必须要限制一些权利而鼓励另外的一些权利。由此推知，禁止权利滥用的观念应该是理所当然的。

---

① ［法］雅克·盖斯坦著：《法国民法总论》，陈鹏等译，法律出版社 2004 年版，第 701 页。
② 汪渊智著：《论禁止权利滥用原则》，载《法学研究》1995 年第 5 期。
③ 史尚宽著：《民法总论》，中国政法大学出版社 2000 年版，第 714 页。

(三) 权利滥用的后果及其法律规制

1. 失权

所谓失权，是因权利人滥用权利，违反了权利的、社会的、经济的目的，而剥夺其权利的情形。权利人在行使其权利时，如果从一开始便抱着以自己的权利损害他人的意图并且已经导致了损害他人的结果，并且这种行为自始至终都是处于恶意，那么我们认为权利人应该被剥夺其原来享有的权利。在权利滥用场合，行为人作出行为时首先得有合法权利的存在，其后由法律对其行为的效果予以否定性的评价。这是禁止权利滥用原则发挥作用所产生的最为强烈的效果。权利失效理论是建立在诚实信用原则基础上的，同时被适用于权利滥用的场合。在德国、瑞士、日本、韩国以及我国台湾地区的立法与判例上，都存在适用禁止权利滥用法理判断权利失效的情形。如越界建筑的问题，上述国家和地区的立法、判例都认为，土地所有人建筑房屋逾越疆界，邻地所有人明知其越界而不提出异议，不得请求拆除或变更其建筑物。① 当今社会现象之复杂，非立法者所能全部预见，权利失效规则以权利者的外在表示为条件限制权利滥用，使权利义务本身在当事人利益严重失衡的情形下依具有实际内容的行为而发生变更，它与拘于简单时间经过形式的呆板机械的权利制约方式相对应，灵活实际地适应复杂多变的社会生活，起到平衡主体与他人之间利益的作用。② 市场经济绝非个人权利绝对化，循环早期自由资本主义法制模式。故权利失效规则创设之意义实属重大，其以诚实信用原则为立论依据，以防止权利滥用为目的，以平衡主体、他人、社会利益为终极关怀，亦应时代所趋。

2. 限制权利

权利的限制问题，可以从两个方面来加以分析：一方面，从权利

---

① 钱玉林著：《禁止权利滥用的法理分析》，载《现代法学》2002年第2期，第59页。

② 刘至正、诸卓慧著：《论大陆法系之权利失效制度》，载《武汉理工大学学报》（社会科学版）2001年第5期，第452页。

本身的性质来看,权利在其相对性的基础上必然是不同社会主体的利益进行法律限制的结果,如果没有必要的限制就不可能存在权利,因为权利是相对的。笔者暂且称之为权利的内在的限制。另一方面,如果权利人有条件行使权利而不行使,或虽不具备行使权利的条件,但也不允许他人行使该权利,此时,如果不对权利人所拥有的权利采取必要的措施,将会导致权利的社会目的不能实现,从而违背法律设置该项权利的目标没能实现,所以必须对权利人的现有权利进行限制。

权利限制与失权最主要的区别在于:在失权效果的权利滥用情形下,剥夺滥用者的权利不影响法益,滥用者所丧失的权利归于其他主体来享有和行使,从而符合权利的目的;而在发生限制权利效果的权利滥用情形下,该权利一般具有身份的特性,如果剥夺滥用者的权利,必将同时彻底丧失权利的目的,从而动摇社会信赖的根基,对社会产生危害。权利限制的目的是为了让权利人更好地行使权利。①

3. 行为无效

权利的行使如果属于法律行为,则当权利的行使构成权利滥用时,该行为不发生法律效力。换言之,权利行使本来应生的效果,因其滥用的关系,法律遂不使之发生。行为无效的权利滥用的后果实际上与失权是一样的,都会最终导致权利或者行为的归零。

4. 承担民事责任

权利人的滥用行为如对他人造成损害或有损害之虞时,权利滥用者应承担相应的民事责任。② 权利滥用导致权利人承担民事责任的法律后果的情形,实际上与民事侵权相当的相似,在这时候往往很难判断权利人对他人造成的损害究竟是一般的侵权还是权利滥用的后果。所以往往将其列为权利滥用的后果。

---

① 钱玉林著:《禁止权利滥用的法理分析》,载《现代法学》2002 年第 2 期,第 60 页。
② 钱玉林著:《禁止权利滥用的法理分析》,载《现代法学》2002 年第 2 期,第 61 页。

(四) 权利限制的原则

权利限制也须接受限制，否则，对权利的限制将会矫枉过正走向另一极端，导致另外的一种滥用权利。权利限制的限制主要表现为限制方式必须遵照一些具体的法律原则，综合学者的各种论述，主要包括遵守权利位阶的原则、法律保留原则、比例原则等。

1. 公平原则

公平原则是法律的基本原则，在权利限制中也必须要遵守公平原则。公平原则要求在对权利进行限制时，对所有的权利主体的权利都应该一视同仁。在同等条件下，不能对某个人的权利进行限制，而对另外的某个人的权利却不进行限制。公平原则保障了权利限制的公平性和同一性，防止专门针对某一个特定主体的权利进行报复性的限制。

2. 遵守权利位阶的原则

一般地认为，权利能否受限制，取决于有没有高于权利的价值以及能否援用那些可能高于权利的价值来压倒权利。能为了满足高位阶权利的需要，限制低位阶权利；不能为保全低位阶权利限制高位阶权利。① 依权利的价值高低形成的序列可称为权利位阶，这种权利位阶是权利限制必须遵守的原则。例如，德国法认为，在基本法价值序列中有的价值具备明显的、结构性的优越性，相较于其他法益（尤其是财产性的利益），人的性命或人性尊严有较高的位阶。

3. 法律保留原则

法律保留原则要求限制权利的方式或内容须以法律明确授权为前提。法律保留原则可成为限制公权力肆意侵害私权利的利器。法律保留原则要求只有法律明确规定才能对私权进行限制，权利限制应当成为权利现象中的例外，而不是如政治理论家所言的"有权利就必有限制"：权利一旦被国家法律所确认后，就不得被国家、政府、法官以及普通民众随意限缩；当政府不得不限制权利的时候，必须严格依

---

① 夏勇著：《权利哲学的基本问题》，载《法学研究》2004 年第 3 期。

照法定程序，符合法律的规定，并承担对限制的正当性的举证责任。法律保留原则表明在一定意义上权利限制应是立法行为。

法律保留原则意味着权利限制问题必须由法律明文规定，而法律本身是有效力层次的，下位法律是否有效取决于上位法的规定，由于宪法是效力层次中的最高层，因此权利限制的法律规定最终须能经受得住是否违宪之审查。

4. 比例原则

比例原则的核心是要求权利限制的手段与目的间合乎比例，其又可包括三个具体原则：妥当性原则、必要性原则、狭义比例原则，这些具体原则也可使权利限制更具可操作性。

（1）妥当原则又称适应性原则，它要求权利限制措施必须有合法的目的：限制权利的目的只能是为了保护社会公共利益与居于更高权利位阶的第三人的权利。违反了上述目的而限制权利，可构成对被限制权利的侵害。妥当原则要求权利限制手段也必须合法。当有多种限制权利的措施时，仅得择取可达到所欲求目的之方法而为之，否则限制手段就不合法。

（2）必要性原则，又称最温和方式原则。必要性原则以"相同有效性"和"最少侵害性"为要素。"相同有效性"指当其他手段与已采取的限制权利的手段都可以达成相同的目的，但是在达成相同目的所产生的效果上其他手段较之所采用的手段逊色时，则已采用的限制手段是可行的。"最少侵害性"指为实现权利目的（例如公益）而行使权利可产生对他方权利的侵害，也就是产生一定的副作用，限制措施须将此副作用降低至最低限度。

（3）狭义比例原则，又称均衡原则、禁止过分原则、法益相称性原则，可看做投入成本与产出利益之间的相称关系。[1] 它要求权利限制应符合效率原则。这里的效率不仅意味着经济效益，还包括社会效益，是一种综合性的"利益衡量"，是从全局考虑，兼顾私益与公

---

[1] 许玉镇著：《试论比例原则在我国法律体系中的定位》，载《法制与社会发展》2003年第1期。

益的方法。①

二、物权滥用与规制

（一）物权滥用的主要表现

1. 所有权滥用

所有权是物权中最全面、最完善、最核心的一种权利，按照大陆法系的物权思想，所有权是其他物权产生的基础，所有权是其他物权之母，没有了所有权便没有其他物权产生和存在的可能。对于权利人来讲，只要他拥有了物权，那么就意味着他将会拥有其他的物权。同时，从大陆法系的立场出发，我们在将物权的特征或者制度设置时，其实都是以所有权为基点的，物权的绝对性实际上基本都是以所有权为依托的。在所有权绝对主义原则之下，所有权人对于自己的财产享有绝对的权利，所有权人可以自由地占有、使用收益和处分的权利，任何他人不得干涉，所有权人甚至可以不占有、不处分，甚至还可以不予使用从而获得收益。罗马法认为，所有权是在法律许可的程度内对于物的使用权和滥用权。所有权在这里被规定为对物的使用和滥用的权利，其内容是使用和滥用。然而，滥用毕竟非道德所提倡，于是，注释法学派就为滥用辩解说，滥用并不是狂妄和不道德的滥用，而仅仅是指"绝对的支配权"。这种解释正如浦鲁东所说的，只是为使所有权神圣化而为的无谓的区别。② 但是，由于所有权本身负有义务，同时，所有权的客体物在人类社会中是一种总量不变的稀缺资源，所有人凭借自己的优势侵害经济上的弱者、滥用权利等，从而导致了个人利益与社会利益之间的冲突，并进而阻碍了社会生产力的发展。如果任由所有权人的意愿行使或者不恰当地行使甚或是不行使所有权为社会创造财富，这将会对整个社会造成极大的不利或者损失，

---

① 郑琦著：《比例原则的个案分析》，载《行政法学研究》2004年第4期，第285页。

② [法] 浦鲁东著：《什么是所有权》，孙署冰译，商务印书馆1963年版，第135页。

在这种情形下，当然有必要对所有权进行一定的限制。

2. 用益物权滥用

用益物权是以所有权为基础而产生的一种由非所有权人拥有的一项他物权，是所有人自愿承担的一种限制。用益物权是所有权人在自己的物上设定利用权，是对所有权的自我限制，所有人设立用益物权的目的在于更好地发挥财产的效用。从所有权与用益物权的关系上看，用益物权实际上形成了对所有权的一种限制。从用益物权设立的目的来看，用益物权也必须要受到与所有权所受到的诸多同样的限制，其中最主要的限制便是来源于所有权本身对用益物权的限制。用益物权滥用的主要表现为，一方面，用益物权人可能会利用用益物权对所有权进行限制的特点，反客为主。例如，用益物权人可能会利用其用益物权倒过来限制所有权。用益物权人恶意地利用其租赁权限制所有权人的处分权；利用优先权对所有权人的处分权进行刁难。另一方面，由于用益物权虽然产生于所有权，但它也是一种独立的物权权利，所以用益物权人也可能利用他所拥有的权利去侵犯、危害他人的合法权益。因此，对用益物权也必须加以规制，这些规制的措施主要包括：（1）用益物权的设定必须符合法律规定，符合所有权的目的。所有人在设定用益物权时，必须受法律强制性规定的限制，不得违背所有权的目的。（2）用益物权的行使必须符合社会公益，不得违背所有权社会化的要求。用益物权既然是所有权实现的一种方式，那么用益物权人行使用益物权，其实质也就是所有人实现了所有权。因此，用益物权人在行使用益物权时，也不得违背所有权社会化的要求，不得损害社会公共利益。

3. 担保物权滥用

在各种物权类别中，担保物权的效力可以说是最弱的，无论是相对于所有权还是用益物权，它都处于次等的效力，似乎没有滥用的资本。可是相对于债权来讲，它却是具有优先效力的，而这种优先效力，如果优先权利人稍微不注意，当然就会导致权利滥用的结果。优先权最大的问题在于威胁到其他不动产权利人（抵押权人、不动产转得人）的利益，增加其权利的不确定性。例如担保物权人可以利用其担保的权利对用益物权人的用益物权进行限制。各国立法均对担保物权设定了优先的效力，但是，如果当担保物权面对用益物权或者社会利益时，担保物权的优先效力当然就必须要受到相当的限制。如不加以合理限制，必将造成权利的不明确和不确定状态，不利于交易安全。

（二）物权限制的方式

现代世界各国对于物权的限制方式，按照法律的类别进行划分，主要包括公法的限制和私法的限制两种基本的模式。

1. 公法限制

物权的公法限制主要表现为宪法、行政法、刑法等公法上对物权所做的限制。公法是强行法、干预法，为了维护国家利益、社会公共利益而对所有权进行必要的限制。公法对物权的限制也是所有权受到的各种限制中最严格、最多的限制。公法对私人所有权的具体限制的方式主要包括税收、国有化、征收、征用、没收等强制性的手段。①

（1）税收

从目的与原因分析，税收是一种分配手段，是政府为社会提供公共品的价值补偿，具有强制性、无偿性、规范性的特点。从形成来讲，税收是对国民收入的二次分配，但这种分配得以进行的根源在于国家权力的介入，是国家凭借其政治权力而强制划分的。② 一般情况下，这种划分是按照政府的需求进行的，并不完全遵循"等价有偿"原则。从发展的历史来看，税收主要是维护政府公共品需要而进行的征收，公共品的消耗是为了给予公民一个使其正当权益能够得到保护和实现的环境。在市场经济的今天，政府要引导消费，要优化资源配置，要不断进行资本积累，要不断增强对宏观经济的驾驭能力和对世界经济的适应与应对能力，要立足于长远发展经济，等等。这其中许

---

① 程萍著：《财产所有权的保护与限制》，中国人民公安大学出版社 2006 年版，第 466 页。

② 胡怡建、朱为群主编：《税收学教程》，三联书店上海分店 1994 年版，第 9—11 页。

多支出并不是即时用于纳税人自身,有的可能使他人或者将来的纳税人受益,有些情况下还可能要向纳税人征收相对较多的税款。就特定阶段或者某一纳税人来讲,这些税款超出了纳税人应当的支出,是纳税人所不愿支付的,但国家认为是"必须"的,所以国家要通过一定的强制手段保障其征收。即使税收与纳税人所获取的"保护"和利益相当,由于纳税人追求自身利益的最大化,同时也看不到政府的直接回报,因此他们并不情愿"无偿"地向政府提供支付。在这种情况下,如果没有国家的强制力作保障,税收也是难以实现的。税收的强制性、无偿性、规范性的特点是对物权绝对性的强大的压制,私人所有权在税收的法律制度下自由服从的选择,这可以说是对物权绝对主义的根本否定。正是由于税收制度对私人所有权的绝对优势地位,所以我们要求税收制度和税收行为必须贯彻公正、公开、效率的税收法律原则。

(2) 国有化

国有化主要是指政府利用其特殊的地位和权力基于社会公共利益的需要将外国投资者的财产收归国有的行为。私人的所有权部分或全部收归国有的法律制度。国有化可分为两种类型:一种是直接国有化,另一种是间接国有化。国有化的条件:从有关外资法律与实践来看,国有化应满足以下条件:公共利益的需要;非歧视;符合法定程序。给予补偿被视为是实行国有化一项最为重要的条件,补偿原则主要包括"充分有效补偿原则"和"合理补偿原则"。"充分有效补偿原则"是指东道国对外国投资者的财产实行国有化,必须给予"充分、及时、有效的补偿"。"合理补偿原则"是指对外资实行国有化,将给予"适当"补偿。国有化主要针对的是外国人在本国的私人所有权的限制,这种限制跨越了不同国家的私人所有权,这对物权绝对性的否定竟然涉及外国的法律制度问题,所以国有化问题经常是发达资本主义国家所反对的,特别是对于仍然保持着物权绝对主义的某些国家。

(3) 征收

征收是由宪法和法律确认的由国家享有的一项特权。依据这项特权,国家可以在公法或私法上的人提出请求时,为了公共用途的目的,并在遵守一系列程序与实体条件的前提下,强制一个公法或私法上的人将其不动产所有权或其他不动产权利转移于另一个公法或私法上的人。在某些特殊情况下,法律承认行政主体在必要时根据单方面意志而不是契约强制取得公民财产权,这种在行政国家时代所经常使用的行政手段就叫做征收。由于征收主要是一种国家公权力的运用,而该权力享有者主要是行政主体,所以征收又可称为行政征收。征收与税收是不同的,两者不能混淆。征收制度是在某些特殊情况下,法律承认行政主体在必要时根据单方面意志而不是契约强制取得公民私人的财产所有权,这当然与物权绝对主义原则是背道而驰的,是对物权绝对原则的否定。

(4) 征用

征用是指为了公共利益目的,政府按照法律规定,凭借国家强制力,不经财产权利人的同意而强制、暂时使用相对人财产或劳务的行为。这种征用一般是在国家处于战争、发生突发公共事件或处于紧急状态、紧急需要的情况下,并且不导致财产所有权的转移,具有一定的补偿性,政府在使用后应返还财产,不能返还或有损害时应予以赔偿或补偿。对于劳务,一般也应给予补偿,但法律另有规定的除外。

(5) 没收和罚款

没收财产或者罚款是将个人所有财产的一部或者全部强制无偿地收归国有的方法。没收和罚款主要出现在各国的行政法或者刑法上,没收和罚款是对私人所有权最直接最明确的一种否定方式,它不仅没有任何的等价补偿,而且还带有严厉的惩罚性质,这种惩罚主要针对的是私人对于其个人财产的违反物权设定的法律目的的行使所做的响应。在没收和罚款的制度中根本没有考虑私人所有权的绝对性问题。

2. 私法限制

私法自治原则虽然是市场经济所必需的,不动产财产权的自由也是必不可少的,但是,为了避免所有权人绝对行使其权利而妨碍社会的进步和公共利益的实现,妨碍他人的合法权益,对不动产财产权实行私法上的限制是必要的。① 私法对私人财产权的限制方式主要包括民事基本原则的限制和具体民事制度的限制以及具体权利间的相互限制三种。

（1）民事基本制度的限制

①诚实信用原则的限制

这一原则既是私法自治的底线，若超出了这一底线，该法律行为将被赋予无效或可撤销之法律效果；又是实现当事人之间及其与社会公共利益之间三者利益平衡的有效手段，不仅能够防止民事主体对其私法自治、平等自愿权的滥用，而且对私法自治本身丝毫无损，并能保障私法自治沿着有利于整个社会的轨道发展。若遵循了诚信原则，即履行了诚信之义务，这不仅对他人和社会有益，同时对自己权利之行使丝毫无损；不仅尊重了他人和社会之权益，同时也尊重和维护了个人自身之权益。

②公序良俗原则的限制

公序，指公共秩序，是指国家社会的存在及其发展所必需的一般秩序；良俗，指善良风俗，是指国家社会的存在及其发展所必需的一般道德。公序良俗指民事主体的行为应当遵守公共秩序，符合善良风俗，不得违反国家的公共秩序和社会的一般道德。公序良俗原则于民法制定之初，乃是对契约自由进行限制，但在现代来讲，公序良俗原则则被视为与诚信原则同等的私法的基本原则：私法上权利的行使、义务的履行，都必须遵守公序良俗原则。我们经常使用"社会公共利益"、"社会公德"来表达出同样的精神，"社会公共利益"在内涵与作用方面同"公共秩序"相当；"社会公德"则与"善良风俗"相当。民法规定公序良俗原则的原因，在于立法当时不可能预见一切损害国家利益、社会公益和道德秩序的行为而做出详尽的禁止性规定，因此设立公序良俗原则，以弥补禁止性规定之不足。公序良俗原则包含了法官自由裁量的因素，具有极大的灵活性，因而能处理现代

---

① 金俭著：《不动产财产权自由与限制研究》，法律出版社2007年版，第200页。

市场经济中发生的各种新问题,在确保国家一般利益、社会道德秩序,以及协调各种利益冲突、保护弱者、维护社会正义等方面发挥极为重要的机能。当遇有损害国家利益、社会公益和社会道德秩序的行为,而又缺乏相应的禁止性法律规定时,法院可直接依据公序良俗原则认定该行为无效。物权在绝对性原则之下,原本是凭谁都不能干涉与左右的,但在公序良俗的原则面前,物权绝对原则必须让位。也就是以公序良俗原则替代了物权绝对原则的适用,这实际上是对物权绝对原则的否定。

③禁止权利滥用原则的限制

禁止权利滥用起源于罗马法,本质是法律对私权行使的一种限制,体现了法律追求"矫正正义"和"分配正义"的目标。禁止权利滥用原则要求权利人在不损害他人利益和社会利益的前提下,追求自己的利益,从而在当事人与社会之间的利益关系中实现平衡。禁止权利滥用原则作为民法上的一种基本原则,最初只是作为一种观念而存在,并没有明确的、系统的表述,法律最初也局限在相邻关系中才折射出这种法观念。至现代,始运用该原则对所有权的行使进行限制。即所有权人行使所有权并非绝对的自由或无任何的限制,其行使必须在法律规定的范围内,以符合社会的经济的目的方式行使,否则,构成权利滥用,导致对自身所有权限制的产生。

④物权法定原则的限制

物权法定主义,也有学者称其为物权限定主义,物权法定的基本内容,是物权的种类和内容须由法律规定,当事人不得任意创设法律规定以外的物权。物权法定对物权的种类和内容起到了限制作用。物权法定对物权种类和内容的限制,稳定了社会经济关系,减少了交易成本,保障了交易安全。本来物权是完全的、绝对自由的一种权利,在物权绝对原则之下,无论是物权的种类,物权的内容,还是物权的各个方面的创设都应该是自由的,不受限制的,但物权法定原则却对此作了许多的限制,甚至是禁止性的规定,这是以物权法定原则限制了物权绝对原则,导致物权绝对走向物权相对。

（2）民事具体制度的限制

①情势变更制度

情势变更原则，又称情势变迁学说，具体是指合同依法成立之后履行届满以前，因出现了不可归责于双方当事人的事由，发生不可预见、不能克服、无法避免的变化，致使合同履行艰难或不必要，若继续维持合同原有效力将导致双方利益根本失衡，因而允许当事人请示人民法院或仲裁机构变更或解除合同，并免除当事人不履行合同的责任的一项法律制度。情势变更原则渊源于诚实信用原则。它以维持社会公平及经济流转秩序为要旨，是诚实信用原则"利益均衡"理论在合同履行阶段的落实，表现为以"显失公平"来判断情势的变更是否达到变更或解除合同的程度。情势变更原则的实质，在于贯彻诚实信用原则，消除合同中因情势发生变更所导致的利益失衡。情势变更制度更多的时候是针对债权制度而设立的，但对于物权制度来讲也是可以适用的，这是因为在物权的变动的过程中也必须要考虑各种变化了的实际情况对物权状态的影响。

②善意取得制度

善意取得制度，也称即时取得制度，指没有让与权的动产让与人在不法将其占有的动产转让给第三人后，如果第三人在取得该财产时系出于善意，即依法得到该财产的所有权，原所有人不得要求善意受让人返还财产的制度。按照法律的一般规则，只有所有权或受人之托、代他人处分的人才有处分或买卖财产的权利，无处分权的人处分他人之物，属于一种侵权行为，其所为的法律行为须于事后取得其权利或经该他人之承认，始生效力，而且，所有权具有追及性，可直接向买受人追回原物。但善意取得制度的意义在于阻却所有权人的追及，答应善意的买受人取得受让物的所有权，保护让与人与受让人之间已经完成的交易，这在一定程度上侵害了所有权人的利益。物权法定限制了物权的种类和内容，使物权归属关系明确化，使当事人无法在物上任意设立各种权利，简明了法律关系，维护了法律的安定性和稳定性。物权法定制度对法律稳定性的维护是与当时的社会状况分不开的，各国立法采行物权法定制度，都是在各国完成资产阶级改良或革命后进行的。大规模的社会变动已经完成，可望在较长的时期内保持一个稳定的社会状况，因而在这一阶段，物权法定制度对于法律的稳定性的维护才显出积极的效用。

（3）具体权利对所有权的限制

①他物权的限制

用益物权是所有人行使所有权的一种方式，但这种行使方式与所有人自己行使所有权有明显的不同，即所有人在允许他人行使所有权时，应当接受来自用益物权的限制。因此，用益物权实际上是对所有权的一种限制。这种限制体现在以下几个方面：其一，在用益物权依法成立后，所有人不能随意取消之。只有在具备法定事由时，所有人才能终止用益物权。例如，根据我国《城镇国有土地使用权出让和转让暂行条例》第17条规定："土地使用者应当按照土地使用权出让合同的规定和城市规划的要求，开发、利用、经营土地。未按合同规定的期限和条件开发、利用土地的，市、县人民政府土地管理部门应当予以纠正，并根据情节可以给予警告、罚款直至无偿收回土地使用权的处罚。"这里的无偿收回土地使用权，显然就是终止用益物权。其二，所有人在行使所有权时，不得妨碍用益物权人行使权利。例如，在地役权中，供役地的所有人虽然有权对供役地行使一定的权利，但不得妨碍地役权人行使地役权。否则，地役权人有权排除干涉。其三，所有人不能随意变更用益物权人对所有权的义务内容。例如，在土地使用权中，土地所有人不得随意提高土地使用费，不得擅自改变土地使用权的期限。其四，用益物权具有优先于所有权的效力。用益物权对所有权的限制，是所有人自愿承担的一种限制。在自己的物上设定利用权，是对所有权的自我限制。担保物权设立后，债务人或第三人（担保人）对于担保物的所有权受到了限制。由于担保方式的不同，对所有权的限制程度也有差异：在设定抵押权情况下，抵押物所有人仍然保留物的占有、使用、收益权能，仅把物的交换价值提供给抵押权人，因此所受限制最少，最有利于发挥财产的价值；在以动产设质的情况下，由于必须转移占有，所以出质人动产的所有权受到严格的限制，占有、使用、收益诸权利均脱离己身而不能行使。

②相邻权的限制

相邻关系作为一项重要的不动产物权制度,是法律对相毗邻不动产的利用进行最低限度调节的结果。各国民法对于相邻关系,多从不动产权利行使限制角度加以规制。如《瑞士民法典》第685条规定,所有人于挖掘或建筑时,不得使邻人的土地发生动摇,或有动摇的危险,抑或使其土地上的设施受到损害。《德国民法典》第909条规定,相邻不动产的所有人或使用人不得以使邻接土地失去必要支撑的方法挖掘土地。《日本民法典》第220条、《意大利民法典》第609条及第610条,均对相邻排水关系即"过水权"作出明文规定。相邻关系的规定,在保障相毗邻不动产一方权利正常行使的同时,限制了相毗邻不动产另一方权利的行使。因此,可以说,相邻关系制度具有保障权利行使和限制权利行使的双重价值。

③建筑物区分所有权的限制

建筑物区分所有权指将一栋建筑物在结构上区分为由各个所有人独自使用的专用部分和由多个所有人共同使用的共用部分,每一所有人享有的对其专有部分的专有权和对共用部分的共有权和共同管理的权利。专有权人行使专有权时必须接受如下限制:其一,按照专有部分的使用目的或规约规定使用专有部分,不得违背,否则为不当使用;其二,有维护建筑物牢固与完整的义务,不得在专有部分里加以改造,更换拆除,也不能增加超出建筑物负担的添附;其三,不得随意变动、撤换、毁损位于专用部分内的共用部分,应负担维护其完好的义务。

(三) 物权限制的法律原则

物权是相对的,物权在一定限度内是自由的,对物权进行限制的目的是为了更好地保护物权,使社会中的各个物权都能够得以自由的拥有和实现。因此我们在对物权进行限制的时候,不能因为无度的限制导致物权所承担的义务和责任超过物权本身的权利总和,最后导致物权变成了一种彻头彻尾的义务。为了防止因为对物权的无度限制而出现如主张"物权绝对主义"的民法学者所担心的"无物权"的状态,特别是为了防止公权力借口物权限制而对私权利的物权的侵害,我们必须为对物权的限制进行必要的反限制,这便是必须为物权的限制作出相应的原则,只有在这些原则下才能对物权自由作出例外的限制,因此,我们在对物权做出限制的时候,除了必须遵守关于限制权利滥用所应遵守的权利位阶的原则、法律保留原则、比例原则等之外,还必须遵守民法上的基本原则,这些原则主要包括公共利益原则、诚实信用原则、禁止权利滥用原则以及环境保护原则或者可持续发展原则。

1. 公共利益原则

公共利益既是限制物权行使的原则和标准,也是防止权力过度限制的原则和标准,这是各国通行做法。公共利益不是国家利益、集体利益或群体利益,而是社会相应多数主体利益的整合,"一个有普遍代表性的公共利益定义,其范围从独裁偏好满足到帕累托最优再到多元偏好的调和。公共利益的这一定义已足以将福利最大化和管制时捕获理论包容在内"。①

2. 诚实信用原则

以善意的方式利用其物,以诚信的态度对待社会,达到物权人与社会他人之间利益均衡、和谐相处的目的。诚信原则内容广泛,是最低的行为标准,也是最高的指导原则,人称"帝王规则",是物权利用中不能少的原则。

3. 禁止滥用权利原则

19世纪后各国均以法律或判例的形式确定了权利滥用禁止的原则。如《德国民法典》第226条规定:"权利的行使不得专以加害他人为目的。"《日本民法典》第1条第1款增加"不许权利滥用"的规定。这一原则的确立,限制了包括所有权在内的权利行使的自由,禁止违反社会利益或损害他人利益的权利行使。以个人权利为本位的所有权绝对自由,实际上是绝对的权利滥用。以支配为中心向以利用

---

① [美] F. 史普博著:《管制与市场》,周维富等译,上海人民出版社1999年版,第37页。

为中心转化的现代物权制度,必须从各个领域禁止权利滥用,确保社会的公平分配。禁止有害于他人的物权利用,是为了一个人的权利而限制另一个人的权利,才是真正的平等保护。这就是说,物权人对特定物排他性支配是在被禁止滥用权利下的排他性支配。

4. 一般平等原则

笔者认为所谓一般平等原则,是指对处于同等地位、同等条件、同等内容的物权进行限制时,不管是哪个主体的物权,它们所受到的限制内容或者限制的措施都应该是一样的或者最少是相当的。物权限制的一般平等原则是法律平等基本原则在物权限制中的体现,也是对物权的一体保护的要求。

小　结

物权相对性具有维护社会公平正义、提高物的利用效率、规制物权滥用的功能。物权相对性通过对物权滥用的规制,减少了物权的社会冲突,保证社会物权的公平分配与利用,促进了社会的和谐发展。物权相对性能够保证物权的归属和合理的有效的利用,维护社会公平正义。相对于物权绝对性来说,物权相对性更为科学合理,也更为符合社会和谐发展的要求。

结　语

　　无论是以自然法学派的权利的正当性学说为基础,还是以社会法学派的社会契约论为逻辑起点,我们都可以发现,无论是从权利的产生的基础条件、权利的存在的状态,或者是权利的实现的条件进行分析,权利是受到诸多限制的、有条件的,并且是负有对他人的或者是对社会的义务的,权利是相对的。在人类社会中本没有不受限制的、无条件的、完全自由的绝对的权利,那种认为权利具有绝对性的观点是对权利本质特征的误解和歪曲,其目的是为了迎合自私自利的完全与他人割裂的个人的欲望而已。绝对化的主张具有深层次的消极影响,趋向于将权利贬损至那种仅仅对于无节制的欲望与需求的表达。过于强烈的形式化规定与其说表达出了我们得以变得通情达理的潜能,不如说是显示了我们最幼稚的本能。绝对化是一种幻念,它几乎肯定不是安全无害的。①

　　从逻辑结果上看,物权作为人们一项重要的权利,当然也应当具有相对性的特征。从物权观念的历史考察上看,物权观念属于历史范畴,它随着人类社会经济条件的变迁而变迁,物权在大多数的历史时期都是处于相对性的正常状态之中。但在17、18世纪,欧洲国家的人民为了反对以身份等级为基础的封建专制制度,以个人主义、自由主义为哲学基础,由注释法学派的法学家对罗马法中个人所有权与公共所有权之间的对立的解释为依托,形成了个人物权绝对的物权观念。物权绝对性观念是资产阶级革命的胜利以及自由资本主义社会的

---

　　① [美]玛丽·安·格伦顿著:《权利话语——穷途末路的政治言辞》,周威译,北京大学出版社2006年版,第60页。

建立与发展的前提条件。在资产革命时期,对于封建地主阶级来说,它可以说是一种致命的革命武器;在自由资本主义社会时期,它对于资本主义的资本积累以及社会劳动力的供给创造了必备的条件。物权绝对性仅仅是资产阶级革命以及自由资本主义社会时期的需要而已,当社会发展到垄断资本主义社会阶段,在物权绝对性观念指导下的物权法律制度的缺陷与不足暴露无遗。物权绝对性天生所具有的反社会的倾向,导致其在近现代社会中丧失了社会调整器的功能,物权绝对性自私自利的品质导致了社会的不公平,物权绝对性的"唯我独尊"态度导致了社会冲突的增加与激化。因此,资本主义社会,特别是大陆法系国家,在19世纪末、20世纪初开始实现对物权的"社会化"进程,通过对物权施加公法的或者私法的诸多限制,增加物权对他人或者社会义务的承担,从而使绝对物权演变为相对物权。

物权相对性在大陆法系国家,一般表现为绝对物权的社会化而后成为相对性的物权,它既是历史的也是现实的。受到日耳曼法系的相对物权观念影响的英美法系国家,虽然他们在资产阶级革命时期以及自由资本主义社会的初期,也有物权绝对性的观念,但在革命胜利不久,他们就恢复到日耳曼法物权相对性的观念。英美法系没有物权绝对性的观念,他们采用的是具有极大相对性的、包容各种财产权利的财产权的法律制度。英美法系相对物权的观念和法律制度对社会财产关系的调整比大陆法系更有效果,它不仅明确了物的归属,同时也提高了物的利用效率。相比较而言,物权相对性的物权观念和物权法律制度比物权绝对性的物权观念和物权法律制度更为科学合理,更能够有效地解决人与物之间的关系,解决人与人之间因为客体的物而产生的各种社会关系,消减社会冲突,促进社会公平正义,实现人类的共同福祉。

历史和现实都证明,物权相对性比物权绝对性更为合理科学,更能适应市场经济社会的要求。但我国目前大多数的民法学家,由于他们将"物权绝对"等同于"物权自由",认为只有在"物权绝对性"的条件下,物权才能得到保障与实现,物权才有可能对抗公权力的肆意侵犯。他们认为,在物权相对性的条件下,物权将得不到保障,也将会受到公权力的侵害,特别是国家公权力以"公共利益"为借口所进行的侵害将无处不在,这将会导致私人物权的最后消亡。所以他们坚持认为,在社会化的条件下,物权虽然受到公法的私法的各种各样的限制,但不管物权受到多少限制,也不管这种限制对物权来说是多么严格,物权始终是绝对的。物权绝对是原则,物权限制只是例外。所谓受到限制的有条件的、完全自由的、绝对的物权观念无论在逻辑上还是现实社会中都是不能自圆其说的,在正常的社会条件下是不能成立的。尽管我国大多数学者坚持"物权绝对性",而对"**物权相对性**"持反对的态度,但物权相对性在我国的物权立法中得到了充分的体现。《物权法》共有40多条规定了对物权的相关限制。这是理论与现实立法的脱节,也说明了物权绝对性已经落后于现实的立法实践,失去了对法律实践的理论指导作用。无论是英美法系还是大陆法系,对所有权的公法限制已成为财产法发展的显著特色。引起这种趋势并引导着公法限制的未来的根本动力,在于所有权的社会化,或者更广阔地说,是私法的社会化。① 所有权的限制不是目的,而仅仅是手段,是法律得以协调各方面利益的手段。个人是社会的原子,社会是个人的集合。尽管个人利益与社会利益难免冲突,但二者毕竟相互依存。法律则要承担其对这种利益的平衡。而对所有权的限制,恰恰就是法律天平中一颗至关重要的砝码。眺望西方法律的历史进程,曾经是财产法制度根基的个人本位的价值取向,在被拔高至无与伦比的高度之后,在今天看来却是失之片面的。因此,面对我国的物权立法,审思与把握所有权公法限制的未来趋向就尤为重要。在坚持个人合法权利不受侵犯的前提下,构建全新的、健康的所有权社会理性规则,并由此规制所有权个体的过度膨胀。

  物权绝对性物权观念和物权理论,导致在物权法中,没有明确规定"禁止权利滥用"的条文,这也将导致物权法不能更好地发挥促进社会财富的公平分配,促进物的有效利用,以及消除社会矛盾的积

---

① 周林彬著:《所有权公法限制的经济分析》,载《中山大学学报》(社会科学版)2000年第4期。

极作用。笔者认为，我们应该与时俱进，破除物权绝对性观念的束缚，确立物权相对性观念，并以物权相对性观念指导我国的物权法律实践，合理确立"公共利益"的实体法和程序法制度，完善禁止物权滥用制度，同时将债权法中合理的相关法律制度移植到物权法中来。

评判一种物权制度的好坏，并不是只有以"自由"与"非自由"，以"公权力"与"私权利"的对立与较力，抑或是以幻化的"绝对"与"相对"的虚拟敌对作为标准。如果所谓的绝对的、完全自由的、无所不能的物权制度，不仅不能促进人们对客观存在的物的利用效率和人类社会的共同福祉，那么这种物权制度只能是葛朗台守财奴式的迂腐与落败。在我国，确立英美法系那种开放的双重所有权的物权制度不适应我们的立法体制和司法体制。但我们确信，在保障物权人拥有和行使物权的同时，让物权人自觉地限制自己的权利，让物权人自觉地承担一定的对他人、社会的义务和责任——这种相对性的物权观念才能符合社会的发展趋势。我们有理由相信，在物权相对性的物权观念指导下的我国的物权法律制度，将会更好地促进社会公平，提高物的利用效率，消减社会冲突和社会矛盾，促进社会主义和谐社会的建设，保障人类社会的可持续发展，实现人类的共同福祉。

参考文献

一、著作类
（一）国内部分
[1] 余能斌主编：《民法典专题研究》，武汉大学出版社 2004 年版。
[2] 余能斌著：《余能斌法学研究文选》，法律出版社 2007 年版。
[3] 余能斌著：《现代物权法专论》，法律出版社 1999 年版。
[4] 余能斌著：《民法学》，法律出版社 2004 年版。
[5] 余能斌、马俊驹著：《现代民法学》，武汉大学出版社 1995 年版。
[6] 孟勤国著：《物权二元结构论——中国物权制度的理论重构》，人民法院出版社 2004 年版。
[7] 温世扬著：《物权法要论》，武汉大学出版社 1998 年版。
[8] 温世扬、廖焕国著：《物权法通论》，人民法院出版社 2005 年版。
[9] 余延满著：《合同法原论》，武汉大学出版社 1999 年版。
[10] 陈本寒著：《担保物权法比较研究》，武汉大学出版社 2003 年版。
[11] 杨遂全著：《中国之路与中国民法典——不能忽视的 100 个现实问题》，法律出版社 2005 年版。
[12] 梁慧星、陈华彬著：《物权法》，法律出版社 1997 年版。
[13] 梁慧星主编：《中国物权法草案建议稿》，社会科学文献出版社 2000 年版。
[14] 谢哲胜著：《财产法专题研究》，台湾三民书局 1995 年版。
[15] 林良平著：《物权法》，日本有斐阁 1951 年版。
[16] 董学立著：《物权法研究——以静态与动态的视角》，中国人民大学出版社 2007 年版。
[17] 侯水平、黄果天等著：《物权法争点详析》，法律出版社 2007 年版。
[18] 李宜琛著：《民法总则》，中国方正出版社 2004 年版。

[19] 郑贤君著：《基本权利研究》，中国民主法制出版社 2007 年版。

[20] 高志明主编：《法律与权利》，中国社会出版社 2003 年版。

[21] 汪习根著：《法制社会的基本人权——发展权法律制度研究》，中国人民公安大学出版社 2002 年版。

[22] 张玉堂著：《利益论——关于利益冲突与协调问题的研究》，武汉大学出版社 2001 年版。

[23] 朱兴文著：《权利冲突论》，中国法制出版社 2004 年版。

[24] 夏勇著：《中国民权哲学》，三联书店 2004 年版。

[25] 公丕祥著：《权利现象的逻辑》，山东人民出版社 2002 年版。

[26] 湛中乐著：《权利保障与权力制约》，法律出版社 2003 年版。

[27] 林喆主著：《公民基本人权法律制度研究》，北京大学出版社 2006 年版。

[28] 眭鸿明著：《权利确认与民法机理》，法律出版社 2003 年版。

[29] 张玉敏主编：《私法的理论反思与制度重构》，中国检察出版社 2006 年版。

[30] 彭诚信著：《主体性与私权制度研究——以财产、契约的历史考察为基础》，中国人民大学出版社 2005 年版。

[31] 崔建远主编：《我国物权立法热点问题研究》，清华大学出版社 2005 年版。

[32] 侯建著：《舆论监督与名誉权问题研究》，北京大学出版社 2002 年版。

[33] 高丽红著：《动物的法律地位研究》，中国政法大学出版社 2005 年版。

[34] 崔建远著：《土地上的权利群研究》，法律出版社 2004 年版。

[35] 赵廉慧著：《财产权的概念——从契约的视角分析》，知识产权出版社 2005 年版。

[36] 梅夏英著：《财产权构造的基础分析》，人民法院出版社 2002 年版。

[37] 郭广辉、王利军著：《我国所有权制度的变迁与重构》，中国检察出版社 2005 年版。

[38] 程萍著：《财产所有权的保护与限制》，中国人民公安大学出版社 2006 年版。

[39] 高富平著：《中国物权法：制度设计和创新》，中国人民大学出版社 2005 年版。

[40] 宿迟主编：《商标与商号的权利冲突问题研究》，中国人民公安大学出版社 2003 年版。

[41] 郭明瑞著：《优先权制度研究》，北京大学出版社 2004 年版。

[42] 吴汉东著：《著作权合理使用制度研究》，中国政法大学出版社 2005 年修

订版。

[43] 王雪梅著：《儿童权利论——一个初步的比较研究》，社会科学文献出版社 2005 年版。

[44] 王进著：《权利的疑惑》，经济日报出版社 2003 年版。

[45] 朱德米著：《自由与秩序》，天津人民出版社 2004 年版。

[46] 朱兴文著：《权利冲突论》，中国法制出版社 2004 年版。

[47] 《日本民法典》，王书江译，中国人民公安大学出版社 1999 年版。

[48] 《德国民法典》，郑冲、贾红梅译，法律出版社 2001 年版。

[49] 黄莹、孟勤国主编：《中国物权法的理论探索》，武汉大学出版社 2004 年版。

[50] 马新彦著：《美国财产法与判例研究》，法律出版社 2001 年版。

[51] 桑东莉著：《可持续发展与中国自然资源物权制度之变革》，科学出版社 2006 年版。

[52] 孙宪忠著：《中国物权法原理》，法律出版社 2004 年版。

[53] 张中秋著：《盛与衰——汉唐经济法与经济社会调控研究》，中国政法大学出版社 2007 年版。

[54] 刘智慧主编：《〈物权法〉立法观念与疑难制度评注》，江苏人民出版社 2007 年版。

[55] 邓建鹏著：《财产权利的贫困》，法律出版社 2006 年版。

[56] 周林彬著：《物权法新论——种法律经济分析的观点》，北京大学出版社 2002 年版。

[57] 吴道霞著：《物权法比较研究》，中国人民公安大学出版社 2004 年版。

[58] 崔建远著：《准物权研究》，法律出版社 2003 年版。

[59] 梁慧星著：《民法总论》，法律出版社 2001 年版。

[60] 高德步著：《产权与增长：论法律制度的效率》，中国人民大学出版社 1999 年版。

[61] 何勤华著：《西方民法史》，北京大学出版社 2006 年版。

[62] 谢在全著：《民法物权论》，中国政法大学出版社 1999 年版。

[63] 郭广辉、王利军著：《我国所有权制度的变迁与重构》，中国检察出版社 2005 年版。

[64] 石佑启著：《私有财产权公法保护研究——宪法与行政法的视角》，北京大学出版社 2007 年版。

[65] 张乃根著:《西方法哲学史纲》(增补版),中国政法大学出版社 2002 年版。

[66] 崔建远著:《物权:生长与成型》,中国人民大学出版社 2004 年版。

[67] 金俭著:《不动财产权自由与限制研究》,法律出版社 2007 年版。

[68] 马汉宝著:《法律思想与社会变迁》,清华大学出版社 2008 年版。

[69] 林旭霞著:《物权制度与效率研究》,人民法院出版社 2005 年版。

[70] 该书编写组编:《当代世界主要物权制度比较》,中国法制出版社 2007 年版。

[71] 胡戒恩著:《走向财富:私有财产权的价值与立法》,法律出版社 2006 年版。

[72] 肖厚国著:《所有权的兴起与衰落》,山东大学出版社 2003 年版。

[73] 王利明著:《物权法论》,中国政法大学出版社 2003 年修订版。

[74] 张玉敏著:《私法的理论反思与制度重构》,中国检察出版社 2006 年版。

[75] 李永军著:《民事权利体系研究》,中国政法大学出版社 2008 年版。

[76] 谢哲胜著:《财产法专题研究(三)》,中国人民大学出版社 2004 年版。

[77] 高富平、吴一鸣著:《英美不动产法兼与大陆法比较》,清华大学出版社 2007 年版。

[78] 戴剑波著:《权利正义论》,法律出版社 2007 年版。

[79] 王效贤、夏建三著:《用益物权制度研究》,法律出版社 2006 年版。

[80] 俞江著:《近代中国民法学中的私权理论》,北京大学出版社 2003 年版。

[81] 魏再龙著:《法学权利论》,湖北教育出版社 1990 年版。

[82] 夏勇著:《中国民权哲学》,三联书店 2004 年版。

[83] 张生著:《民国初期民法的近代化》,中国政法大学出版社 2002 年版。

[84] 启良著:《西方自由主义传统——西方反自由至新自由主义学说追索》,广东人民出版社 2003 年版。

[85] 王彬辉著:《论坏境法的逻辑嬗变——从"义务本位"到"权利本位"》,科学出版社 2006 年版。

[86] 陈华彬著:《外国物权法》,法律出版社 2004 年版。

[87] 李亚虹主编:《美国财产法》,法律出版社 1999 年版。

[88] 尹田著:《物权法理论评析与思考》,中国人民大学出版社 2004 年版。

[89] 张玉堂著:《利益论——关于利益冲突与协调问题的研究》,武汉大学出版社 2001 年版。

[90] 周枏著：《罗马法原论》，商务印书馆出版社1994年版。

[91] 张恒山著：《法理要论》，北京大学出版社2002年版。

[92] 张锋著：《自然的权利》，山东人民出版社2006年版。

[93] 柴荣著：《中国古代物权法研究——以土地关系为研究视角》，中国检察出版社，2007年版。

[94] 房绍坤著：《用益物权基本问题研究》，北京大学出版社2006年版。

[95] 徐国栋主编：《魁北克民法典》，中国人民大学出版社2005年版。

[96] 《最新阿根廷共和国民法典》，徐涤宇译注，法律出版社2007年版。

[97] 王泽鉴著：《民法学说与判例研究》（修订版）（第1—8册），中国政法大学出版社2005年版。

[98] 梁治平著：《寻求自然秩序中的和谐》，中国政法大学出版社1997年版。

[99] 马俊驹、余延满著：《民法原论》，法律出版社1998年版。

[100] 徐国栋著：《罗马法与现代意识形态》，北京大学出版社2008年版。

[101] 张俊杰著：《当代俄罗斯法学思潮》，法律出版社2008年版。

[102] 陈泰和著：《和谐社会的财产权》，知识产权出版社2007年版。

[103] 赵万一著：《民法的伦理分析》，法律出版社2007年版。

[104] 孙宪忠著：《德国当代物权法》，法律出版社1997年版。

[105] 张俊浩著：《民法学原理》，中国政法大学出版社1991年版。

[106] 胡长清著：《中国民法总论》，中国政法大学出版社1997年版。

[107] 梅仲协著：《民法要义》，中国政法大学出版社1998年版。

[108] 史尚宽著：《民法总论》，中国政法大学出版社2000年版。

[109] 高富平著：《物权法原论》，中国法制出版社2001年版。

[110] 王利明著：《物权法论》，中国政法大学出版社1998年版。

[111] 史尚宽著：《物权法论》，中国政法大学出版社2000年版。

[112] 黄右昌著：《罗马法与现代化》，北京大学出版社2008年版。

[113] 戴东雄著：《中世纪意大利法学与德国的继受罗马法》，中国政法大学出版社2003年版。

[114] 王泽鉴著：《民法概要》，中国政法大学出版社2003年版。

[115] 朱勇主编：《中国民法近代化研究》，中国政法大学出版社2006年版。

[116] 孙宪忠著：《论物权法》，法律出版社2001年版。

[117] 陈朝璧著：《罗马法原理》，法律出版社2006年版。

（二）国外部分

[1]［古希腊］柏拉图著：《理想国》，郭斌和译，商务印书馆1986年版。

[2]［古罗马］查士丁尼著：《法学总论》，张企泰译，商务印书馆1989年版。

[3]［德］黑格尔著：《法哲学原理》，张企泰译，商务印书馆1961年版。

[4]［英］梅因著：《古代法》，沈景一译，商务印书馆1959年版。

[5]［美］列奥·施特劳斯著：《自然权利与历史》，彭刚译，三联书店2003年版。

[6]［德］康德著：《法的形而上学原理》，沈叔平译，商务印书馆1991年版。

[7]［德］费希特著：《自然法权基础》，谢地坤译，商务印书馆2004年版。

[8]［美］罗纳德·德沃金著：《认真对待权利》，信春鹰译，中国大百科全书出版社1998年版。

[9]［英］A.J.M.米尔恩著：《人的权利与人的多样性——人权哲学》，夏勇译，中国大百科全书出版社1995年版。

[10]［美］梅克尔·J.桑德尔著：《自由主义与正义的局限》，万俊人等译，译林出版社2001年版。

[11]［美］罗伯特·C.埃里克森著：《无需法律的秩序——邻人如何解决纠纷》，苏力译，中国政法大学出版社2003年版。

[12]［法］路易·若斯兰著：《权利相对论》，王伯琦译，中国法制出版社2006年版。

[13]［美］玛丽·安·格伦顿著：《权利话语——穷途末路的政治言辞》，周威译，北京大学出版社2006年版。

[14]［日］谷口安平著：《程序的正义与诉讼》，刘荣军等译，中国政法大学出版社1996年版。

[15]［美］爱伦·埃德曼、卡罗琳·肯尼迪著：《隐私的权利》，吴懿婷译，当代世界出版社2003年版。

[16]［法］雅克·盖斯坦等著：《法国民法总论》，陈鹏等译，法律出版社2004年版。

[17]［德］迪特尔·施瓦布著：《民法导论》，郑冲译，法律出版社2006年版。

[18]［日］富井政章著：《民法原论》，陈海超译，中国政法大学出版社2003年版。

[19]［德］M.沃尔夫著：《物权法》，吴越译，法律出版社2004年版。

[20]［英］P.S.阿迪娅著：《合同法导论》，赵旭东等译，法律出版社2002

年版.

[21] [美] 弗雷德·简特著:《利害冲突》,马黎、李唐山译,中国人民大学出版社 2006 年版.

[22] [美] 丹尼尔·W. 布罗姆利著:《经济利益与经济制度——公共政策的理论基础》,陈郁等译,上海三联书店、上海人民出版社 1996 年版,2006 年版.

[23] [德] 迪特尔·梅迪库斯:《德国民法总论》,邵建东译,法律出版社 2000 年版.

[24] [日] 田山辉明著:《物权法》,陆庆胜译,法律出版社 2001 年版.

[25] [日] 北川善太郎著:《物权》,日本有斐阁 1993 年版.

[26] [美] 理查德·A. 波斯纳著:《法律的经济分析》,中国大百科全书出版社 1997 年版.

[27] [美] 罗斯科·庞德著:《法律与道德》,陈林林译,中国政法大学出版社 2003 年版.

[28] [德] 哈贝马斯著:《在事实与规范之间——关于法律和民主法治国的商谈理论》,童世骏译,三联书店 2003 年版.

[29] [日] 于保不二雄著:《物权法》,日本有斐阁 1956 年版.

[30] [美] 克里斯特曼著:《财产的神话——走向平等主义的所有权理论》,张绍宗等译,广西师范大学出版社 2004 年版.

[31] [美] 詹姆斯·戈雷德著:《私法的基础》,张家勇译,法律出版社 2006 年版.

[32] [德] 鲍尔·施蒂尔纳著:《德国物权法》,张双根译,法律出版社 2004 年版.

[33] [德] M. 沃尔夫著:《物权法》,吴越等译,法律出版社 2004 年版.

[34] [日] 我妻荣著:《债权在近代法中的优越地位》,王书江译,中国大百科全书出版社 1999 年版.

[35] [日] 冈村司著:《民法与社会主义》,刘仁航等译,中国政法大学出版社 2003 年版.

[36] [德] 马克斯·韦伯著:《韦伯作品集 IX 法律社会学》,康乐译,广西师范大学出版社 2005 年版.

[37] [英] F. H. 劳森、B. 拉登著:《财产法》(第二版),施天涛等译,中国大百科全书出版社 1998 年版.

[38] [法] 浦鲁东著：《什么是所有权》，孙署冰译，商务印书馆1963年版。
[39] [古罗马] 卢克莱修著：《物性论》，方书春译，商务印书馆1982年版。
[40] [美] 克拉克著：《财富的分配》，陈福生等译，商务印书馆1983年版。
[41] [美] 戴维·达得理·菲尔德著：《纽约州民法典草案》，田甜等译，中国大百科全书2007年版。
[42] [英] 彼得·斯坦、约翰·香德著：《西方社会的法律价值》，王献平译，中国法制出版社2004年版。
[43] [美] 罗杰·H. 伯恩哈特、安·M. 伯克哈特著：《不动产》，钟书峰译，法律出版社2005年版。
[44] [美] 杰明·N. 卡多佐著：《法律的成长 法律科学的悖论》，彭冰等译，中国法制出版社2002年版。
[45] [意] 桑德罗·斯奇巴尼著：《罗马法·中国法与民法法典化——物权和债权之研究》，黄风、费安玲译，中国政法大学出版社2004年版。
[46] [美] 列奥·施特劳斯著：《自然权利与历史》，彭刚译，三联书店2003年版。
[47] [英] 哈特著：《法律的概念》，张文显等译，中国大百科全书出版社1996年版。
[48] [英] 洛克著：《政府论》，叶启芳等译，商务印书馆1964年版。
[49] [法] 摩莱里著：《自然法典》，黄建华等译，商务印书馆1982年版。
[50] [法] 泰·德萨米著：《公有法典》，黄建华等译，商务印书馆1982年版。
[51] [日] 牧野英一著：《法律上之进化与进步》，朱广文译，中国政法大学出版社2003年版。
[52] [英] 休谟著：《人性论》，关文运译，商务印书馆1962年版。
[53] [法] 卢梭著：《论人类不平等的起源和基础》，李常山译，商务印书馆1962年版。
[54] [法] 皮埃尔·勒鲁著：《论平等》，王允道译，商务印书馆1988年版。
[55] [美] 威廉·詹姆士著：《实用主义》，陈羽纶等译，商务印书馆1979年版。
[56] [古希腊] 亚里士多德著：《形而上学》，罗寿彭译，商务印书馆1959年版。
[57] [瑞士] 皮亚杰著：《结构主义》，王琳等译，商务印书馆1984年版。
[58] [德] 康德著：《实践理性批判》，韩水法译，商务印书馆1999年版。

[59][美] 肯尼斯·约瑟夫·阿罗著：《社会选择：个性与多准则》，钱晓敏等译，首都经济贸易大学出版社 2000 年版。

[60][美] 约翰·罗尔斯著：《万民法——公共理性观念新论》，李鑫等译，吉林人民出版社 2001 年版。

[61][意] 桑德罗·斯奇巴尼著：《物与物权》，范怀俊译，中国政法大学出版社 1993 年版。

[62][奥] 凯尔森著：《共产主义的法律理论》，王名扬译，中国法制出版社 2004 年版。

[63][美] 艾伦·沃森著：《民法法系的演变及形成》，姚新华等译，中国法制出版社 2005 年版。

[64][日] 福泽谕吉著：《文明论概略》，北京编译社译，商务印书馆 1959 年版。

[65][英] 托马斯·莫尔著：《乌托邦》，戴镏铃译，商务印书馆 1959 年版。

[66][美] 本杰明·卡多佐著：《司法过程的性质》，苏力译，商务印书馆 1998 年版。

[67][日] 千叶正士著：《法律多元》，彭冰等译，中国政法大学出版社 1997 年版。

[68][英] 卡尔·泼普著：《历史决定论的贫困》，邱仁宗译，华夏出版社 1987 年版。

[69][美] E.史密斯等著：《财产法：案例与材料》，陈刚等译，中国政法大学出版社 2003 年版。

[70][日] 高桥一修等著：《英美判例百选》，段匡等译，北京大学出版社 2005 年版。

[71][意] 朱塞佩·格罗索著：《罗马法史》，黄风译，中国政法大学出版社 1994 年版。

[72][英] 巴里·尼古拉斯著：《罗马法概论》，黄风译，法律出版社 2004 年版。

[73][英] 泽格蒙特·鲍曼著：《自由》，杨光等译，吉林人民出版社 2005 年版。

[74][法] 莱昂·狄骥著：《〈拿破仑法典〉以来私法的普通变迁》，徐砥平译，中国政法大学出版社 2003 年版。

[75][德] 特奥多尔·蒙森著：《罗马史》，李稼年译，商务印书馆 2004 年版。

[76] [法] 菲斯泰尔·德·古朗士著:《古代城市:希腊罗马宗教、法律及制度研究》,吴晓群译,上海世纪出版集团 2006 年版。

[77] [美] 查尔斯·K. 罗利著:《财产权与民主的限制》,刘晓锋译,商务印书馆 2007 年版。

[78] [英] 迈克尔·莱斯诺夫等著:《社会契约论》,张红梅等译,江苏人民出版社 2005 年版。

[79] [日] 山本敬三著:《民法讲义》,解亘译,北京大学出版社 2004 年版。

[80] [加拿大] 欧内斯特·J. 温里布著:《私法的理念》,徐爱国译,北京大学出版社 2007 年版。

[81] [日] 大村敦志著:《民法总论》,张立艳等译,北京大学出版社 2004 年版。

[82] [美] 罗斯科·庞德著:《普通法的精神》,高雪原等译,法律出版社 2001 年版。

二、论文类

(一) 国内部分

[1] 余能斌、范中超:《所有权社会化的考察与反思》,载《法学》2001 年第 1 期。

[2] 张宇润:《对民事权利的探究》,载《青年论坛》2005 年第 6 期。

[3] 朱国斌:《法国关于私生活受尊重权利的法律与司法实践》,载《法学评论》1999 年第 3 期。

[4] 王文红:《谈法人的民事权利能力》,载《河南公安高等专科学校学报》1998 年第 4 期。

[5] 曹艳春:《公民环境权的法律思考》,载《社会科学战略》2002 年第 4 期。

[6] 唐烈英:《公民民事权利能力特征之我见》,载《西南民族学院教报》1998 年第 5 期。

[7] 张华西:《关于外国人的民事权利及国籍问题研究》,载《信阳农专学报》1995 年第 6 期。

[8] 钱玉林:《禁止权利滥用的法理分析》,载《现代法学》2002 年第 1 期。

[9] 谭桂珍:《论生育权及其救济》,载《湘潭大学社会科学学报》2003 年第 3 期。

[10] 李正东:《论保护民事权利在市场经济中的价值》,载《徐州师范大学学

报》2000 年第 1 期。

[11] 刘自正：《论大陆法系民法之权利失效制度》，载《武汉理工大学学报》（社会科学版）2001 年第 10 期。

[12] 王碧林：《论民事权利的正确行使》，载《青年论坛》2003 年第 3 期。

[13] 孟繁超、杜鹃：《论民事优先权》，载《行政与法》2003 年第 2 期。

[14] 潘劲松：《论民事责任对民事权利的保障》，载《法学杂志》2004 年第 3 期。

[15] 李蕊、张英秋：《论权利保障上的自助行为》，载《山东社会科学》2001 年第 6 期。

[16] 李阳春、李智良：《论胎儿利益的总括保护》，载《当代法学》2003 年第 10 期。

[17] 吕艳辉：《论宪法基本权利在民事诉讼中的直接效力》，载《当代法学》2002 年第 3 期。

[18] 眭鸿明：《民法典创制与应有权利认知》，载《甘肃政法学院学报》2001 年第 9 期。

[19] 卢耀胜：《民事活动禁止权利滥用原则初探》，载《梧州师专学报》1995 年第 1 期。

[20] 眭鸿明：《民事立法中的权利安排》，载《淮阴工学院学报》2002 年第 9 期。

[21] 李晓方：《民事权利本质思考》，载《天府新论》2001 年第 6 期。

[22] 张弛、韩强：《民事权利类型及其保障》，载《法学》2001 年第 12 期。

[23] 徐振东：《宪法基本权利的民法效力》，载《法商研究》2002 年第 6 期。

[24] 梁玉霞：《民事权利基础主义初论》，载《法商研究》2000 年第 4 期。

[25] 黄爱学：《民事权利救济的博弈分析》，载《太原师范学院学报》2004 年第 9 期。

[26] 梅夏英：《民事权利能力、人格与人格权》，载《法律科学》1999 年第 1 期。

[27] 谢怀栻：《论民事权利体系》，载《法学研究》1996 年第 2 期。

[28] 林建伟：《民事优先的冲突与规制》，载《西南师范大学学报》2005 年第 1 期。

[29] 蔡文强：《浅析生育权的权利冲突》，载《法学》2004 年第 3 期。

[30] 张弛：《权利优先行使辨析》，载《法学》1996 年第 4 期。

[31] 邱本：《认真对待私权》，载《桂林大学社会学学报》1998 年第 6 期。

[32] 郭明瑞：《权利冲突的研究现状、基本类型与处理原则》，载《法学论坛》2006年第5期。

[33] 刘作翔：《权利冲突的几个问题》，载《中国法学》2002年第2期。

[34] 郝铁川：《权利冲突，一个不成问题的问题》，载《人大复印资料》（法理学、法史学）2004年第11期。

[35] 林来梵：《论权利冲突中的权利位阶——规范法学视角下的分析》，载《浙江大学学报》2003年第6期。

[36] 王克金：《权利冲突论——一个法律实证主义的分析》，载《法制与社会发展》2004年第2期。

[37] 黄金兰、周赟：《权利冲突中的少数主义原则》，载《北京行政学院学报》2004年第5期。

[38] 熊静波：《真实世界中的权利冲突》，载《时代法学》2004年第3期。

[39] 彭曙曦、刘凤菊：《商标权与企业名称权冲突问题研究》，载《知识产权》2001年第2期。

[40] 任广浩、叶立周：《论权利冲突——以利益冲突为线索的考察》，载《河北法学》2004年第7期。

[41] 李绍章：《民事权利滥用的类型》，载东方法眼，2007年3月8日，http://www.dffy.com。

[42] 孙伟：《知识产权滥用及其法律规制》，载http://www.zh09.com，2007年1月6日。

[43] 张恒山：《权利与法律权利概念再辨析》，载《中外法学》2002年第4期。

[44] 李绍章：《权利冲突是个伪问题?》，载《民商法论坛》，http://www.cclbbs.com。

[45] 舒国滢：《权利的法哲学思考》，载《政法论坛》1995年第3期。

[46] 张翔：《公共利益限制基本权利的逻辑》，载《法学论坛》2005年第1期。

[47] 祖月、姜德水：《从民事权利，看私有财产保护》，载《行政与法》2004年第12期。

[48] 彭诚信：《从利益到权利》，载《法制与社会发展》2004年第5期。

[49] 汪进元、陈乒：《权利限制的立宪模式之比较》，载《法学评论》2005年第5期。

[50] 谢哲胜：《不动产财产权的自由与限制》，载《中国法学》2006年第3期。

[51] 高富平：《民法法典化的历史问题》，载《华东政法学院学报》1999年第

2 期。

[52] 童之伟：《权利本位说再评议》，载《中国法学》2000 年第 6 期。

[53] 马俊驹、梅夏英：《财产权制度的历史评析和现实思考》，载《中国社会科学》1997 年第 1 期。

[54] 刘经靖：《从古典绝对物权到现代相对物权》，载《法制与社会发展》1995 年第 3 期。

[55] 金可可：《债权物权区分说的构成要素》，载《法学研究》2005 年第 1 期。

[56] 易继明：《民法学关于"权利"的学问》，载《法学》2004 年第 4 期。

[57] 刘保玉：《一物一权质疑》，载《政法论丛》2004 年第 3 期。

[58] 周林彬、李胜兰：《物权新论———一种法与经济学分析的路径》，载《湘潭大学社会科学学报》2000 年第 6 期。

[59] 孟勤国：《论所有权能的单一性》，载《广西大学学报》1988 年第 2 期。

[60] 南江波：《诺思的所有权思想及其启示》，载《咸阳师范专科学校学报》2000 年第 4 期。

[61] 程宗璋：《也谈所有权的意义》，载《开封大学学报》1998 年第 1 期。

[62] 程宗璋：《罗马法与日耳曼法物权制度的比较研究》，载《重庆商学院学报》1999 年第 2 期。

[63] 严永和：《民法所有权本位观的发展》，载《贵州民族学院学报》（哲社版）2003 年第 3 期。

[64] 刘德良：《网络时代物权法的价值理念与基本原则》，载《长白学刊》2004 年第 4 期。

[65] 周林彬：《所有权公法限制的经济分析》，载《中山大学学报》（哲社版）2000 年第 4 期。

[66] 孙宪忠、常鹏翱：《论法律物权和事实物权的区分》，载《法学研究》2001 年第 5 期。

[67] 欧阳云清、连昌松：《论物权法的基本原则》，载《行政与法》2004 年第 2 期。

[68] 田士永：《物权动态性研究》，载《法律科学》1998 年第 5 期。

[69] 郑成思：《私权、知识产权和物权的权利限制》，载《法学》2004 年第 9 期。

[70] 刘保玉：《论物权之间的相容与相斥关系》，载《法学论坛》2001 年第 2 期。

[71] 李玉林：《论物权法定主义与私法自治》，载《河北法学》2004 年第 4 期。

[72] 许多奇：《债法现代化的法理基础与债权地位的法律证成》，载《法律科学》

2004 年第 5 期。

[73] 黄永忠：《论现代权利观念》，载《江苏社会科学》1998 年第 2 期。

[74] 余涌：《布兰特的道德权利理论》，载《现代哲学》2000 年第 1 期。

[75] 苑秀丽：《马克思主义的自由观》，载《前沿》1997 年第 4 期。

[76] 温世扬、黄军：《我国物权法之检讨》，载《法学》2000 年第 6 期。

[77] 孟勤国：《中国物权法研讨会观点综述》，载《中国社会科学院研究生院学报》2004 年第 5 期。

[78] 张正德：《论我国宪法保护私有财产的走向及价值》，载《甘肃理论学刊》2005 年第 3 期。

[79] 潘叔明：《私人财产的理论视阈》，载《福建论坛》2003 年第 4 期。

[80] 裴建军：《试论物权中的相对性》，载《山西省政法管理干部学院学报》2003 年第 9 期。

[81] 郑晓静：《论物权法和债权法的关系及对我国物权立法的启示》，载《郑州大学学报》2004 年第 5 期。

[82] 冉昊：《"相对"的所有权》，载《环球法学评论》2004 年冬季号。

[83] 冉昊：《论两大法系财产法结构的共通性》，载《环球法律评论》2006 年第 1 期。

[84] 冉昊：《论英美财产法中的产权概念及其制度功能》，载《法律科学》2006 年第 5 期。

[85] 冉昊：《对物权与对人权的区分及其实质》，载《法学研究》2005 年第 3 期。

[86] 陈华彬：《物权与债权二元权利体系的形成以及物权与债权的区分》，载《河北法学》2004 年第 9 期。

[87] 董万程：《论物权与债权关系的发展趋向》，载《中国法学》2004 年第 6 期。

[88] 李庆海：《论债权物权化趋势》，载《当代法学》2005 年第 7 期。

[89] 佟强：《侵害债权制度法律性质考察》，载《现代法学》2005 年第 3 期。

[90] 沈新艺：《论财产法的变迁》，载《苏州教育学院学报》2002 年第 3 期。

[91] 马静：《论财产与自由》，载《法制与社会》2006 年第 9 期。

[92] 张廷国：《康德对财产权和国家的证明》，载《南京社会科学》2002 年第 5 期。

[93] 彭学龙：《试论两大法系财产法的差异》，载《广西政法管理干部学院学报》

2001 年第 6 期。

[94] 吴天曰、徐涤宇：《论身份的占有——在事实与法律之间》，载《法商研究》2000 年第 6 期。

[95] 李累：《论法律对财产权的限制》，载《法制与社会发展》2002 年第 2 期。

[96] 李累、矫波：《美国联邦最高法院财产权案件裁决意见的历史演变及其启示》，载《中山大学法学论坛》2002 年第 10 期。

[97] 杨心明、饶俊：《德国不动产物权法的四次变革》，载《德国研究》2001 年第 4 期。

[98] 刘坤、赵万一：《财产权制度的存在基础》，载《现代法学》2004 年第 5 期。

[99] 赵银翠、杨俊平：《私有财产权的宪法地位及其历史发展》，载《理论探索》2004 年第 6 期。

[100] 李兆荣：《论所有权的社会化》，载《武汉理工大学学报》（哲社版）2002 年第 10 期。

[101] 崔建远：《所有权的蜕变？》，载《河南省政法管理干部学院学报》2005 年第 3 期。

[102] 王立兵：《也论所有权社会化》，载《学术交流》2005 年第 3 期。

[103] 丁文：《权利限制论之疏解》，载《法学研究》2007 年第 2 期。

[104] 汪进元、陈兵：《权利限制的立宪模式之比较》，载《法学评论》2005 年第 5 期。

[105] 胡肖华、徐靖：《论公民基本权利限制的正当性与限制原则》，载《法学评论》2005 年第 6 期。

[106] 郑云瑞：《论西方物权法理念与我国物权法的制定》，载《上海财经大学学报》2006 年第 1 期。

[107] 钱明星：《近代物权法的发展趋势与我国物权法的制定》，载《中外法学》1999 年第 3 期。

[108] 钱明星：《论用益物权的特征及其社会作用》，载《法制与社会发展》1998 年第 3 期。

[109] 房绍坤：《论用益物权的法律属性》，载《现代法学》2003 年第 6 期。

[110] 沙艳雷：《罗马法对我国物权法的影响初探》，载《理论学习》2005 年第 8 期。

[111] 谢冬慧：《罗马法的借鉴价值》，载《现代法学》2005 年第 5 期。

[112] ［德］罗尔夫·可努特尔博士：《古代罗马法与现代法律文明》，载《比较

法研究》2002年第4期。
[113] 叶秋华：《关于罗马法的几个问题》，载《法商研究》1999年第6期。
[114] 汪太贤：《论罗马法的复兴对近代西方法治理念的奠定》，载《现代法学》2000年第6期。
[115] 薛桂芬：《古代罗马法探略》，载《行政与法》2002年第12期。
[116] 刘洪波、郭曰君：《罗马法对法国法与英国法不同影响的原因探析》，载《河南政法管理干部学院学报》2002年第2期。
[117] 王薇：《英国排斥罗马法之原因探析》，载《天府新论》2003年第2期。
[118] 关今华：《人身关系对民法调整对象的定位与价值》，载《东南学术》2005年第1期。
[119] 谢红：《罗马法的身份制度与现代民法身份权》，载《法治与社会》2006年第8期。
[120] [意]阿尔多·贝特鲁奇著：《从身份到契约与罗马法的身份制度》，徐国栋译，载《现代法学》1997年第6期。
[121] 张雯：《从契约到身份——现代身份权体系的重构》，载《陕西省行政学院学报》2004年第8期。
[122] 贾远琨：《契约社会的矫正——从契约到身份》，载《法制与社会》2006年第12期。
[123] 赵岚：《论现代物权法的经济意义》，载《法制与社会》2006年第1期。
[124] 蒙晓阳：《物的概念价值——由物的历史演进归结》，载《安徽大学学报》2006年第9期。
[125] 廖焕国：《一物一权原则的困境与出路》，载《时代法学》2006年第2期。
[126] 马新彦：《罗马法所有权理论的当代发展》，载《法学研究》2006年第1期。
[127] 马新彦：《美国财产法上的土地财产所有权研究》，载《中国法学》2001年第4期。
[128] 温世扬、冯兴俊：《论信托财产所有权——兼论我国相关立法的完善》，载《武汉大学学报》（哲社版）2005年第3期。
[129] 冯家乐：《产权制度改革的法律思考》，载《法律科学》1997年第2期。
[130] 张文政：《大陆法系所有权理论探源》，载《求是学刊》1997年第1期。
[131] 张鹏：《论罗马法中所有权概念的演变》，载《云南大学学报》（法学版）2003年第4期。

[132] 江平:《社会权力与和谐社会》,载《中国社会科学院研究生院学报》2005年第4期。

[133] 孟勤国:《论物权法的功能与价值》,载《环球法律评论》2006年第1期。

[134] 孟勤国:《物权二元理论与传统物权理论的重大分歧》,载《山东警察学院学报》2005年第6期。

[135] 冉昊:《制定法对财产权的影响》,载《现代法学》2004年第5期。

[136] 杨永红:《民法的修正与经济法的革命——面对社会化的不同选择》,载《广西社会科学》2001年第5期。

[137] 丁文:《物权法中物权限制制度的成功与不足》,载《河南省政法管理干部学院学报》2007年第5期。

[138] 胡天赐:《物权之自由与限制》,载《河南省政法管理干部学院学报》2006年第5期。

[139] 郑英龙:《试述所有权保护制度的演变》,载《浙江工商大学学报》2006年第1期。

[140] 曾新明、廖斌:《论所有权的限制》,载《河北法学》2003年第9期。

[141] 陈红艳:《所有权概念重构》,载《甘肃行政学院学报》2004年第2期。

[142] 鄢一美:《所有权本质论》,载《现代法学》2002年第5期。

[143] 李巾、魏方方:《私有权的价值》,载《法制与社会》2006年第12期。

[144] 张恒山:《论财产权的社会意义》,载《江苏行政学院学报》2001年第4期。

[145] 张云平:《所有权基本内涵研究》,载《甘肃社会科学》2003年第6期。

[146] 吴道霞:《所有权概念的比较》,载《广西社会科学》2003年第3期。

[147] 梅夏英:《民法上"所有权"概念的两个隐喻及其解读——兼论当代财产权法律体系的构建》,载《中国人民大学学报》2002年第1期。

[148] 万志红、杨云鹏:《论可持续发展与所有权的限制》,载《云南大学人文社会科学学报》2000年第4期。

[149] 张文政:《20世纪大陆法系所有权法理论的特征及其走向》,载《学术交流》2005年第4期。

[150] 孙宪忠:《物权法基本范畴及主要制度的反思》,载《中国法学》1999年第5期。

[151] 陈云生:《权利相对论——权利和(或)义务价值模式的历史建构及现代化选择》,载《比较法研究》1994年第3—4期。

[152] 刘美希：《论近代所有权绝对原则遭遇的现代挑战》，载《法学论坛》2006年第1期。

[153] 张恒山：《权利与法律权利概念再辨析》，载《中外法学》2002年第4期。

[154] 易军：《个人主义方法论与私法》，载《法学研究》2006年第1期。

（二）外文部分

[1] Paul Wehr：Power Mixes in the US Civil Rights Conflict，http：//www.colorado.edu/conflict/peace/example/wehr7484.htm.

[2] Civil & human rights – Conflict & Terrorism – Research – Multnomah www.multcolib.org/guides/conflict/civilrights.html.

[3] Alabama Review：Civil Rights in conflict：The "Birmingham plan" and the Freedom Train，Apr 1999 by White，John：1947.

[4] Civil Rights and Civil Conflict：Presidential Communication in Crisis. eric.ed.gov/ERICWebPortal/recordDetail? accno = EJ279258.

[5] Massachusetts. Sanders S, Jasper JM. MeSH：Civil Politics in the Animal Rights Conflict：God Terms Versus Casuistry in Cambridge，www.ncbi.nlm.nih.gov/entrez/query.fcgi.

[6] AtherleyG, JohnstonN Tennasse：Rights Conflict with Rights. www.ncbi.nlm.nih.gov/entrez/query.Fcgi.

后　　记

　　本书是在我的博士论文——《物权相对论——物权性质再认识》的基础上修改而成的。选择"物权相对论"这样具有争议性的问题作为博士论文的题目，对我来说是一个极大的挑战。这种挑战来自两个方面：一个方面是客观的，主要是因为"物权绝对性"观念虽然在19世纪之后在社会化的推动下已经作了修正，但实际上在我国，目前民法学界仍然把它作为物权的基本特征或者基本原则。这就直接导致在查找相关资料时困难重重，因为"大家"们的主流观点都是坚持物权绝对的，涉及物权相对的论文实在是太少了，这样的态势对我的写作当然是极大的挑战。另一个方面是主观的，我总怕自己扛了个风险太大的选题，怕自己的驾驭能力不够，怕完不成这个论题的写作，诚惶诚恐。因为物权绝对性的观念在我国民法学界本来就是不可轻易的通说，是所有物权理论的基石。要反对它，必然会招致批评乃至抨击。幸有导师余能斌教授指点迷津，不仅在理论上醍醐灌顶，解决困惑，而且以善言善语不断地给予鼓励，帮我树立信心。最终，在导师的指导和鼓励下完成了写作。

　　在四年多的博士生的学习中，受益于许多老师和朋友的关怀和帮助。感谢我的导师余能斌教授，他那渊博的知识、恢弘的气概、睿智的思想、善良的心地让我受益终身。能作为余老师的学生，我很知足！我也为能作为武汉大学法学院的学生而感恩。特别感谢孟勤国教授，在我每次陷入困顿之时，是他用对物权法的真知灼见帮我开启了思路。同时，感谢冯果、张里安、余延满、温世扬、陈本寒、赵钢、李新天和宁立志诸位教授，他们良好的学术素养、开阔的理论视野、科学的研究方法，使我受益匪浅。还要感谢培忠兄长，在本书的写作中提出了许多宝贵意见。

最后,谢谢我的家人,特别是我的母亲,她老人家虽然不明白儿子为何总在当学生,但总是默默地给予支持。感谢我的妻子和儿子,感谢我的兄弟姐妹和朋友,是他们的支持和关心,使我顺利地完成了学业。